EUGÉNIE
DE GUÉRIN

JOURNAL ET FRAGMENTS

A LA MÊME LIBRAIRIE

LETTRES
D'EUGÉNIE DE GUÉRIN

PUBLIÉES PAR G. S. TREBUTIEN

VINGT-SIXIÈME ÉDITION

1 vol. in-12. Prix : 3 fr. 50

MAURICE DE GUÉRIN

JOURNAL, LETTRES ET POÈMES
PUBLIÉS PAR G. S. TREBUTIEN

DIX-SEPTIÈME ÉDITION

1 vol. in-12. Prix : 3 fr. 50

Paris. — Imp. E. Capiomont et Cie, rue des Poitevins, 6.

EUGÉNIE DE GUÉRIN

JOURNAL ET FRAGMENTS

PUBLIÉS AVEC L'ASSENTIMENT DE SA FAMILLE

PAR

G. S. TREBUTIEN

Conservateur-adjoint de la Bibliothèque de Caen

OUVRAGE COURONNÉ PAR L'ACADÉMIE FRANÇAISE

TRENTE-HUITIÈME ÉDITION

PARIS
LIBRAIRIE VICTOR LECOFFRE
90, RUE BONAPARTE, 90
—
1887
Tous droits réservés.

AVERTISSEMENT

DE L'EDITEUR.

Nous avons offert au public, il y a deux ans bientôt, les œuvres de Maurice de Guérin [1]; œuvres posthumes, annoncées le lendemain de sa mort par un écrivain illustre [2], et qui cependant avaient tardé vingt ans à paraître.

Le succès rapide de cette première édition nous a permis d'en donner récemment une seconde [3], revue avec soin et enrichie de plusieurs morceaux qui avaient d'abord échappé à nos recherches.

Aujourd'hui nous sommes heureux de joindre aux

---

1. Maurice de Guérin, *Reliquiæ*, 2 vol. in-16; Paris, Didier, 1861.
2. Georges Sand, *Revue des Deux Mondes*, 15 mai 1840.
3. Maurice de Guérin, *Journal, Lettres et fragments, Poèmes*, in-8° Paris Didier, 1862.

œuvres du frère celles de la sœur, connue déjà par la grande place qu'elle tient dans la correspondance et les poésies de Maurice, mais qui méritait assurément d'être connue un jour pour elle-même.

Mlle Eugénie de Guérin était née cinq ans avant son frère. Elle a eu la douleur de lui survivre près de neuf ans, jusqu'au jour où elle s'éteignit dans sa solitude du Cayla, le 31 mai 1848.

Nous ne raconterons pas sa vie. Ce qui en fait l'intérêt, ce sont ses pensées et la façon dont elle les exprime. Du reste, cette vie est si simple qu'un voyage à Alby ou à Toulouse, deux courts séjours dans le Nivernais et à Paris, y ont fait époque. Un départ ou un retour, les maladies de ceux qui lui sont chers, le mariage et la mort de son plus jeune frère en ont été les véritables événements. Sur tout ce qui la touche et les émotions qu'elle a ressenties, son Journal et ses lettres ne nous ont rien laissé à dire qui vaille la peine d'être dit.

Il est vrai que le seul projet de livrer à tout le monde ces lettres, ce Journal surtout, a dû éveiller chez une sœur, pieuse dépositaire de ce mystique héritage, des scrupules auxquels nous avons eu nous-même quelque peine à nous soustraire. Combien de fois notre attention ne s'est-elle pas fixée avec une sorte d'anxiété sur ces paroles adressées par Mlle de Guérin à son cahier qu'elle dérobait avec tant de soin à tous les regards : « Ceci n'est pas pour le public; *c'est de l'intime, de l'âme,* c'est pour un [1]. »

Il ne faudrait pas croire cependant que Mlle de Guérin ait ignoré complétement, ni même qu'elle fût irrévocablement résolue à ensevelir dans une obscurité volontaire les dons de l'esprit que Dieu lui avait prodigués. Plus d'une fois, cédant aux exhortations pressantes de son frère, au vœu d'un père qui avait deviné son génie, et sans doute aussi à une vocation irrésistible, elle a songé à écrire pour être lue; et, sous la condition expresse de taire son nom, elle eût consenti à livrer ses pensées, si, en retour de ce sacrifice, elle avait espéré faire un peu de bien à quelques âmes; si, par l'exemple de sa foi ou par l'expression de sa tendresse fraternelle, elle avait pu inspirer à d'autres son espoir en Dieu, son admiration pour Maurice : double amour qui se partageait et qui remplissait son âme.

Or, de tous les ouvrages qu'elle eût entrepris de dessein prémédité, aucun n'aurait mieux rempli l'un et l'autre de ces objets, que le Journal où elle a noté, pendant huit ans, tous les élans spontanés de son esprit, tous les battements involontaires de son cœur.

---

[1]. Page 91.

Nous nous trompons fort, ou peu de livres publiés de notre temps auront exercé sur les âmes une influence plus douce et plus pure. En parlant ainsi nous pensons aux plus délicates, à celles qui souffrent, à celles qui songent, à celles qui s'agitent et se consument dans une lutte pénible et stérile entre leurs rêves et les vulgaires réalités d'une existence commune.

Les femmes surtout qu'une imagination trop mobile désenchante facilement de leur destinée trouveront dans le livre de Mlle de Guérin plus qu'une froide leçon : elles y trouveront une consolation et un exemple.

On verra, pour ainsi dire, d'heure en heure, combien cette existence était obscure, modeste, isolée et, pourrait-on croire, en désaccord par sa monotone simplicité avec l'activité d'une intelligence prompte et ardente. Mlle de Guérin n'en a pas souffert; à peine surprendrait-on, dans la longue suite de ses épanchements intimes, un mot amer. Chaque fois qu'elle a entrevu le monde, elle l'a observé d'un œil curieux, elle s'est prêtée à lui sans trop d'efforts, mais elle rentrait avec joie dans sa retraite, heureuse de reprendre ses doux entretiens de tous les instants avec sa propre pensée et avec les voix mystérieuses de la nature. La mort, qui lui était apparue de bonne heure, était presque toujours présente à ses yeux ; elle ne craignait point de telles images. Ce n'est pas sans quelque joie qu'elle voyait s'entr'ouvrir la tombe, et, au delà de ses ténèbres, le ciel avec les divines lumières et la pure félicité du jour sans fin; mais elle demeurait attachée à la vie par des affections, par des devoirs. Dans les jours les plus pénibles de défaillance physique, de souffrance morale, il lui restait auprès d'elle quelqu'un à aimer, quelqu'un à servir; et lorsque son père lui baisait le front : « Hélas! disait-elle, comment quitter ces tendres pères? » C'est ainsi qu'elle appréhendait de quitter son Cayla ou pour la ville, ou pour le cloître, et même pour le ciel. L'horizon de ce petit monde ne lui semblait pas trop étroit. Elle ne s'y sentait pas abandonnée. Son secret, c'était de trouver la poésie en elle-même et Dieu en toutes choses. Tel est l'enseignement de cette vie, et l'ineffable charme du livre qu'on va lire.

Le lien qui attache le Cayla au monde, c'est Maurice, toujours absent depuis sa onzième année. Il est au petit séminaire de Toulouse, au collége Stanislas, à la Chênaie, à Paris encore, faisant ses études, essayant sa vocation, cherchant à se faire sa place au soleil : grand sujet de préoccupation pour son père et pour ses sœurs, pour Mlle Eugénie surtout. Ainsi le voulaient l'affinité secrète de leur nature et le souvenir de leur mère. Mlle Eugénie n'avait que treize ans lorsqu'ils eurent le malheur de perdre cette mère, hélas! bien jeune encore; mais elle était l'aînée des sœurs; c'est elle qui, près du lit de mort, dut promettre de veiller sur Maurice, le dernier né de la maison, aimable enfant de sept ans à peine, dont la santé frêle, la beauté maladive et la précoce intelligence justifiaient tout à la fois la complaisance et les alarmes dont il fut l'objet depuis le berceau.

Il y eut ainsi quelque chose de maternel dans la tendresse de Mlle de Guérin pour son frère. Avec quelle fidélité elle a tenu pendant vingt ans sa promesse! Par la pensée, elle suit Maurice partout, elle veille sur les progrès de son esprit, sur tous les dangers de l'absence pour sa santé, pour ses croyances; elle l'interroge, elle l'avertit doucement, elle le console et l'encourage. Lorsqu'il cesse d'être un écolier pour devenir un homme, ses espérances et ses inquiétudes redoublent; elle se rapproche de Maurice, s'attache à lui, le rattache à elle plus étroitement : comme si elle sentait que, faible et entouré de périls nouveaux, il a plus que jamais besoin de ne pas égarer sa confiance et ses affections. Alors les lettres qu'ils échangent ne lui suffisent plus. Lui arrivât-il de passer les nuits à écrire, elle n'en a pas dit assez; ce jour encore et tous les jours son cœur déborde; tout ce qu'elle sent, tout ce qu'elle pense, tout ce qui se passe autour d'elle, elle le dit au cahier qui suivra les lettres dès qu'il sera rempli, et placera sous les yeux de l'exilé, pour le défendre contre la tristesse et l'oubli, ces deux dangers de l'exil, l'image plus naïve et plus complète de cette vie de famille qui lui manque et à laquelle il fait défaut.

Ce Journal devient peu à peu sa grande affaire, le secret et la joie de ses journées; il adoucit l'amertume de la séparation; en y mettant son âme tout entière, elle a réussi à ne plus vivre sans son frère, à ne plus vivre que pour lui; il n'y a point pour elle d'autre avenir que le sien; le terme de ses vœux, c'est de le sentir heureux, c'est de se faire elle-même sa part dans le bonheur de Maurice et dans sa renommée, car il n'est rien qu'elle n'attende pour lui, et dont il ne soit digne aux yeux de sa sœur.

Au moment où elle se croyait exaucée, la mort vint détruire toutes ses illusions. Elle l'a perdu, mais dans son souvenir il vit, il l'écoute et il lui répond. Aussi le Journal n'est-il point suspendu. Elle écrit encore pour lui, *pour Maurice au ciel*. Un de ses cahiers est adressé au dernier ami de son frère, à ce seul titre un frère d'adoption pour elle; mais c'est toujours de Maurice qu'elle parle, toujours à lui. Elle s'entretient avec son âme.

Le jour vint pourtant où la plume devait lui tomber des mains. Elle ne la reprend plus que par intervalles, pour marquer un anniversaire, pour écrire des lettres où perce incessamment son unique et dernier désir : celui que des amis fidèles sauvent de l'oubli les écrits de son frère, ces écrits destinés à perpétuer le nom du poëte mort avant l'âge, et à rajeunir l'antique blason du Cayla. Elle espéra longtemps, lutta de loin contre les obstacles de toute sorte qui s'opposaient à l'accomplissement de son vœu; puis, lorsque cette dernière illusion lui échappa, elle sentit que ses forces l'abandonnaient aussi; elle cessa d'écrire, elle allait cesser de vivre.

Peut-être a-t-elle quitté le monde avec le regret de n'avoir pas rempli sa tâche; tous ceux qui liront ce livre diront avec nous qu'elle l'avait remplie. Ses dernières lettres, son Journal interrompu suffisent pour honorer à jamais le frère qu'elle a tant aimé. Après l'éclatant témoignage de George Sand, de M. Sainte-Beuve [1], il ne manquait plus à Maurice de Guérin que l'expression si touchante de la tendresse et des regrets d'une telle sœur pour attacher à son nom et à sa personne des sympathies plus profondes et plus durables encore que l'admiration excitée par quelques pages de ses écrits; et s'il arrivait un jour que l'auteur du *Centaure* retombât dans l'oubli, nous oserions promettre au *frère d'Eugénie* l'immortalité.

Lui assurer cette gloire était son vœu. Jamais Mlle de Guérin n'avait prétendu la partager. Il en sera pourtant

---

1. Dans la belle Notice imprimée en tête des deux éditions, et reproduite dans le tome XV des *Causeries du lundi*.

ainsi. Et Maurice aurait été le premier à trouver que cela était juste. En vain sa sœur essaye-t-elle de lutter contre l'inspiration qui la sollicite et de s'effacer devant lui : il envie à ce poëte qui veut se taire, à ce poëte *malgré lui* la fécondité de sa pensée, l'originalité de son langage : « Oh! lui dit-il, si j'étais toi ! » En effet, c'est elle qui avait le plus reçu de la nature. A peine a-t-elle connu les langueurs de l'épuisement qui arrachent à Maurice des plaintes si pénétrantes ; dans ce qu'elle écrit, jamais d'effort. « Je ne sais, avoue-t-elle quelque part, pourquoi il est en moi d'écrire comme à la fontaine de couler. » Facilité qui semble excessive lorsqu'on lit ses vers; dans cette langue, il lui a manqué, comme à son frère, et plus encore, de savoir se borner et revenir sur les négligences de l'improvisation. Mais ce libre jet donne à sa prose, précise et nerveuse, un relief et une ingénuité dont on est saisi. Elle a l'énergie et la grâce, le don de dire simplement toutes choses, et de s'élever des plus petites, par un mouvement naturel, aux plus hautes; elle est tour à tour et tout à la fois familière, enjouée, naïve, profonde et sublime. L'étude et l'art n'ont guère passé par là ; on le sent même à quelques termes singuliers, à quelques expressions étranges, qui seraient ailleurs autant de taches, qui sont ici comme un reste d'accent, le goût du terroir, le parfum de la solitude. Aussi n'avons-nous point songé à les effacer.

AVERTISSEMENT

Le Journal de Mlle de Guérin n'est malheureusement pas complet. Trois cahiers ne nous sont point parvenus : ils ont été égarés sans doute avec toutes les lettres adressées par la sœur à son frère. Nous publions les douze autres cahiers tels qu'ils ont été remis en nos mains par M. Auguste Raynaud au nom de Mlle Marie de Guérin, qui nous permettra de lui témoigner ici notre éternelle reconnaissance pour la haute confiance dont elle nous a honoré. Nous en avons seulement réservé, pour nous conformer au juste désir de la famille, un petit nombre de passages d'ailleurs très-courts et d'un médiocre intérêt littéraire, où des personnes qui vivent encore étaient désignées trop directement, et qu'il sera facile de rétablir dans les éditions postérieures, dès qu'on le pourra sans blesser les convenances.

Le Journal est suivi de quelques lettres également remplies du souvenir de Maurice. C'est pourquoi nous les avons choisies parmi toutes celles qui nous ont été communiquées. Il en existe un nombre considérable. Autour de Mlle de Guérin, parents, amis, et quelquefois même des étrangers, tout le monde voulait avoir de ses lettres. On y trouvait une joie pour l'esprit, un trésor pour l'âme. Elle ne savait pas se défendre de telles demandes, et ce n'était pas trop de la facilité merveilleuse dont elle était douée pour suffire à l'activité d'une telle correspondance. Une grande partie de ces lettres existe encore; nous en avons vu beaucoup, on nous en a fait espérer d'autres, et si ce volume trouve dans le monde l'accueil qu'il mérite et sur lequel nous avons toujours compté, peut-être nous sera-t-il permis d'en donner plus tard un recueil complet.

Alors nous croirons avoir rempli notre tâche et élevé, nous aussi, à deux mémoires qui nous sont chères et sacrées, et à l'honneur des lettres françaises, un monument.

Août 1862.

Le double espoir exprimé à la fin de cette préface a été rempli.

Huit éditions épuisées en seize mois; les éloges spontanés et unanimes de la critique, non-seulement à Paris, mais dans toutes les provinces et à l'étranger: enfin le suffrage de l'Académie française, ont consacré le succès du *Journal* de Mlle Eugénie de Guérin.

En même temps, le zèle pieux de M. Trebutien ne s'est pas ralenti. Les lettres qu'il attendait lui sont venues, assez intéressantes et assez nombreuses pour que le choix qu'il en prépare forme bientôt tout un volume destiné à faire suite au *Journal* et à recueillir les mêmes sympathies.

Dès à présent, nous réservons les dix-neuf lettres qui terminaient ce volume dans les éditions précédentes, pour le mettre à leur place dans le recueil nouveau que les nombreux admirateurs de *Maurice* et d'*Eugénie de Guérin* attendaient avec impatience, et que nous sommes heureux de pouvoir leur promettre pour le courant de cette année.

D. et Cᵉ.

Janvier 1864.

JOURNAL
DE
EUGÉNIE DE GUÉRIN

Novembre 1834 Octobre 1841

A MON BIEN-AIMÉ FRÈRE MAURICE

> Je me dépose dans votre âme.
> (HILDEGARDE à saint Bernard.)

Le 15 novembre 1834. — Puisque tu le veux, mon cher Maurice, je vais donc continuer ce petit Journal que tu aimes tant [1]. Mais comme le papier me manque, je me sers d'un cahier cousu, destiné à la poésie, dont je n'ôte rien que le titre [2]; fil et feuilles, tout y demeure, et tu l'auras, tout gros qu'il est, à la première occasion.

C'est du 15 novembre que je prends date, huit jours juste depuis ta dernière lettre. A l'heure qu'il est, je l'emportais dans mon sac, de Cahuzac ici, avec une annonce de mort, celle de M. d'Huteau, dont sa famille nous a fait part. Que de fois l'allégresse et le deuil nous arrivent ensemble! Ta

---

1. On voit par le début du cahier suivant que celui-ci était le second. Le premier ne s'est point retrouvé.

2. Le mot *Poésies* se lit encore, à demi effacé, en haut de la page.

lettre me faisait bien plaisir, mais cette mort nous attristait, nous faisait regretter un homme bon et aimable qui s'était en tout temps montré notre ami. Tout Gaillac l'a pleuré, grands et petits. De pauvres femmes disaient en allant à son agonie :

Celui-là n'aurait jamais dû mourir, » et elles priaient en pleurant pour sa bonne mort. Voilà qui donne à espérer pour son âme : des vertus qui nous font aimer des hommes doivent nous faire aimer de Dieu. M. le curé le voyait tous les jours, et sans doute il aura fait plus que le voir. C'est l'*Illustre*[1] qui nous donne ces nouvelles avec d'autres qui vont courant dans le monde de Gaillac, et moi, pour passe-temps, je les lis et je pense à elle.

Le 17. — Trois lettres depuis hier, trois plaisirs bien grands, car j'aime tant les lettres et celles qui m'écrivent : c'est Louise, Mimi et Félicité. Cette chère Mimi me dit de charmantes et douces choses sur notre séparation, sur son retour, sur son ennui, car elle s'ennuie loin de moi comme je m'ennuie sans elle. A tout moment, je vois, je sens qu'elle me manque, surtout la nuit où j'ai l'habitude de l'entendre respirer à mon oreille. Ce petit bruit me porte sommeil. Ne pas l'entendre me fait penser tristement. Je pense à la mort, qui fait aussi tout taire autour de nous, qui sera aussi une absence. Ces

---

1. On appelait quelquefois ainsi dans la famille l'autre sœur, *Mimi*, *Mimin* ou Marie.

idées de la nuit me viennent un peu de celles du jour. On ne parle que maladies, que morts; la cloche d'Andillac n'a sonné que des glas ces jours-ci. C'est la fièvre maligne qui fait ses ravages comme tous les ans. Nous pleurons tous une jeune femme de ton âge, la plus belle, la plus vertueuse de la paroisse, enlevée en quelques jours. Elle laisse un tout petit enfant qui tétait. Pauvre petit ! C'était Marianne de Gaillard. Dimanche dernier j'allai encore serrer la main à une agonisante de dix-huit ans. Elle me reconnut, la pauvre jeune fille, me dit un mot et se remit à prier Dieu. Je voulais lui parler, je ne sus que lui dire; les mourants parlent mieux que nous. On l'enterrait lundi. Que de réflexions à faire sur ces tombes fraîches ! O mon Dieu, que l'on s'en va vite de ce monde ! Le soir, quand je suis seule, toutes ces figures de morts me reviennent. Je n'ai pas peur, mais mes pensées prennent toutes le deuil, et le monde me paraît aussi triste qu'un tombeau. Je t'ai dit cependant que ces lettres m'avaient fait plaisir. Oh ! c'est bien vrai; mon cœur n'est pas muet au milieu de ces agonies, et ne sent que plus vivement tout ce qui lui porte vie. Ta lettre donc m'a donné une lueur de joie, je me trompe, un véritable bonheur, par les bonnes choses dont elle est remplie. Enfin ton avenir commence à poindre; je te vois un état, une position sociale, un point d'appui à la vie matérielle. Dieu soit loué ! c'est ce que je désirais le plus en ce monde et pour toi et pour moi, car mon avenir s'attache au tien, ils sont frères. J'ai fait de beaux rêves à ce sujet, je te les dirai peut-être. Pour le moment, adieu; il faut que j'écrive à Mimi.

Le 18. — Je suis furieuse contre la chatte grise. Cette méchante bête vient de m'enlever un petit pigeon que je réchauffais au coin du feu. Il commençait à revivre, le pauvre animal; je voulais le priver, il m'aurait aimée, et voilà tout cela croqué par un chat! Que de mécomptes dans la vie! Cet événement et tous ceux du jour se sont passés à la cuisine; c'est là que je fais demeure toute la matinée et une partie du soir depuis que je suis sans Mimi. Il faut surveiller la cuisinière, papa quelquefois descend et je lui lis près du fourneau ou au coin du feu quelques morceaux des Antiquités de l'Église anglo-saxonne. Ce gros livre étonnait Pierril. *Qué de mouts aqui dédins*[1]*!* Cet enfant est tout à fait drôle. Un soir il me demanda si l'âme était immortelle; puis après, ce que c'était qu'un philosophe. Nous étions aux grandes questions, comme tu vois. Sur ma réponse que c'était quelqu'un de sage et de savant : « Donc, mademoiselle, vous êtes philosophe. » Ce fut dit avec un air de naïveté et de franchise qui aurait pu flatter Socrate, mais qui me fit tant rire que mon sérieux de catéchiste s'en alla pour la soirée. Cet enfant nous a quittés un de ces jours, à son

---

[1]. En patois du pays : Que de mots là-dedans!

grand regret; il était à terme le jour de la Saint-Brice. Le voilà avec son petit cochon cherchant des truffes. S'il vient par ici, j'irai le joindre pour lui demander s'il me trouve toujours l'air philosophe.

Avec qui croirais-tu que j'étais ce matin au coin du feu de la cuisine? Avec Platon : je n'osais pas le dire, mais il m'est tombé sous les yeux, et j'ai voulu faire sa connaissance. Je n'en suis qu'aux premières pages. Il me semble admirable, ce Platon; mais je lui trouve une singulière idée, c'est de placer la santé avant la beauté dans la nomenclature des biens que Dieu nous fait. S'il eût consulté une femme, Platon n'aurait pas écrit cela : tu le penses bien? Je le pense aussi, et cependant, me souvenant que *je suis philosophe,* je suis un peu de son avis. Quand on est au lit bien malade, on ferait volontiers le sacrifice de son teint ou de ses beaux yeux pour rattraper la santé et jouir du soleil. Il suffit d'ailleurs d'un peu de piété dans le cœur, d'un peu d'amour de Dieu pour renoncer bien vite à ces idolâtries, car une jolie femme s'adore. Quand j'étais enfant, j'aurais voulu être belle; je ne rêvais que beauté, parce que, me disais-je, maman m'aurait aimée davantage. Grâce à Dieu, cet enfantillage a passé, et je n'envie d'autre beauté que celle de l'âme. Peut-être même en cela suis-je enfant comme autrefois : je voudrais ressembler aux anges. Cela peut déplaire à Dieu; c'est aussi pour en être aimée davantage. Que de choses me viennent, s'il ne fallait pas te quitter! Mais mon chapelet, il faut que je le dise, la nuit est là : j'aime de finir le jour en prières.

Le 20. — J'aime la neige, cette blanche vue a quelque chose de céleste. La boue, la terre nue me déplaisent, m'attristent; aujourd'hui je n'aperçois que la trace des chemins et les pieds des petits oiseaux. Tout légèrement qu'ils se posent, ils laissent leurs petites traces qui font mille figures sur la neige. C'est joli à voir ces petites pattes rouges comme des crayons de corail qui les dessinent. L'hiver a donc aussi ses jolies choses, ses agréments. On en trouve partout quand on y sait voir. *Dieu répandit partout la grâce et la beauté.* Il faut que j'aille voir ce qu'il y a d'aimable au coin du feu de la cuisine, des bluettes si je veux. Ceci n'est qu'un petit bonjour que je dis à la neige et à toi, au saut du lit.

Il m'a fallu mettre un plat de plus pour Sauveur Roquier qui nous est venu voir. C'est du jambon au sucre, dont le pauvre garçon s'est léché les doigts. Les bonnes choses ne lui viennent pas souvent à la bouche, voilà pourquoi je l'ai voulu bien traiter. C'est pour les délaissés, ce me semble, qu'il faut avoir des attentions; l'humanité, la charité nous le disent. Les heureux s'en peuvent passer, et il n'y en a pourtant que pour eux dans le monde : c'est que nous sommes faits à l'envers.

Pas de lecture aujourd'hui; j'ai fait une coiffe pour la petite qui m'a pris tous mes moments. Mais pourvu qu'on travaille, soit de tête ou de doigts, c'est bien égal aux yeux de Dieu, qui tient compte de toute œuvre faite en son nom. J'espère donc que ma coiffe me tiendra lieu d'une charité. J'ai fait don de mon temps, d'un peu de peau que m'a emportée l'aiguille, et de mille lignes intéressantes que j'aurais pu lire. Papa m'apporta avant-hier, de Clairac, *Ivanhoe* et le *Siècle de Louis XIV*. Voilà des provisions pour quelques-unes de ces longues soirées d'hiver. C'est moi qui suis lectrice, mais à bâtons rompus; c'est tantôt une clef qu'on demande, mille choses, souvent ma personne, et le livre se ferme pour un moment. O Mimin, quand reviendras-tu aider la pauvre ménagère à qui tu manques à tout moment? T'ai-je dit qu'hier j'eus de ses nouvelles à la foire de C... où je suis allée? Que de bâillements j'ai laissés sur ce pauvre balcon! Enfin la lettre de Mimi m'arriva tout exprès comme un contre-ennui, et c'est tout ce que j'ai vu d'aimable à C...

Je n'ai rien mis ici hier; mieux vaut du blanc que des nullités, et c'est tout ce que j'aurais pu te dire. J'étais fatiguée, j'avais sommeil. Aujourd'hui c'est beaucoup mieux; j'ai vu venir et s'en aller la neige. Du temps que je faisais mon dîner, un beau soleil s'est levé; plus de neige; à présent, le noir, le laid reparaissent. Que verrai-je demain matin? Qui sait? La face du monde change si promptement!

Je viens toute contente de la cuisine, où j'ai demeuré ce soir plus longtemps, pour décider Paul, un de nos domestiques, à aller se confesser à Noël. Il me l'a promis; c'est un bon garçon, il le fera. Dieu soit loué! ma soirée n'est pas perdue. Quel bonheur si je pouvais ainsi tous les jours gagner une âme à Dieu! Le bon Scott a été négligé ce soir, mais quelle lecture me vaudrait ce que m'a promis Paul? Il est dix heures, je vais dormir.

Le 21. — La journée a commencé radieuse, un soleil d'été, un air doux qui invitait à la promenade. Tout me disait d'y aller, mais je n'ai fait que deux pas dehors et me suis arrêtée à l'écurie des moutons pour voir un agneau blanc qui venait de naître. J'aime à voir ces petites bêtes qui font remercier Dieu de tant de douces créatures dont il nous environne. Puis Pierril est venu, je l'ai fait déjeuner et ai causé quelque temps avec lui, sans m'ennuyer du tout de cette conversation. De combien d'assemblées on n'en dit pas autant! Le vent souffle, toutes nos portes et fenêtres gémissent; c'est quasi triste à l'heure qu'il est et dans ma solitude; toute la maison est endormie; on s'est levé de bonne heure pour faire du pain. Aussi ai-je été fort occupée toute la matinée aux deux dîners. Ensuite, du repos; j'ai écrit à Antoinette. C'est bien insignifiant, tout cela: autant vaudrait du papier blanc que ce que j'écris; mais quand ce ne serait qu'une goutte d'encre d'ici, tu aurais plaisir de la voir, voilà pourquoi j'en fais des mots. Je ne sais pourquoi, la nuit dernière, je n'ai vu défiler que des cercueils. Cette nuit, je voudrais un sommeil moins sombre, et vais prier Dieu de me le donner.

Le 24.. — Trois jours de lacune, mon cher ami. C'est bien long pour moi qui aime si peu le vide, mais le temps m'a manqué pour m'asseoir. Je n'ai fait que passer dans ma chambrette depuis samedi ; à présent seulement je m'arrête, et c'est pour écrire à Mimi bien au long et deux mots ici. Peut-être ce soir ajouterai-je quelque chose, s'il en survient. Pour le moment tout est au calme, le dehors et le dedans, l'âme et la maison : état heureux, mais qui laisse peu à dire, comme les règnes pacifiques. Une lettre de Paul a commencé ma journée. Il m'invite à aller à Alby, je ne lui promets pas; il faudrait sortir pour cela, et je deviens sédentaire. Volontiers, je ferais vœu de clôture au Cayla. Nul lieu au monde ne me plaît comme le chez moi. Oh ! le délicieux *chez moi!* Que je te plains, pauvre exilé, d'en être si loin, de ne voir les tiens qu'en pensée, de ne pouvoir nous dire ni bonjour ni bonsoir, de vivre étranger, sans demeure à toi dans ce monde, ayant père, frère, sœurs, en un endroit ! Tout cela est triste, et cependant je ne puis pas désirer autre chose pour toi. Nous ne pouvons pas t'avoir; mais j'espère te revoir, et cela me console. Mille fois je pense à cette arrivée, et je prévois d'avance combien nous serons heureux.

Comme j'étais près du moulin, une pauvrette d'Andillac m'a remis une lettre de Mimi. « Grand merci, petite; prends ce sou. » Elle le prend et demeure. « Que veux-tu de plus ? — Eh mais, la lettre. — La lettre est pour moi. — Oui, c'est qu'il me faut la rendre, et voyez (mettant son doigt sur le cachet), vous me l'avez déchirée. » Et elle regardait, tout ébahie de me voir rire de ce malheur. Enfin, me voyant décidée à ne pas lui rendre son message, elle m'a dit *adissias*. Et, m'asseyant alors sur un sac, j'ai lu les plus jolies tendresses de sœur. Rien n'est spirituel comme le bon cœur de Mimin. Elle s'ennuie, veut nous revoir, le monde l'amuse peu; nous la reverrons vendredi. Je vais lui écrire par Éran[1] qui va faire sa visite aux d'Huteau. De mon côté, je me trouve seule, isolée, ne vivant qu'à demi, ce me semble, comme si je n'avais qu'une moitié d'âme. Je me figure à présent que tout ceci n'est qu'un temps perdu, que tu ne trouveras rien d'assez aimable à ces pages pour les ouvrir toutes. Qu'y aura-t-il ? Des jours qui se ressemblent, quelque peu d'une vie qui ne laisse rien à dire : mieux vaut revenir à l'*estoupas* que je cousais. Je te laisse donc, pauvre plume.

Que les cieux des cieux doivent être beaux ! C'est ce que j'ai pensé pendant les moments que je viens de passer en contemplation devant le plus beau ciel d'hiver. C'est ma coutume d'ouvrir ma fenêtre

---

1. Abréviation familière du nom de son frère Erembert.

avant de me coucher pour voir quel temps il fait et pour en jouir un moment, s'il est beau. Ce soir, j'ai regardé plus qu'à l'ordinaire, tant c'était ravissant, cette belle nuit. Sans la crainte du rhume, j'y serais encore. Je pensais à Dieu qui a fait notre prison si radieuse; je pensais aux saints qui ont toutes ces belles étoiles sous leurs pieds; je pensais à toi qui les regardais peut-être comme moi. Cela me tiendrait aisément toute la nuit; cependant il faut fermer la fenêtre à ce beau dehors et cligner les yeux sous des rideaux ! Éran m'a apporté ce soir deux lettres de Louise. Elles sont charmantes, ravissantes d'esprit, d'âme, de cœur, et tout cela pour moi ! Je ne sais pourquoi je ne suis pas transportée, ivre d'amitié. Dieu sait pourtant que je l'aime ! Voilà ma journée jusqu'à la dernière heure. Il ne me reste que la prière du soir et le sommeil à attendre. Je ne sais s'il viendra, il est loin. Il est possible que Mimi vienne demain. A pareille heure, je l'aurai; elle sera là, ou plutôt nous reposerons sur le même oreiller, elle me parlant de Gaillac, et moi du Cayla.

Le 26. — Je n'écrivis pas hier, je ne fis qu'attendre. Enfin elle arriva le soir, cette chère Mimi. Me voilà heureuse, je recommence mille fois ce que j'ai fait, dit et pensé depuis son départ; elle me raconte mille choses de nos amis, du monde, de tout ce qu'elle a vu, et tout cela est charmant à dire et à écouter. *Oh ! quel bonheur de se revoir !* Vraiment, il y aurait de quoi s'en aller de temps en temps pour le seul plaisir du retour. Je fis hier un commencement de lettre pour toi; mais je n'étais pas à écrire, toute mon âme allait à la fenêtre. Aujourd'hui, je rentre en moi-même, et vais achever ma page. Ce ne sera qu'après dîner, pour récréation. Avant tout, il faut que je dise que je viens de jouir du soleil dans la côte de Sept-Fonts. C'est un de mes plus beaux plaisirs, comme tous ceux qui viennent du ciel. Mais cette côte est triste maintenant; c'est à peine si l'on peut y voir la place où fut le banc. Il n'y a pas longtemps qu'il en demeurait quelque reste, quelques chevilles; mais que les débris mêmes passent vite! Tout en pensant, regardant et regrettant, je me suis assise sur un chêne renversé, mon banc d'à présent. Celui-là, du moins, ne sera pas emporté par le vent. Là, j'attendais Mimi qui est allée sur le Pigimbert porter à la Vialarette des plants de grenadier pour Marie de Thézac. Que ne puis-je ainsi trouver quelqu'un qui te porterait quelque chose!

Le 27. — Je ferme saint Augustin, l'âme remplie de ces douces paroles : « Jetez-vous dans le sein de Dieu comme sur un lit de repos. » La belle idée, et le doux délassement que nous trouverions dans la vie, si nous savions, comme les saints, nous reposer en Dieu! Ils vont à lui comme les enfants à leur mère, et sur son sein ils dorment, ils prient, ils pleurent, ils demeurent. Dieu est le lieu des saints;

mais nous, terrestres, nous ne connaissons que la terre, cette pauvre terre noire, sèche, triste comme une demeure maudite. Rien n'est venu aujourd'hui, pas même le soleil; ce soir seulement il est passé des corbeaux. Point de promenade ni de sortie qu'en pensée; mais la mienne ne s'étend pas, elle monte. Nous aurons ce soir pour lecture les bulletins du fameux procès Carrat qui occupe tout le pays; mais je n'aime pas ces sortes d'affaires, et la célébrité du crime n'a rien d'intéressant, ce me semble. Je vais pourtant m'en occuper. Ce malheureux dans sa prison a écrit à Mlle Vialar, pour lui demander une *Imitation*. Une pareille idée dans cette âme active ferait espérer un retour à Dieu; mais qu'il est à craindre que ce ne soit qu'hypocrisie, puisqu'il continue d'être scélérat, dit-on. Érembert est allé à Alby pour assister aux débats qui font foule. D'où nous peut venir cette curiosité pour les monstres?

Le 28. — Ce matin, avant le jour, j'avais les doigts dans les cendres, cherchant du feu pour allumer la chandelle. Je n'en trouvais pas et allais retrouver mon lit lorsqu'un petit charbon que j'ai rencontré du bout du doigt m'a fait voir du feu : voilà ma lampe allumée. Vite la toilette, la prière, et nous voilà avec Mimi dans le chemin de Cahuzac. Ce pauvre chemin, je l'ai fait longtemps seule, et que j'étais aise de le faire à quatre pieds aujourd'hui! Le temps n'était pas beau, et je n'ai pu voir la montagne, ce cher pays que je regarde tant quand il fait beau. La chapelle était occupée, ce qui m'a fait plaisir. J'aime de n'être pas pressée et d'avoir le temps, avant d'entrer là, de faire la revue de toute mon âme devant Dieu. C'est long souvent, parce que mes pensées se trouvent dispersées comme des feuilles. A dix heures j'étais à genoux, écoutant la plus belle morale du monde, et je suis sortie me semblant que je valais mieux. C'est l'effet de tout fardeau déchargé de nous laisser plus légers, et quand l'âme a déposé celui de ses fautes aux pieds de Dieu, il lui semble qu'elle a des ailes. J'admire comme la confession est admirable. Quel soulagement, quelle lumière, quelle force je me trouve à chaque fois que j'ai dit : C'est ma faute !

Le 29. — Manteaux, sabots, parapluie, tout l'attelage d'hiver nous a suivis ce matin à Andillac où nous avons passé jusqu'au soir, tantôt au presbytère et tantôt à l'église. Cette vie du dimanche, si active, si coureuse, si variée, je l'aime. On voit l'un l'autre en passant, on reçoit la révérence de toutes les femmes qu'on rencontre, et puis on caquette chemin faisant sur les poules, le troupeau, le mari, les enfants. Mon grand plaisir, c'est de les caresser et de les voir se cacher tout rouges dans les jupes de leur mère. Ils ont peur de *las doumaisélos* comme de tout ce qui est inconnu. Un de ces petits disait à sa grand'mère qui parlait de venir ici : « *Minino*, ne va pas à ce castel, il y a une prison noire. » D'où vient que les châteaux ont de tout temps porté frayeur? Cela viendrait-il des horreurs qui s'y sont jadis commises? Je le crois.

Oh! qu'il est doux, lorsque la pluie à petit bruit tombe des cieux, d'être au coin de son feu, à tenir des pincettes, à faire des bluettes! C'était mon passe-temps tout à l'heure; je l'aime fort : les bluettes sont si jolies! ce sont les fleurs de cheminée. Vraiment il se passe de charmantes choses sur la cendre, et quand je ne suis pas occupée, je m'amuse à voir la fantasmagorie du foyer. Ce sont mille petites figures de braise qui vont, qui viennent, grandissent, changent, disparaissent, tantôt anges, démons cornus, enfants, vieilles, papillons, chiens, moineaux: on voit de tout sous les tisons. Je me souviens d'une figure portant un air de souffrance céleste qui me peignait une âme en purgatoire. J'en fus frappée, et aurais voulu avoir un peintre auprès de moi. Jamais vision plus parfaite. Remarque les tisons, et tu conviendras qu'il y a de belles choses, et qu'à moins d'être aveugle, on ne peut pas s'ennuyer auprès du feu. Écoute surtout ce petit sifflement qui sort parfois de dessous la braise comme une voix qui chante. Rien n'est plus doux et plus pur, on dirait que c'est quelque tout petit esprit de feu qui chante. Voilà, mon ami, mes soirées et leurs agréments; ajoute le sommeil, qui n'est pas le moindre.

Le 30. — On m'a raconté d'une malade d'Andillac une chose frappante. Après être tombée en faiblesse et demeurée comme morte pendant seize heures, cette malade a tout à coup ouvert les yeux et s'est mise à dire : « Qui m'a sortie de l'autre monde ? J'y étais entre le ciel et l'enfer, les anges me tirant d'un côté et les démons de l'autre. Dieu ! que j'ai souffert et que la vue de l'abîme est effrayante ! » Et, se retournant, elle récitait d'une voix suppliante des litanies de la miséricorde divine qu'on n'a jamais vues nulle part, puis se remettait à parler de l'enfer qu'elle a vu et dont elle était tout près pendant sa syncope. Et comme on lui a dit qu'il ne fallait pas penser à ces objets effrayants : « L'enfer n'est pas pour les chiens, a-t-elle dit, je l'ai vu, je l'ai vu ! » N'est-ce pas que voilà une scène dramatique, et bien vraie ? C'est Françoise, la sœur de M. le curé, qui me l'a racontée et qui elle-même a veillé la malade cette nuit-là. Cette femme n'était pas des plus pieuses, et maintenant elle se trouve remplie de foi, de ferveur, de résignation. M. le curé est le seul médecin qu'il lui faut, à l'autre elle ne dit rien. Ne peut-on pas croire que Dieu a mis la main là dedans ? Qui sait tout ce que voit une âme moribonde ?

> Alors qu'à son regard apparaît l'autre monde,
> Alors...

Mais je ne veux pas faire de la poésie.

Écoute un beau miracle que je viens de lire. C'est

de saint Nicaise qui, évangélisant dans les Gaules, se trouva dans une contrée ravagée par un énorme dragon. Le saint, profitant de cet événement pour faire connaître à ce peuple la puissance du Dieu qu'il annonçait, donna son étole à un de ses disciples, et l'envoya vers le monstre que celui-ci lia de cette étole et amena devant tout le peuple aux yeux duquel il *creva*. J'admire la naïveté du récit et le beau prodige, auquel je crois. Bonsoir avec saint Nicaise.

Le 1ᵉʳ décembre. — C'est de la même encre dont je viens de t'écrire que je t'écris encore; la même goutte, tombant moitié à Paris, moitié ici, te vient marquer diverses choses, ici des tendresses, ailleurs des fâcheries, car je t'envoie toujours tout ce qui me passe par l'âme. J'ai du regret de ne t'avoir écrit que deux mots, j'aurais pu envoyer ceci, et la pensée m'est venue de détacher ces feuilles. Mais si cela se perdait dans les cabarets où maître Délern ira boire! Mieux vaut garder nos causeries pour une occasion sûre. Ce sera donc avec le pâté, si je puis, sans risque, mettre des papiers dans la caisse.

Le 2. — Je m'en veux d'être si simple que de te croire indifférent pour nous et pour moi. Tout absurde qu'est cette idée, elle m'a occupée, attristée hier toute la journée. Aussi, vois-tu comme je t'ai dit peu de choses! Le triste me rend muette, pardonne-le-moi; j'aime mieux me taire que me plain-

dre. C'est ta lettre à Mimi qui m'a causé tout cela
je te dirai pourquoi. Quand tu liras ceci, mon ami,
souviens-toi que c'est écrit le 1ᵉʳ décembre, jour de
pluie, de sombre, d'ennui, où le soleil ne s'est pas
montré, où je n'ai vu que des corbeaux et lu de toi
qu'une toute petite lettre.

Le 3. — Rien que la date aujourd'hui.

Non, je ne veux pas rester un jour sans te rien
dire, quand ce ne serait qu'un bonsoir. Il est sept
heures, Mimin tisonne, j'entends le ruisseau; c'est
tout ce que je puis signaler, pour l'heure, avec une
belle étoile que je vois d'ici se lever sur les Mérix.
Tu n'as pas oublié ce hameau.

Le 4. — Visite rare et aimable : Mᵐᵉ de F... sort
d'ici. Nous ne l'avons gardée que quelques heures,
depuis dix jusqu'à trois. Son mari l'accompagnait
et nous l'a enlevée malgré nos réclamations. C'est
qu'il était obligé de s'en retourner et qu'il ne sait
pas se passer de sa femme, pas plus que de ses
yeux. Heureuse femme qui sait ainsi se rendre indispensable ! La voilà du côté de Bleys et moi te disant
qu'elle est venue : grand événement au Cayla qu'une
visite de dame, surtout dans la saison.

Il faut que j'écrive à Gaillac. C'est à *** que j'écrirai, non pas comme à toi ou à Louise, en grand, en
long, en large, mais en petit, en miniature. C'est
assez pour qui ne veut que se faire voir. Les grands

traits, je les réserve aux intimes. Deux visites, deux lettres écrites, une venue, c'est assez pour la journée; c'est beaucoup pour une journée du Cayla. Le temps était beau, nous sommes descendus dans le pré et avons joui du soleil comme on ferait au printemps.

Le 5. — Papa est parti ce matin pour Gaillac, nous voilà seules châtelaines, Mimi et moi, jusqu'à demain et maîtresses absolues. Cette régence ne va pas mal et me plaît assez pour un jour, mais pas davantage. Les longs règnes sont ennuyeux. C'est assez pour moi de commander à Trilby et d'obtenir qu'elle vienne quand je l'appelle ou que je lui demande la patte. Hier, fâcheux accident pour Trilbette. Comme elle dormait tranquille sous la cheminée de la cuisine, une courge qui séchait lui est tombée dessus. Le coup l'a étourdie, la pauvre bête est venue à nous au plus vite nous porter ses douleurs. Une caresse l'a guérie.

Il était nuit. Un coup de marteau se fait entendre, tout le monde accourt à la porte. Qui est là? C'était Jean de Person, notre ancien métayer, que je n'avais pas vu depuis longtemps. Il a été le bienvenu et a eu en entrant place au plat et à la bouteille. Puis, nous l'avons fait jaser sur son pays d'à présent, sur ses enfants et sa femme. J'aime fort ces conversations et ces revoirs. Ces figures d'autrefois font plaisir, il semble qu'elles ramènent la jeunesse. Je me croyais hier au temps où Jean me prenait sur ses genoux.

Le 6. — Je fis promettre à Jean de repasser ici ce soir ; je le reverrai, et puis je veux lui donner une lettre pour Gabrielle : c'est un de leurs métayers. *Bri* ne sera pas fâchée de ce souvenir inattendu ; je lui aurais écrit par la poste, et lui épargne ainsi huit sous qu'elle donnera de plus aux pauvres. Voilà donc une bonne œuvre que je fais faire. Au reste, c'est un jour de bonnes actions aujourd'hui ; je viens de Cahuzac et, comme chaque fois, merveilleusement disposée à bien faire ; faire mal ce jour-là me semble impossible. Puis, c'est un calme étrange ! Remarque comme ces jours-là mon âme a l'air tranquille. Elle l'est en effet, car je ne dissimule pas avec toi et laisse tomber sur le papier tout ce qui me vient, même des larmes. Quand mon bulletin se prolonge, c'est marque que je suis au mieux. Grande abondance alors d'affections et de choses à dire, de celles qui se font dans l'âme. Celles du dehors, souvent ce n'est pas la peine d'en parler, à moins qu'elles n'aillent retentir au dedans comme le marteau qui frappe à la porte. Alors on en parle, toute petite que soit la chose. Une nouvelle, un bruit de vent, un oiseau, un rien me vont au cœur par moments et me feraient écrire des pages. Si je voulais parler de ce que je dois faire demain ! Mais il vaut mieux en ceci des prières que des paroles. En parlant à Dieu, il viendra, et toi tu es si loin ! Tu ne m'entends pas, d'ailleurs, et le temps que je te donne n'ira pas au ciel. Presque tout ce qu'on fait pour la créature est perdu, à moins que la charité ne s'y mêle. C'est comme le sel qui préserve affections et actions de la corruption de la vie. Voici papa.

Le 7. — La soirée s'est passée hier à causer de Gaillac, des uns, des autres, de mille choses de la petite ville. J'aime peu les nouvelles, mais celles des amis font toujours plaisir, et on les écoute avec plus d'intérêt que celles du monde et de l'ennuyeuse politique. Rien ne me fait aussi tôt bâiller qu'un journal. Il n'en était pas de même autrefois, mais les goûts changent et le cœur se déprend chaque jour de quelque chose. Le temps, l'expérience aussi désabusent. En avançant dans la vie, on se place enfin comme il faut pour juger de ses affections et les connaître sous leur véritable point de vue. J'ai toutes les miennes sous les yeux. Je vois d'abord des poupées, des joujoux, des oiseaux, des papillons que j'aimais, belles et innocentes affections d'enfance. Puis la lecture, les conversations, un peu la parure, les rêves, les beaux rêves!... Mais je ne veux pas me confesser. Il est dimanche, je suis seule de retour de la première messe de Lentin, et je jouis dans ma chambrette du plus doux calme du monde, en union avec Dieu. Le bonheur de la matinée me pénètre, s'écoule en mon âme et me transforme en quelque chose que je ne puis dire. Je te laisse, il faut me taire.

Le 8. — Je ne lis jamais aucun livre de piété que je n'y trouve des choses admirables et comme faites pour moi. En voici : « Ceux qui espèrent au Seigneur verront leurs forces se renouveler de jour en jour. Quand ils croiront être à bout et n'en pouvoir plus, tout d'un coup ils pousseront des ailes semblables à celles d'un aigle; ils courront et ne se lasseront point, ils marcheront et ils seront infatigables. Marchez donc, âme pieuse, marchez, et quand vous croirez n'en pouvoir plus, redoublez votre ardeur et votre courage, car le Seigneur vous soutiendra. » Que de fois on a besoin de ce soutien ! Dis, âme faible, chancelante, défaillante, que deviendrions-nous sans le secours divin ? C'est de Bossuet, ces paroles. Je n'ai guère ouvert d'autre livre aujourd'hui; le temps s'est passé à tout autres choses qu'à la lecture, de ces choses qui ne sont rien, qui n'ont pas de nom et qui pourtant vous prennent tous les moments. Bonsoir, mon ami.

Le 9. — Je viens de me chauffer à tous les feux du hameau. C'est une tournée que nous faisons de temps en temps avec Mimin et qui a bien ses agréments. C'était aujourd'hui une visite de malades; aussi avons-nous parlé remèdes et tisanes. « Prenez ceci, faites cela, » et on nous écoute aussi bien qu'aucun médecin. Nous avons ordonné à un petit enfant malade pour avoir marché pieds nus de mettre des abots, à son frère couché à plat avec un grand mal de tête de mettre un oreiller; cela l'a soulagé, mais ne le guérira pas, je crois. Il commence une fluxion de poitrine, et les pauvres gens sont dans leur fumier comme des bêtes dans leur écurie; ce mauvais air les empeste. De retour au Cayla, je me trouve dans un palais, comparé à cette maison. C'est ainsi qu'en regardant tout au-dessous, je me trouve toujours bien placée.

Le 10. — Givre, brouillards, air glacé, c'est tout ce que je vois aujourd'hui. Aussi je ne sortirai pas et vais me recoquiller au coin du feu avec mon ouvrage et mon livre. C'est tantôt l'un, tantôt l'autre; cette variation me distrait. Cependant j'aimerais de lire toute la journée; mais il me faut faire autre chose, et le devoir passe avant le plaisir. J'appelle plaisir la lecture qui n'est nullement essentielle pour moi. Voilà une puce, une puce en hiver! C'est un cadeau de Trilby. C'est aussi de toute saison les insectes qui nous dévorent morts et vivants. Les moins nombreux encore sont-ils ceux que l'on voit; nos dents, notre peau, tout notre corps, dit-on, en est plein. Pauvre corps humain, faut-il que notre âme soit là dedans! Aussi ne s'y plaît-elle guère, dès qu'elle vient à considérer où elle est. Oh! le beau moment où elle en sort, où elle jouit de la vie, du ciel, de Dieu, de l'autre monde! Son étonnement, je pense, est semblable à celui du poussin sortant de sa coquille, s'il avait une âme.

Je te parlais de lecture, c'est une histoire de Russie que nous lisons le soir, et le jour je suis avec le *Siècle de Louis XIV*. On m'a dit que cet ouvrage de Voltaire pouvait se lire. C'est vrai, mais Voltaire s'y retrouve souvent, chaque fois d'abord qu'il est question de religion; mais ça ne me fait pas mal. Aussi je continue, trouvant cela bien écrit. Je n'ai plus rien à lire, à moins de relire. Les bulletins Carrat ont cessé. Je les regrette peu. Ces horreurs passées sous nos yeux sont plus horribles que d'autres. Les trois assassins sont condamnés à mort et seront exécutés à Gaillac. Il est vrai que Carrat pense à l'autre monde, et lit *l'Imitation*. Cela n'étonne pas dans une âme sous l'échafaud, et qui dans ses pensées de meurtre laissait entrer l'idée du ciel. Il ne partait jamais pour ses expéditions sans se munir d'un *chapelet*. Étrange idée! « Je rentrai, dit-il, la nuit du crime pour prendre mes chapelets que j'avais oubliés, et je courus chez Coutaud. » C'est là qu'il assassina trois personnes d'une façon épouvantable, un homme et deux femmes; mais laissons ces horreurs. Une belle tranche de millias m'attend sur le gril. Je vais la joindre.

Le 11. — Encore du brouillard, même temps qu'hier; mais mon oiseau chante, ce qui m'augure le soleil. Je suis sûre que nous le verrons bientôt. Il n'est que neuf heures, avant midi il aura percé les nuages, et nous aurons pleine clarté. Cela me réjouit aussi bien que mon oiseau, car je n'aime pas le sombre.

Ce soir. — J'ai bien dit que mon oiseau nous devinait le soleil. Il est venu, mais pâle et froid : mieux valait le feu de la cheminée. Aussi ne l'avons-nous pas quitté, excepté papa qui est sorti pour aller faire au village une proposition de mariage. Chose étrange, on l'a refusée ; mais c'est par dépit de n'avoir pu dire *oui* à un autre, que la belle a dit *non* aujourd'hui. Tu la connais, c'est celle qui est de ton âge, et qui t'attendait comme tu sais ; mais c'est passé, et son attente était pour un autre qui lui échappe également. La pauvre fille qui le tenait du cœur est malheureuse maintenant, et a répondu aux recherches d'un autre qu'elle ne voulait pas s'enchaîner. C'est pour ne pas porter deux chaînes, et si c'est vrai, elle fait bien : le regret est si pesant ! Un pauvre de loin est passé, puis un petit enfant ; c'est tout ce qui s'est fait voir aujourd'hui. Est-ce la peine d'en parler ?

Le 12. — Je commence par prendre date, et puis nous verrons ce qui viendra pour mon histoire d'un jour. Pas grand'chose sans doute, à moins de quelque événement imprévu ; ce que je n'envie guère, à moins que ce ne soit une lettre de toi ou de la montagne, qui toujours me portent bonheur.

Rien à dire, rien à écrire, rien à penser ; le froid perclut même l'âme. Il semble en hiver que les pensées ne sont plus en circulation et se prennent à la tête comme des glaçons. C'est ce que j'éprouve souvent, tout à l'heure; mais qu'il me vienne quelque plaisir, une lettre, une lecture, un sentiment qui me ranime, le dégel se fait et les *eaux* coulent.

Deux quêteurs sont passés. Ces pauvres gens tout transis m'ont fait trouver heureuse d'être auprès du feu et d'avoir de quoi leur donner. Tu dois faire souvent l'aumône, à présent que te voilà riche; je sais que tu l'aimes. Tu m'as dit, je me souviens, que tu n'as jamais rencontré un pauvre sans lui donner un sou quand tu l'avais. Ce sou t'a porté bonheur. Donnes-en un pour moi. Ce que je donne ici ne me comptera pas, puisque je n'ai rien en propre : c'est pour la communauté; ma part s'y trouve aussi, mais petite. Aide-moi. Si j'étais à Paris, je mettrais souvent la main dans ta poche.

Le règne de Pierre Ier nous a tenus tout ce soir. Ce règne est intéressant, on aime à voir tout ce que peut le génie et...

C'en est là depuis huit jours. Je ne sais qui vint me tirer d'ici, et depuis, que d'idées venues, que de choses à dire! Mais tout ne se dit pas. Que sert? Dieu seul les peut comprendre et consoler le cœur quand il est triste.

Dernier décembre. — Voici quinze jours que je n'ai rien mis ici. Ne me demande pas pourquoi. Il y a de ces temps où l'on ne veut point parler; de ces choses dont on ne veut rien dire. La Noël est venue;

belle fête, celle que j'aime le plus, qui me porte autant de joie qu'aux bergers de Bethléem. Vraiment, toute l'âme chante à la belle venue de Dieu, qui s'annonce de tous côtés par des cantiques et par le joli *nadalet*[1]. Rien à Paris ne donne l'idée de ce que c'est que Noël. Vous n'avez même pas la messe de minuit. Nous y allâmes tous, papa en tête, par une nuit ravissante. Jamais plus beau ciel que celui de minuit, si bien que papa sortait de temps en temps la tête de sous son manteau pour regarder en haut. La terre était blanche de givre, mais nous n'avions pas froid; l'air d'ailleurs était réchauffé devant nous par des fagots d'allumettes que nos domestiques portaient pour nous éclairer. C'était charmant, je t'assure, et je t'aurais voulu voir là cheminant comme nous vers l'église, dans ces chemins bordés de petits buissons blancs comme s'ils étaient fleuris. Le givre fait de belles fleurs. Nous en vîmes un brin si joli que nous en voulions faire un bouquet au saint Sacrement, mais il fondit dans nos mains : toute fleur dure peu. Je regrettai fort mon bouquet : c'était triste de le voir se fondre et diminuer goutte à goutte. Je couchai au presbytère; la bonne sœur du curé me retint, me prépara un excellent réveillon de lait chaud. Papa et Mimi vinrent se

---

1. Nom d'une façon particulière de sonner les cloches pendant les quinze jours qui précèdent la fête de Noël, appelée en patois languedocien *nadal*.

chauffer ici, au grand feu du *souc de Nadal*[1]. Depuis il est venu du froid, du brouillard, toutes choses qui assombrissent le ciel et l'âme. Aujourd'hui que voilà le soleil, je reprends vie et m'épanouis comme la pimprenelle, cette jolie petite fleur qui ne s'ouvre qu'au soleil.

Voilà donc mes dernières pensées, car je n'écrirai plus rien de cette année; dans quelques heures c'en sera fait, nous commencerons l'an prochain. Oh! que le temps passe vite! Hélas! hélas! ne dirait-on pas que je le regrette? Mon Dieu, non, je ne regrette pas le temps, ni rien de ce qu'il nous emporte; ce n'est pas la peine de jeter ses affections au torrent. Mais les jours vides, inutiles, perdus pour le ciel, voilà ce qui fait regretter et retourner l'œil sur la vie. Mon cher ami, où serai-je à pareil jour, à pareille heure, à pareil instant l'an prochain? Sera-ce ici, ailleurs, là-bas ou là-haut? Dieu le sait, et je suis là à la porte de l'avenir, me résignant à tout ce qui peut en sortir. Demain je prierai pour que tu sois heureux, pour papa, pour Mimi, pour Éran, pour tous ceux que j'aime. C'est le jour des étrennes, je vais prendre les miennes au ciel. Je tire tout de là, car vraiment, sur la terre, je trouve bien peu de choses à mon goût. Plus j'y demeure, moins je m'y plais; aussi je vois sans peine venir les ans, qui sont autant de pas vers l'autre monde. Ce n'est aucune peine ni chagrin qui

---

1. La *bûche de Noël.*

me fait penser de la sorte, ne le crois pas, je te le
dirais ; c'est le mal du pays qui prend toute âme qui
se met à penser au ciel. L'heure sonne, c'est la dernière que j'entendrai en t'écrivant ; je la voudrais
sans fin comme tout ce qui fait plaisir. Que d'heures
sont sorties de cette vieille pendule, ce cher meuble
qui a vu passer tant de nous sans s'en aller jamais,
comme une sorte d'éternité ! Je l'aime, parce qu'elle
a sonné toutes les heures de ma vie, les plus belles
quand je ne l'écoutais pas. Je me rappelle quand
j'avais mon berceau à ses pieds, et que je m'amusais à voir courir cette aiguille. Le temps amuse
alors, j'avais quatre ans. On lit de jolies choses à la
chambre ; ma lampe s'éteint, je te quitte. Ainsi finit
mon année, auprès d'une lampe mourante.

Le 3 (janvier 1835). — Une lettre de la Bretagne
m'est venue ce matin, comme une belle étrenne. J'ai
passé toute la journée à penser à Mme de La Morvonnais et à déchiffrer l'écriture de son mari, qui n'est
pas du tout facile ; maintenant je la lis et comprends
parfaitement sa pensée, mais je ne puis y répondre.
La femme poëte, telle qu'il me croit, est un être idéal,
tout à fait à part de la vie que je mène, vie d'occupations, vie de ménage, qui absorbe tous mes moments. Le moyen de faire autrement ? je ne le sais
pas ; et d'ailleurs, c'est là mon devoir, je ne veux pas
en sortir. Plût à Dieu que mes pensées, que mon
âme, n'eussent jamais pris leur vol au delà de la

petite sphère où je me vois forcée de vivre[1] ! On a beau me dire, je ne puis m'élever au-dessus de mon aiguille ou de ma quenouille sans aller trop loin ; je le sens, je le crois ; je resterai donc où je me trouve : quoi qu'elle en pense, mon âme n'habitera les lieux hauts qu'au ciel.

Le 5. — Mon cher ami, je suis demeurée deux jours sans te rien dire. Cela m'arrivera souvent, tantôt pour une chose, tantôt pour l'autre ; mais si la parole se tait, la pensée va toujours, roue tournante, et bien vite aujourd'hui. Je me demande d'où tout ce mouvement peut venir ; il m'étonne, m'attriste même parfois, car j'aime tant le repos, non pas l'inaction, mais le calme où reste une âme heureuse ! Saint Stylite, le saint d'aujourd'hui, est admirable sur sa colonne. Je le trouve heureux de s'être fait ainsi une haute demeure, et de ne toucher pas la terre, même des pieds. Ces vies de saints sont merveilleuses, charmantes à lire, pleines d'instructions pour l'âme croyante. — J'entends chanter une jeune poule, il faut que j'aille chercher son nid.

Le 6. — Belle journée, soleil, *Boubi!* une de tes lettres. N'as-tu pas oublié ce *Boubi*, ces vœux d'enfants du jour des Rois? Je ne sais trop ce qu'ils signifient, et pourquoi ce jour-là est consacré aux souhaits

---

1. Ces trois lignes sont effacées.

du vin, car c'est ce que crient les enfants. Nous leur donnons des pommes, des noix, en retour du bon vin qu'ils nous souhaitent, et ils s'en retournent contents. C'est la Ratière, ton ancienne amie, qui nous a apporté ta lettre, ne manquant pas de demander si c'était de M. Maurice, puis comment il se portait et s'il était toujours loin, et tout cela avec un air d'intérêt qui faisait plaisir. Je crois bien que si tu avais été là, elle aurait eu des noisettes dans sa poche. Pour nous, c'est différent : ce n'est qu'aux amis qu'on en donne. Ta lettre m'a fait plaisir par l'air de contentement que j'y trouve ; c'est que te voilà hors des tempêtes, des secousses qui t'ont ballotté si longtemps. Que Dieu en soit béni et te tienne à l'ancre ! J'avais toujours espéré que quelque bien t'arriverait.

Le 7. — Je viens d'écrire à Félicité. C'est toujours livre ou plume que je touche en me levant, les livres pour prier, penser, réfléchir. Ce serait mon occupation de tout le jour si je suivais mon attrait, ce quelque chose qui m'attire au recueillement, à la contemplation intérieure. J'aime de m'arrêter avec mes pensées, de m'incliner pour ainsi dire sur chacune d'elles pour les respirer, pour en jouir avant qu'elles s'évaporent. Ce goût me vint de bonne heure. J'étais enfant que je faisais de petits soliloques qui auraient bien leur charme si je les retrouvais ; mais allez chercher les choses de l'enfance ! Allez chercher des eaux à la source tarie!

La petite Morvonnais m'envoie un baiser, me dit sa mère. Que lui donnerai-je en retour d'aussi pur, d'aussi doux que son baiser d'enfant? Il me semble qu'un lis m'a touché la joue.

> Que ne puis-je accourir, enfant, quand tu m'appelles,
> Quand tu me dis : je t'aime et te veux caresser;
> Et que les petits bras, comme deux blanches ailes,
>   S'ouvrent pour m'embrasser!
> De blancs agneaux que j'ai me caressent souvent,
> Une colombe aussi sur mes lèvres se joue;
> Mais lorsque je reçois le baiser d'un enfant,
> Il me semble qu'un lis s'est penché sur ma joue,
> Que j'ai tout le visage embaumé d'innocence,
> Que tout mon être enfin devient suave et pur.
> Ineffable plaisir, céleste jouissance!
> Que n'ai-je tes baisers, enfant aux yeux d'azur?

Le 8. — Ce n'est pas la peine de parler d'aujourd'hui : rien n'est venu, rien n'a bougé, rien ne s'est fait dans notre solitude. Mon petit oiseau seul sautillait dans sa cage en gazouillant au soleil; je l'ai regardé souvent, n'ayant rien de plus joli à voir dans ma chambre. Je n'en suis pas sortie; tout mon temps s'est passé à coudre un peu, à lire, puis à réfléchir. La belle chose que la pensée! et quels plaisirs elle nous donne quand elle s'élève en haut! C'est sa direction naturelle qu'elle reprend sitôt qu'elle est dégagée des objets terrestres. Entre le ciel et nous il y a une mystérieuse attraction : Dieu nous veut et nous voulons Dieu. — Je ne sais quel oiseau vole sur ma tête, je l'entends sans presque le voir, il est nuit. Ce n'est pas le temps des oiseaux nocturnes. Voilà qui me détourne et brouille le fil que je dévidais. Comme il faut peu! Cette petite apparition me fait quitter ma chambre, non pas de peur; je vais dire à Mimi de venir voir cet oiseau.

Le 9. — Qu'était-ce que cet oiseau d'hier au soir? Il a disparu comme une vision dès que j'ai apporté la chandelle. On m'a ri au nez, disant que je l'avais vu dans ma tête. Cependant c'était bien de mes yeux que je l'avais vu; je l'ai regardé plus de cinq minutes, et c'est le bruit qu'il faisait en volant qui me l'a fait apercevoir.

Le 1ᵉʳ mars. — Voilà bien longtemps que mon Journal était délaissé. Je l'ai trouvé en ouvrant mon bureau, et la pensée d'y laisser un mot m'a reprise. Te dirai-je pourquoi je l'ai abandonné? C'est que je trouve perdu le temps que je mets à écrire. Nous devons compte à Dieu de nos minutes, et n'est-ce pas les mal employer que de tracer ici des jours qui s'en vont? Cependant j'y trouve du charme, et me complais ensuite à revoir le sentier de ma vie dans ma solitude. Quand j'ai rouvert ce cahier et que j'en ai lu quelques pages, j'ai pensé que dans vingt ans, si je vis, ce serait pour moi plaisir délicieux de le lire, de me retrouver là comme dans un miroir qui garderait mes jeunes traits. Je ne suis plus jeune pourtant, mais à cinquante ans je trouverai que je

J'étais à présent. Ce plaisir donc, je me le donne. Je crois qu'il est innocent. Si le scrupule me revient, je le laisserai tout de suite. Mais le bon Dieu peut-être est moins rigoureux que ma conscience et me pardonnera ce petit passe-temps. A demain donc la reprise de mon Journal. Il faut que je dise mon bonheur d'hier, bonheur bien doux, bien pur : un baiser de pauvre que je reçus comme je lui faisais l'aumône. Ce baiser me fut au cœur comme un baiser de Dieu.

Le 3. — Tout chantait ce matin pendant que je faisais la prière : les pinsons, les grives et mon petit linot. C'était comme au printemps, et ce soir voilà des nuages, du froid, du sombre, l'hiver encore, le triste hiver. Je ne l'aime guère ; mais toute saison est bonne, puisque Dieu les a faites. Que le givre, le vent, la neige, le brouillard, le sombre, que tout temps soit donc le bienvenu ! N'y a-t-il pas du mal à se plaindre quand on est chaudement près de son feu, tandis que tant de pauvres gens sont transis dehors ? Un mendiant a trouvé à midi ses délices dans une assiette de soupe chaude qu'on lui a servie sur la porte, se passant fort bien de soleil. Je puis donc bien m'en passer. C'est qu'il faut quelque chose d'agréable aujourd'hui que partout on s'amuse, et nous voulions faire notre mardi gras au soleil en plein air, en promenades. Il a fallu se borner à celle du hameau, où tout le monde voulait nous fêter. Nous avons dit merci sans rien prendre, parce que nous étions après dîner. Les petits enfants sont venus à nous comme des poulets. Je leur ai fait piquer des noisettes que j'avais mises pour leur donner dans ma poche. Dans vingt ans encore ils se souviendront de notre visite, parce que nous leur avons donné quelque chose de bon, et ce souvenir leur sera doux. Voilà des noisettes bien employées. Je n'écrivis pas hier parce que je trouvais que ce n'était pas la peine d'écrire des riens. Il en est de même aujourd'hui ; tous nos jours se ressemblent à peu de chose près, quant au dehors seulement. La vie de l'âme est différente ; rien n'est plus varié, plus changeant, plus mobile. N'en parlons pas, ce serait à l'infini quand il ne s'agirait que d'une heure. Je vais écrire à Louise. C'est me fixer dans l'aimable.

Le 4. — J'ai suspendu ce matin à côté du lit de papa une petite croix qu'une petite fille lui donna hier, par reconnaissance de ce qu'il l'a fait placer au couvent. C'est Christine Roquier. Son pieux souvenir nous a été très-agréable, et nous le conserverons comme une relique de reconnaissance. Le bénitier de papa sera entre cette croix et une image du Calvaire. Cette image, toute déchirée qu'elle est, j'y tiens, parce que je l'ai toujours vue là, et que quand j'étais enfant j'allais devant faire mes prières. Je me souviens de lui avoir demandé bien des grâces à cette sainte image. Je racontais tous mes petits chagrins à cette figure si triste du Sauveur mourant, et toujours j'étais consolée. Une fois que j'avais des taches à ma robe qui me peinaient beaucoup, de peur d'être grondée, je priai mon image de les faire disparaître, et les taches disparurent. Que ce doux miracle me fit aimer le *bon Dieu!* Depuis ce jour, je ne crus rien d'impossible à la prière ni à mon image, et je lui demandais quoi que ce fût : une fois, que ma poupée eût une âme; mais cette fois je n'obtins rien. Ce fut la seule peut-être.

Le 7. — Aujourd'hui on a placé un âtre nouveau à la cuisine. Je viens d'y poser les pieds, et je marque ici cette sorte de consécration du foyer dont la pierre ne gardera point de trace. C'est un événement ici que ce foyer, comme à peu près un nouvel autel dans une église. Chacun va le voir et se promet de passer de douces heures et une longue vie devant ce foyer de la maison (car il est à tous, maîtres et valets), mais qui sait?... Moi peut-être je le quitterai la première, ma mère s'en alla bientôt. On dit que je lui ressemble.

Le 8. — J'ai fait cette nuit un grand songe. L'Océan passait sous nos fenêtres. Je le voyais, j'entendais ses vagues roulant comme des tonnerres, car c'était pendant une tempête que j'avais la vue de la mer, et j'avais peur. Un ormeau qui s'est élevé avec un oiseau chantant dessus m'a détournée de la frayeur. J'ai écouté l'oiseau : plus d'Océan et plus de songe.

Le 9. — La journée a commencé douce et belle, point de pluie ni de vent. Mon oiseau chantait toute la matinée, et moi aussi, car j'étais contente et je pressentais quelque bonheur pour aujourd'hui. Le voilà, mon ami, c'est une de tes lettres. Oh ! s'il m'en venait ainsi tous les jours ! Il faut que j'écrive à Louise.

Du temps que j'écrivais, les nuages, le vent sont revenus. Rien n'est plus variable que le ciel et notre âme. Bonsoir.

Le 10. — Oh ! le beau rayon de lune qui vient de tomber sur l'évangile que je lisais !

Le 11. — Aujourd'hui, à cinq heures du matin, il y a eu cinquante-sept ans que notre père vint au monde. Nous sommes allés, lui, Mimi et moi, à l'église en nous levant, célébrer cet anniversaire et entendre la messe. Prier Dieu, c'est la seule façon de célébrer toute chose en ce monde. Aussi ai-je beaucoup prié en ce jour où vint au monde le plus tendre, le plus aimant, le meilleur des pères. Que Dieu nous le conserve et ajoute à ses années tant d'années que je ne les voie pas finir ! Mon Dieu, non, je ne voudrais pas mourir la dernière ; aller au ciel avant tous serait mon bonheur. Pourquoi parler de mort un jour de naissance ? C'est que la vie et la mort sont sœurs et naissent ensemble comme deux jumelles.

Demain je ne serai pas ici. Je t'aurai quittée, ma

chère chambrette, papa m'emmène à Caylus. Ce voyage m'amuse peu ; je n'aime pas de m'en aller, de changer de lieu ni de ciel, ni de vie, et tout cela change en voyage. Adieu, mon confident, tu vas m'attendre dans mon bureau. Qui sait quand nous nous reverrons ? Je dis dans huit jours, mais qui compte au sûr en ce monde ? Il y a neuf ans que je demeurai un mois à Caylus. Ce n'est pas sans quelque plaisir que je reverrai cet endroit, ma cousine, sa fille, et le bon chevalier qui m'aimait tant ! On prétend qu'il m'aime encore. Je vais le savoir. C'est possible qu'il soit le même; lui me trouvera bien changée depuis dix ans. Dix ans, c'est un siècle pour une femme. Alors nous aurons même âge, car le brave homme a ses quatre-vingts ans passés.

Le 12. — C'était pour moi une véritable peine de m'en aller; papa l'a su et m'a laissée. Il me dit hier au soir : « Fais comme tu voudras. » Je voulais demeurer et me sentais toute triste en pensant que ce soir je serais loin d'ici, loin de Mimi, loin de mon feu, loin de ma chambrette, loin de mes livres, loin de Trilby, loin de mon oiseau : tout, jusqu'aux moindres choses, se présente quand on s'en va, et vous entoure si bien qu'on n'en peut sortir. Voilà ce qui m'arrive chaque fois qu'il est question de voyage : j'appelle voyage une sortie de huit jours. Comme la colombe, j'aime chaque soir de revenir à mon nid. Nul endroit ne me fait envie.

Je n'aime que les fleurs que nos ruisseaux arrosent,
Que les prés dont mes pas ont foulé le gazon,
Je n'aime que les bois où nos oiseaux se posent,
Mon ciel de tous les jours et son même horizon.

Neuf heures. — C'est l'heure que l'âme pieuse écoute avec le plus de recueillement, à cause des pieux souvenirs qu'elle réveille. A la neuvième heure, nous dit l'Évangile, les ténèbres couvrirent la terre pendant que Jésus était en croix. Ce fut aussi à la neuvième heure que le Saint-Esprit descendit sur les apôtres. Aussi cette heure est-elle bénie et consacrée par l'Église à la prière. C'est alors que les chanoines commencent leur office.

Le 14. — C'est un de mes beaux jours, de ces jours qui commencent doux et finissent doux comme une coupe de lait. Dieu soit béni de ce jour passé sans tristesse! Ils sont si rares dans la vie! et mon âme plus qu'une autre s'afflige de la moindre chose. Un mot, un souvenir, un son de voix, un visage triste, un rien, je ne sais quoi, souvent troublent la sérénité de mon âme, petit ciel que les plus légers nuages ternissent. Ce matin, j'ai reçu une lettre de Gabrielle, de cette cousine que j'aime à cause de sa douceur et de sa belle âme. J'étais en peine sur sa santé si frêle, ne sachant rien d'elle depuis plus d'un mois. Sa lettre aussi m'a fait tant de plaisir que je l'ai lue avant la prière, tant j'étais pressée de la lire. Voir une lettre, et ne pas l'ouvrir, chose impossible! Je l'ai lue. Entre autres choses, j'ai vu que Gabrielle n'approuve pas mes goûts de retraite et de renoncement au monde. C'est qu'elle ne me connaît pas, qu'elle est plus jeune et qu'elle ne sait pas qu'il est un âge où le cœur se déprend de tout ce qui ne le fait pas vivre. Le monde l'enchante, l'enivre, mais ce n'est pas la vie. On ne la trouve qu'en Dieu et en *soi*. Être seul avec Dieu seul, ô bonheur suprême!

On m'a remis à Cahuzac encore une lettre. Celle-ci est de Lili, autre douce amie, mais tout à fait à l'écart du monde ; âme pure, âme de neige par sa candeur, si blanche que j'en suis éblouie quand je la regarde, âme faite pour les yeux de Dieu. Elle me dit de l'aller voir, mais je ne veux pas sortir avant Pâques. Après j'irai à Rayssac, et au retour je demeurerai tant que je pourrai avec Lili. Je m'en allais de Cahuzac toute contente avec ma lettre, lorsque j'ai vu près de la fontaine un petit garçon qui se désolait à fendre l'âme. C'est qu'il avait cassé son cruchon, et le pauvre enfant avait peur d'être battu par son père. Ce n'est pas lui qui me l'a dit, tant il pleurait, mais des femmes qui avaient vu tomber la cruche. Ce pauvre petit, j'ai vu qu'avec dix sous je le consolerais; et le prenant par la main, je l'ai mené chez un terrassier où il a retrouvé sa cruche. Charles X ne serait pas plus heureux s'il reprenait sa couronne. N'est-ce pas que c'est un beau jour?

Le 15. — Boue, pluie, ciel d'hiver, temps incommode pour un dimanche; mais ça m'est égal, tout comme si je voyais le soleil. Non par indifférence, j'aime mieux le beau temps; mais tous les temps sont bons : quand le dedans est serein, que fait le reste? J'étais à Lentin, où j'ai entendu bien mal prêcher, ce me semble. Cette parole de Dieu, si belle, comme elle se défigure en passant par certaines bouches! On a besoin de savoir qu'elle vient du ciel. Je vais à vêpres, malgré le temps. J'ai rapporté d'Andillac une fleur, la première que j'aie vue cette année. Les pareilles étaient sur l'autel de la Vierge, dont elles embaumaient les pieds. C'est la coutume de nos paysannes de lui offrir les premières fleurs de leur jardin; coutume pieuse et charmante : rien ne pare mieux un autel de campagne. Je laisse ici ma fleur comme un souvenir du dimanche le plus voisin du printemps.

Le 16. — Encore une lettre de G..., une lettre pour m'annoncer son mariage. Que j'étais loin d'y penser! Elle est si jeune, si délicate, si frêle. On ne voit qu'un peu de vie dans ce petit corps d'enfant. Mon Dieu, que je la souhaite heureuse! mais je ne sais pas... je ne vois rien de riant dans son mariage. Il faut pourtant que je lui fasse mes félicitations, c'est l'usage. J'ai passé tout le jour à penser à elle, à me figurer son avenir et à penser à ces mots de sa lettre : *Je n'ai de calme qu'à genoux.*

Le 17. — C'est un cœur tout neuf que celui de G..... Voilà pourquoi elle pourra être heureuse, si son mari est aimable, parce qu'elle l'aimera avec tout le charme d'une première affection.

J'écoute le berger qui siffle dans le vallon. C'est l'expression la plus gaie qui puisse passer sur les lèvres de l'homme. Ce sifflement marque un sans-souci, un bien-être, un *je suis content* qui fait plaisir. Ces pauvres gens, il leur faut bien quelque chose, ils ont la gaieté. Deux petits enfants font aussi en chantant leur fagot de branches parmi les moutons. Ils s'interrompent de temps en temps pour rire ou pour jouer, car tout cela leur échappe. J'aimerais de les voir faire et d'écouter le merle qui chante dans la haie du ruisseau; mais je veux lire. C'est Massillon que je lis depuis que nous sommes en carême. J'admire son discours de vendredi *sur la Prière*, qui est vraiment un cantique.

Le 18. — Le berger m'a annoncé ce matin l'arrivée des bergeronnettes. Une a suivi le troupeau toute la journée : c'est de bon augure, nous aurons bientôt des fleurs. On croit aussi que ces oiseaux portent bonheur aux troupeaux. Les bergers les vénèrent comme une sorte de génies et se gardent d'en tuer aucune. Si ce malheur arrivait, le plus beau mouton du troupeau périrait. Je voudrais que cette naïve crédulité préservât de même tant d'autres petits oiseaux que nos paysans font périr inhumainement, et qui m'ont donné bien du chagrin autrefois. Le malheur des nids était un de mes chagrins d'enfance. Je pensais aux mères, aux petits, et cela me désolait de ne pouvoir les protéger, ces innocentes créatures! Je les recommandais à Dieu.

> Je disais : O mon Dieu, ne les faites pas naître
> Ou préservez-les de malheur;
> Préservez ces petits, vous êtes bien le maître,
> Des griffes du vautour, des mains de l'oiseleur.
>
> J'en ai vu qu'on prenait de leur nid sous le lierre,
> D'autres sur le grand chêne ou cachés sous la terre,
> Et, tristes comme moi quand je n'ai pas ma cour,
> Tous mouraient dans un jour.
>
> Et tous auraient chanté, et tous, mettant des ailes,
> Se seraient envolés dans les bois, sur les mers;
> Et quand naîtront les fleurs, ces pauvres hirondelles
> Renaîtraient dans les airs.
>
> Vous les verriez, enfants, passer sous les nuages,
> Et puis chaque matin gazouiller tout l'été.
> Oh! que c'est bien plus doux que de les voir en cages
> Sans chants ni liberté!

Le 19. — Je ne sais jusqu'où ces oiseaux m'auraient menée, tant ils me donnent de souvenirs et tant je leur portais de tendresse. Me voici dans une joyeuse attente; papa revient ce soir. Il me tarde : huit jours d'absence sont longs quand on a l'habitude de ne jamais se quitter. C'est de plus Saint-Joseph aujourd'hui, la fête de papa. Ce ne peut être qu'un beau jour. J'ai entendu la messe pour le fêter, voilà mon bouquet: les prières sont des fleurs divines.

Le 20. — Papa est arrivé frais, bien portant et charmé de l'accueil qu'on lui a fait chez ma cousine de La Gardelle. La soirée s'est passée à parler de cette bonne famille qui nous aime, des voisins qu'ils ont, de leur curé. La vie des curés de campagne est intéressante, et j'aime à me la faire dire. Enfin, des uns ou des autres, nous avons eu de quoi causer jusqu'après dix heures où chacun de nous va dormir pour l'ordinaire, sans avoir tout appris.

Je n'ai aucune envie d'écrire aujourd'hui, j'aime mieux coudre. L'aiguille me sied mieux que la plume, je la reprends. Nous avons eu au lever ce matin une lettre de Marie et un cahier de la *Propagation de la foi*, voilà pour le cœur et pour l'âme. Marie nous mande des amitiés; les missionnaires, des conversions. Que ces hommes sont admirables, et que de grand cœur je leur donne mon sou par semaine! Je voudrais te voir de cette association.

Le 21. — Je crois que c'est aujourd'hui le premier jour du printemps. Je ne m'en doutais pas; au froid qu'il fait, à la bise qui siffle, on se croirait en janvier. Encore un peu de temps et la froidure s'en ira: patience, pauvre impatiente que je suis de voir des fleurs, un beau ciel, de respirer l'air tout embaumé du printemps! Quand j'en serai là, j'aurai quelques jours de plus, quelques soucis peut-être, et voilà comme les jouissances arrivent. J'ai fait pourtant un beau réveil. Comme j'ouvrais l'œil, une lune charmante passait sur ma fenêtre et rayonnait dans mon lit, et rayonnait si bien que tout à coup j'ai cru que c'était une lampe suspendue à mon contrevent C'était joli à voir et bien doux, cette blanche lumière. Aussi l'ai-je contemplée, admirée, regardée jusqu'à ce qu'elle se fût cachée derrière le contrevent, pour reparaître ensuite et se cacher comme un enfant qui joue à clignette.

J'ai été me confesser; j'ai longtemps réfléchi sur la douce et belle morale de M. Bories, puis j'ai écrit à Louise, ici à présent : que de douces choses j'ai faites! J'écrirais tout à présent que j'écrirais trop; je ne pourrais pas dormir, et il faut que je dorme, et que je puisse penser à Dieu et le prier demain qui est dimanche. Ce frêle corps qui tient l'âme, il le faut ménager. C'est ennuyeux, mais qu'y faire? Les anges n'ont pas ce souci : heureux anges!

Le 24. — Je vois un beau soleil qui du dehors vient resplendir dans ma chambrette. Cette clarté l'embellit et m'y retient, quoique j'aie envie de descendre. J'aime tant ce qui vient du ciel! J'admire d'ailleurs ma muraille toute tapissée de rayons, et une chaise sur laquelle ils retombent comme des draperies. Jamais je n'eus plus belle chambre. C'est plaisir de s'y trouver et d'en jouir comme de chose à soi. O le beau temps! il me tarde d'en jouir, de respirer à plein gosier l'air de dehors si suave aujourd'hui ; ce sera pour l'après-midi : ce matin, il faut que j'écrive. Hier il nous arriva trois personnes et des livres, toutes visites d'amis. L'après-dîner se passa à causer, à écouter mille choses que Mᵐᵉ Roquiers sait raconter comme nouvelles intéressantes, ou amuser sa petite fille, enfant de quatre ans, fraîche comme une première rose. C'était plaisir de baiser ses joues rondelettes et de lui voir croquer des gimblettes. Nous sommes invitées Mimi et moi à aller assister demain chez M. Roquiers à la bénédiction d'une cloche. Cette course ne me déplaît pas.

Le 26. — C'est une jolie chose qu'une cloche entourée de cierges, habillée de blanc comme un enfant qu'on va baptiser. On lui fait des onctions, on chante, on l'interroge, et elle répond par un petit tintement qu'elle est chrétienne et veut sonner pour Dieu. Pour qui encore ? car elle répond deux fois. Pour toutes les choses saintes de la terre, pour la naissance, pour la mort, pour la prière, pour le sacrifice, pour les justes, pour les pécheurs. Le matin, j'annoncerai l'aurore ; le soir, le déclin du jour. Céleste horloge, je sonnerai l'Angelus et les heures saintes où Dieu veut être loué. A mes tintements, les âmes pieuses prononceront le nom de Jésus, de Marie ou de quelque saint bien-aimé ; leurs regards monteront au ciel, ou, dans une église, leur cœur se distillera en amour.

Je pensais cela et d'autres choses devant cette petite cloche d'Itzac, que je voyais bénir au milieu d'une foule qui regardait sans penser à rien, ce me semblait, et qui regardait également nous et la cloche. Deux demoiselles étaient en effet choses curieuses et toutes nouvelles pour les Itzagois. Les pauvres gens !

Le 27. — A deux heures papa est parti pour Alby où Lili le réclame pour ses affaires. Nous voilà encore seules pour je ne sais combien de jours, car il est possible que papa aille à Rayssac. A son retour j'aurai des nouvelles de Louise. Il me tarde. Voilà longtemps que je ne sais rien de cette chère amie. Ce n'est pas qu'elle m'oublie, je ne puis le croire. Si je le croyais... Non, non, Louise m'aime et sera toujours mon amie. C'est dit, c'est fait, nous n'en sommes plus aux commencements pour avoir des doutes sur notre amitié. C'est qu'elle ne peut m'écrire ou que les charbonniers perdent les lettres. Les ennuyeux, s'ils savaient ce qu'ils perdent !

Le 28. — J'ai failli avoir un chagrin : mon petit linot était sous la griffe de la chatte, comme j'entrai dans ma chambre. Je l'ai sauvé en donnant un grand coup de poing à la chatte, qui a lâché prise. L'oiseau n'a eu que peur, puis il s'est trouvé si content qu'il s'est mis à chanter de toutes ses forces comme pour me remercier et m'assurer que la frayeur ne lui avait pas ôté la voix. Un bouvier qui passe au chemin de

Cordes chante aussi menant sa charrette, mais un air si insouciant, si mou, que j'aime mieux le gazouillement du linot. Quand je suis seule ici, je me plais à écouter ce qui remue au dehors, j'ouvre l'oreille à tout bruit : un chant de poule, les branches tombant, un bourdonnement de mouche, quoi que ce soit m'intéresse et me donne à penser. Que de fois je me prends à considérer, à suivre des yeux de tout petits insectes que j'aperçois dans les feuillets d'un livre ou sur les briques ou sur la table! Je ne sais pas leur nom, mais nous sommes en connaissances comme des passants qui se considèrent le long du chemin. Nous nous perdons de vue, puis nous nous rencontrons par hasard, et la rencontre me fait plaisir; mais les petites bêtes me fuient, car elles ont peur de moi, quoique je ne leur aie jamais fait mal. C'est qu'apparemment je suis bien effrayante pour elles. En serait-il de même au paradis? Il n'est pas dit qu'Ève y fît jamais peur à rien. Ce n'est qu'après le péché que la frayeur s'est mise entre les créatures. Il faut que j'écrive à Philibert.

Le 29. — J'ai commencé hier au soir ma lettre d'*outre-mer* que j'écris avec un inexprimable intérêt par les souvenirs qu'elle fait naître, par les dangers qu'elle va courir. Est-il possible qu'une feuille de papier lancée sur l'Océan arrive à son adresse, tombe juste sous les yeux de mon cousin dans son lle? Ce n'est pas croyable, à moins que quelque ange navigateur ne prenne ce papier sous son aile. Cette île de France est en effet au bout du monde. Pauvre Philibert, comme il est loin d'ici et qu'il est à plaindre, lui qui aime tant son pays, ses parents, son beau ciel d'Europe! Je me souviens du dernier soir que nous avons passé ensemble, et comme il contemplait avec extase ces étoiles de son pays qui bientôt disparaîtraient pour lui! Il regrettait surtout l'étoile polaire qu'on cesse de voir sous la ligne. Alors paraît la croix du Sud. La croix du Sud est bien belle, mais jamais, me disait-il, je ne l'ai tant regardée, ni toutes nos constellations d'Afrique, que cette petite étoile du Nord.

> Étoiles du beau ciel de France,
> Du beau pays de ma naissance,
> Vous ne luirez plus à mes yeux
> Par delà l'Océan immense,
> Où je vais vivre malheureux,
> Et, sans vous voir, voir d'autres cieux,
> Étoiles du beau ciel de France!

Ce pauvre cousin me disait cela, ce me semble, et j'en avais le cœur gros. Que les exilés sont à plaindre! Rien ne leur plaît dans cet éloignement du pays. Avec sa femme et ses enfants, Philibert est triste en Afrique; en France, il serait heureux.

Le 30. — Deux lettres nous sont venues: l'une de joie, pour annoncer le mariage de Sophie Decazes, l'autre de deuil, pour nous parler de mort. C'est ce pauvre M. de La Morvonnais qui m'écrit tout pleurant, tout plein de sa chère Marie. Comme il l'aimait et comme il l'aime encore! C'étaient deux âmes qui ne pouvaient se quitter : aussi demeureront-elles unies malgré la mort, et à part le corps où n'est pas la vie. C'est là l'union chrétienne, union spirituelle, immortelle, nœud divin formant l'amour, la charité qui jamais ne meurt. Dans son veuvage, Hippolyte n'est pas seul : il voit Marie, partout Marie, toujours Marie. « Parlez-moi d'*elle*, toujours d'elle, » me dit-il. Puis : « Écrivez-moi souvent, vous avez des tours de langage qui me la rappellent au vif. » Je ne m'en doutais pas ; c'est Dieu qui le fait et m'a mis dans l'âme quelques traits de ressemblance avec cette âme. Voilà pourquoi elle m'aimait et je l'aimais : la sympathie naît des rapports de l'âme. Je trouvais de plus en Marie quelque chose d'infiniment doux que j'aime tant, qui n'émane que d'une âme pure. « La vraie marque de l'innocence, c'est la douceur, » dit Bossuet. Que de charmes, que de bien j'aurais goûté dans cette amitié céleste! Dieu en a jugé autrement et me l'a ôtée après un an que j'en ai joui. Pourquoi si tôt? Point de plaintes, Dieu n'en veut pas pour ce qu'il nous ôte et pour quelques jours de séparation. Ceux qui meurent ne vont pas si loin, car le ciel est tout près de nous. Nous n'avons qu'à lever les yeux et nous voyons leur demeure. Consolons-nous par cette douce vue en nous résignant sur la terre, qui n'est qu'une marche à la porte du paradis.

1er avril. — Voilà donc un mois de passé, moitié triste, moitié beau, comme à peu près toute la vie. Ce mois de mars a quelques lueurs de printemps qui sont bien douces; c'est le premier qui voit des fleurs, quelques pimprenelles qui s'ouvrent un peu au soleil, des violettes dans les bois sous les feuilles mortes, qui les préservent de la gelée blanche. Les petits enfants s'en amusent et les appellent *fleurs de mars*. Ce nom est très-bien donné. On en fait sécher pour faire de la tisane. Cette fleur est douce et bonne pour les rhumes, et, comme la vertu cachée, son parfum la décèle. On a vu aujourd'hui des hirondelles, joyeuse annonce du printemps.

Le 2. — Mon âme s'en va tout aujourd'hui du ciel sur une tombe, car il y a seize ans que ma mère mourut à minuit. Ce triste anniversaire est consacré au deuil et à la prière. Je l'ai passé devant Dieu en regrets et en espérances; tout en pleurant, je lève les yeux et vois le ciel où ma mère est heureuse sans doute, car elle a tant souffert! Sa maladie fut longue et son âme patiente. Je ne me souviens pas qu'il lui soit échappé une plainte, qu'elle ait crié tant soit peu sous la douleur qui la déchirait : nulle chrétienne n'a mieux souffert. On voyait qu'elle l'avait appris devant la croix. Il lui serait venu de sourire sur son lit de mort comme un martyr sur son chevalet. Son visage ne perdit jamais sa sérénité, et jusque dans son agonie elle semblait penser à une fête. Cela m'étonnait, moi qui la voyais tant souffrir, moi qui pleurais au moindre mal, et qui ne savais pas ce que c'est que la résignation dans les peines. Aussi, quand on me disait qu'elle s'en allait mourir, je la regardais, et son air content me faisait croire qu'elle ne mourrait pas. Elle mourut cependant le 2 avril à minuit, à l'heure où je m'étais endormie au pied de son lit. Sa douce mort ne m'éveilla pas, jamais âme ne sortit plus tranquillement de ce monde. Ce fut mon père... Mon Dieu! j'entends le prêtre, je vois des cierges allumés, une figure pâle, en pleurs; je fus emmenée dans une autre chambre.

Le 3. — A neuf heures du matin ma mère fut mise au tombeau.

Le 4. — Je vais à Cahuzac avec le soleil sur la tête. Si cela m'ennuie, je penserai au saint du jour, saint Macaire cheminant sous une corbeille de sable dans le désert pour se défaire d'une tentation. Il tourmentait le corps pour sauver l'âme.

Le 8. — Je ne sais pourquoi je n'ai rien mis ici depuis quatre jours; j'y reviens à présent que je me trouve seule dans ma chambre. La solitude fait écrire parce qu'elle fait penser. On prend son âme avec qui l'on entre en conversation. Je demande à la mienne ce qu'elle a vu aujourd'hui, ce qu'elle a appris, ce qu'elle a aimé, car chaque jour elle aime quelque chose. Ce matin j'ai vu un beau ciel, le marronnier verdoyant, et entendu chanter les petits oiseaux. Je les écoutais sous le grand chêne, près du Téoulé dont on nettoyait le bassin. Ces jolis chants et ce lavage de fontaine me donnaient à penser diversement : les oiseaux me faisaient plaisir, et, en voyant s'en aller toute bourbeuse cette eau si pure auparavant, je regrettais qu'on l'eût troublée, et me figurais notre âme quand quelque chose la remue ; la plus belle même se décharme quand on en touche le fond, car au fond de toute âme humaine il y a un peu de limon. Voilà bien la peine de prendre de l'encre pour écrire de ces inutilités ! Mieux vaut parler du pauvre Tamisier, qui me racontait, assis près du portail, quelque aventure de ses courses. Je l'en ai remercié par un coup de vin, qui lui donnera d'autres paroles et des jambes pour aller au gîte ce soir. J'ai lu un sermon ; ne pouvant pas aller en entendre, je me fais de ma chambrette une église où je trouve Dieu, ce me semble, et sans distractions. Quand j'ai prié, je réfléchis ; quand j'ai médité, je lis, puis quelquefois j'écris, et tout cela se fait devant une petite croix sur la table, comme un autel; dessous est le tiroir où sont mes lettres, mes reliques.

9. — J'ai médité ce matin sur les larmes de

Madeleine. Les douces larmes et la belle histoire que celle de cette femme qui a tant aimé! Voici papa, je quitte tout.

Le 13. — Depuis le **retour de papa** j'ai laissé mon Journal, mes livres et bien des choses. Il y a de ces jours de défaillance où l'âme se retire de toutes ses affections et se replie sur elle-même comme bien fatiguée. Cette fatigue sans travail, qu'est-ce autre chose que faiblesse? Il la faut surmonter comme tant d'autres qui vous prennent cette pauvre âme. Si on ne les tuait une à une, toutes ces misères finiraient par vous dévorer comme ces étoffes rongées par les vers. Je passe trop subitement de la tristesse à la joie; quand je dis *joie*, je veux dire ces bonheurs de l'âme calmes et doux, et qui n'éclatent au dehors que par la sérénité. Une lettre, un souvenir de Dieu ou de ceux que j'aime, me feront cet effet, et d'autres fois tout le contraire. C'est quand je prends les choses mal qu'elles m'attristent. Dieu sait les craintes et les ravissements qu'il me donne; mes amis, vous ne savez pas combien vous m'êtes doux et amers! Te souviens-tu, Maurice, de cette petite courte lettre qui m'a tourmentée quinze jours? que tu me semblais froid, indifférent, peu aimable!

Je viens de suspendre à mon bénitier le rameau bénit. C'était hier les Rameaux, la fête des enfants, si heureux avec leurs rameaux bénits, garnis de gâteaux dans l'église. Cette joyeuse entrée leur est donnée sans doute en mémoire de l'hosanna que les enfants chantèrent à Jésus dans le temple. Dieu ne laisse rien sans récompense. Voilà mon cahier fini. En recommencerai-je un autre? Je ne sais. Adieu à celui-ci et à toi!

Le 14 avril 1835. — Pourquoi ne continuerais-je pas de t'écrire, mon cher Maurice ? Ce cahier te fera autant de plaisir que les deux autres, je continue. Ne seras-tu pas bien aise de savoir que je viens de passer un joli quart d'heure sur le perron de la terrasse, assise à côté d'une pauvre vieille qui me chantait une lamentable complainte sur un événement arrivé jadis à Cahuzac ? C'est venu à propos d'une croix d'or qu'on a volée au cou de la sainte Vierge. La vieille s'est souvenue que sa grand'mère lui disait qu'autrefois on lui avait dit que, dans la même église, il avait été fait un vol plus sacrilége encore, puisque ce fut le Saint-Sacrement qu'on enleva un jour qu'il était seul exposé dans l'église. Ce fut une fille qui, pendant que tout le monde était aux moissons, s'en vint à l'autel et, montant dessus, mit l'ostensoir dans son tablier, et s'en alla le poser sous un rosier dans un bois. Les bergers qui le découvrirent l'allèrent dénoncer, et neuf prêtres vinrent en procession adorer le Saint

Sacrement du rosier et le reportèrent à l'église. Cependant la pauvre bergère fut prise, jugée et condamnée au feu. Au moment de mourir, elle demanda à se confesser et fit au prêtre l'aveu du larcin, mais ce n'était pas qu'elle fût voleuse, c'était, dit-elle, pour avoir le Saint-Sacrement dans la forêt. « J'avais pensé que sous un rosier le bon Dieu se plairait aussi bien que sur un autel. » A ces paroles, un ange descendit du ciel pour lui annoncer son pardon et consoler la sainte criminelle, qui fut brûlée sur un bûcher dont le rosier fut le premier fagot. Voilà ce que m'a chanté la mendiante que j'écoutais comme un rossignol. Je l'ai bien remerciée, puis lui ai offert quelque chose pour la payer de sa complainte; elle n'a voulu que des fleurs : « Donnez-moi quelque brin de ce beau lilas. » Je lui en ai donné quatre, grands comme des panaches, et la pauvre vieille s'en est allée, son bâton d'une main et son bouquet de l'autre, et moi dedans avec sa complainte.

Le 15. — A mon réveil, j'ai entendu le rossignol, mais rien qu'un soupir, un signe de voix. J'ai écouté longtemps sans jamais entendre autre chose. Le charmant musicien arrivait à peine et n'a fait que s'annoncer. C'était comme le premier coup d'archet d'un grand concert. Tout chante ou va chanter.

Je n'ai pas lu la vie du saint aujourd'hui, je vais la lire : c'est mon habitude avant dîner. Je trouve que, tandis qu'on mange, qu'on est à la *crèche*, il est bon d'avoir dans l'âme quelque chose de spirituel comme une vie de saint.

Elle est charmante, la vie de saint Macédone, de celui qui, par ses prières, obtint la naissance de Théodoret, et qui dit à un chasseur étonné de rencontrer le saint sur la montagne : « Vous courez après les bêtes, et moi je cours après Dieu. » Dans ces mots est toute la vie des saints et celle des hommes du monde.

Nous avons un hôte de plus dans la cuisine, un grillon, qu'on a rapporté parmi des herbes ce soir. Le voilà établi dans le foyer, où la petite bête chantera quand elle sera joyeuse...

Le jeudi saint. — J'arrive tout embaumée de la chapelle de mousse où repose le saint ciboire à l'église. C'est un beau jour que celui où Dieu veut reposer parmi les fleurs et les parfums du printemps. Nous avons mis tous nos soins, Mimi, moi et Rose la marguillière, à faire ce reposoir, aidées que nous étions de M. le curé. Je pensais, en le faisant, au cénacle, à cette salle bien ornée où Jésus voulut faire la Pâque avec ses disciples, se donnant lui-même pour agneau. Oh! quel don! que dire de l'Eucharistie? Je n'en sais rien : on adore, on possède, on vit, on aime, l'âme sans parole se perd dans un abîme de bonheur. J'ai pensé à toi parmi ces extases, et t'aurais bien désiré à mon côté à la sainte table, comme il y a trois ans.

Le mardi de Pâques. — Voici plusieurs jours que je n'ai écrit ni à toi ni à personne. Les offices m'ont pris le temps, et j'ai vécu, pour ainsi dire, à l'église. Douce et belle vie que je regrette de voir finir, mais je la retrouve ici quand je veux : j'ouvre ma chambrette, et là j'entre au calme, au recueillement, à la solitude ; je ne sais pourquoi j'en sors.

Voilà sur ma fenêtre un oiseau qui vient visiter le mien. Il a peur, il s'en va, et le pauvre encagé s'attriste, s'agite comme pour s'échapper. Je ferais comme lui si j'étais à sa place, et cependant je le retiens. Vais-je lui ouvrir ? Il irait voler, chanter, faire son nid, il serait heureux ; mais je ne l'aurais plus, et je l'aime, et je veux l'avoir. Je le garde. Pauvre petit linot, tu seras toujours prisonnier : je jouis de toi aux dépens de ta liberté, je te plains et je te garde. Voilà comme le plaisir l'emporte sur la justice. Mais que ferais-tu si je te donnais les champs ? Sais-tu que tes ailes, qui ne se sont jamais dépliées, n'iraient pas loin dans le grand espace que tu vois à travers les barreaux de ta cage ? Ta pâture, tu ne saurais la trouver, tu n'as pas goûté de ce que mangent tes frères, et même peut-être te banniraient-ils, comme un inconnu, de leur festin de famille. Reste avec moi qui te nourris. La nuit, la rosée mouillerait tes plumes, et le froid du matin t'empêcherait de chanter.

En travaillant le champ, on a soulevé une pierre qui recouvrait un grand trou. Je vais la voir. Jeannot, muni d'un câble, est descendu dans le souterrain et l'a exploré de tous côtés. Ce n'est autre chose qu'une excavation incrustée de jolies petites pierres relevées en bosses de pralines. J'en ai pris pour monument de notre découverte. Un autre jour, je descendrai dans la grotte, et peut-être y verrai-je autre chose que Jeannot.

Le 24. — J'attendis tout hier le facteur, espérant que j'aurais de tes lettres. Ce sera demain sans doute. Voilà comme je me console à chaque courrier, depuis quinze jours que je suis en attente. C'est bien long, et je commence à m'inquiéter de ton silence. Serais-tu malade? Cette idée me vient cent fois le jour, et la nuit quand je me réveille. « Va-t'en, lui dis-je, je ne te crois pas. » Mais c'est possible : le fils de M. de Fénelous vient bien de mourir à Paris. Mon Dieu, que c'est triste, mourir loin des siens, loin de chez soi! Demain je t'écris.

Parlons d'autres choses à présent. D'après la lettre de M. Hippolyte, papa espère que nous le verrons ici. Ce nous serait un grand bonheur de le posséder et de lui rendre un peu de ce que nous lui devons pour son amitié pour toi. Qui sait ce que lui semblerait notre Cayla, notre ciel et nous-mêmes? On se fait sur l'inconnu des idées que souvent la réalité désenchante. Au reste, je ne voudrais pas qu'il vînt sans toi. Que serait pour lui le Cayla sans Maurice? Un désert où il s'ennuierait bientôt d'être seul. S'il m'amenait sa fille, comme il me l'a dit, alors ce serait bien différent pour lui : sa fille lui charmerait tout, et le Cayla pourrait lui sembler le Val. Je serais aussi bien contente de voir cette enfant, de la tenir sur mes genoux, de la caresser, de l'embrasser, de l'avoir en ma possession pour quelques jours. Je ne saurais dire combien cette petite créature m'intéresse, m'attache à elle, sans doute par le souvenir de sa mère ; et puis, cette pauvre enfant est si intéressante par son malheur ! N'avoir pas de mère, hélas ! c'est si triste, et surtout à son âge, à deux ans ! Quoique si jeune, elle sent déjà sa perte et la sentira tous les jours davantage. Le cœur apprend à s'affliger comme il apprend à aimer. En grandissant, Marie aimera toujours mieux sa mère et la pleurera davantage. Son avenir m'occupe beaucoup ; je voudrais savoir si elle vivra, si Dieu ne la retirera pas à lui avant l'âge où elle pourrait connaître le mal. Ce serait un malheur pour son père, mais pour elle, oh non ! Peut-on regretter qu'une âme s'en retourne au ciel avec toute son innocence ? La belle mort qu'une mort d'enfant, et comme on bénit ces petits cercueils que l'Église accompagne avec allégresse ! J'aime ceux-là, je les contemple, je m'en approche comme d'un berceau ; je ne plains que les mères, je prie Dieu de les consoler, et Dieu les console, si elles sont chrétiennes.

Je n'ai écrit qu'ici d'aujourd'hui. Je ne sais pourquoi cela m'est devenu nécessaire d'écrire, quand ce ne serait que deux mots. C'est mon signe de vie que d'écrire, comme à la fontaine de couler. Je ne le dirais pas à d'autres, cela paraîtrait folie. Qui sait ce que c'est que cet épanchement de mon âme au dehors, ce besoin de se répandre devant Dieu et devant quelqu'un ? Je dis quelqu'un parce qu'il m semble que tu es là, que ce papier c'est toi. Dieu, ce me semble, m'écoute ; il me répond même de ces choses que l'âme entend et qu'on ne peut dire. Quand je suis seule, assise ici ou à genoux devant mon crucifix, je me figure être Marie écoutant tranquille les paroles de Jésus. Pendant ce grand silence où Dieu seul lui parle, mon âme est heureuse et comme morte à tout ce qui se fait là-bas, là-haut, dedans, dehors ; mais cela ne dure guère. « Allons, ma pauvre âme, lui dis-je, reviens aux choses de ce monde. » Et je prends ma quenouille, ou un livre, ou une casserole, ou je caresse Wolf ou Trilby. Voilà la vie du ciel en terre. Je trayais une brebis tout à l'heure. Oh ! le bon lait, et que j'aurais voulu te le faire goûter, ce bon lait de brebis du Cayla ! Mon ami, que de douceurs tu perds à n'être pas ici !

A huit heures. — Il faut que je note en passant un excellent souper que nous venons de faire, papa, Mimi et moi, au coin du feu de la cuisine, avec de la soupe des domestiques, des pommes de terre bouillies et un gâteau que je fis hier au four du pain. Nous n'avions pour serviteurs que nos chiens, Lion, Wolf et Trilby, qui léchaient aussi les miettes. Tous nos gens sont à l'église, à l'instruction qui se fait chaque soir pour la confirmation. Ce repas au coin du feu, parmi chiens et chats, ce couvert mis sur les bûches, est chose charmante. Il n'y manquait que le chant du grillon et toi, pour compléter le charme. Est-ce assez bavardé aujourd'hui? Maintenant, je vais écouter la Vialarette, qui revient de Cordes : encore un plaisir.

Le 25. — Me voici devant un charmant bouquet de lilas que je viens de prendre sur la terrasse. Ma chambrette en est embaumée; j'y suis comme dans un bouquetier, tant je respire de parfums!

Le 26. — Je ne sais quoi m'ôta de sur les fleurs hier matin; depuis j'en ai vu d'autres dans le chemin de Cahuzac, tout bordé d'aubépines. C'est plaisir de trotter dans ces parfums, et d'entendre les petits oiseaux qui chantent par-ci par-là dans les haies. Rien n'est charmant comme ces courses du matin au printemps, et je ne regrette pas de me lever de bonne heure pour me donner ce plaisir. Bientôt je me lèverai à cinq heures. Je me règle sur le soleil, et nous nous levons ensemble. L'hiver, il est paresseux : je le suis et ne sors du lit qu'à sept heures. Encore parfois le jour me semble long. Cela m'arrive lorsque le ciel est nébuleux, que je suis triste et que j'attends un peu de soleil ou quelque chose de rayonnant dans mon âme; alors le temps est long. Mon Dieu, trouver un jour long, tandis que la vie tout entière n'est rien!

C'est que l'ennui s'est posé sur moi, qu'il y demeure, et que tout ce qui prend de la durée met de l'éternité dans le temps. Oh! que je plains une âme en purgatoire, où l'attente fait tant souffrir, et quelle attente! Peut-on mettre en comparaison celles d'ici-bas, soit de la fortune, de la gloire, de tout ce qui fait haleter le cœur humain? Une seule peut-être en est l'ombre, c'est celle de l'amour quand il attend ce qu'il aime. Aussi Fénelon compare-t-il la félicité céleste à celle d'une mère au moment où elle revoit son fils qu'elle avait cru mort. Midi sonne. Ce n'est plus le temps d'écrire.

Quand je vois passer devant la croix un homme qui se signe ou ôte son chapeau, je me dis : « Voilà un chrétien qui passe; » et je me sens de la vénération pour lui, et je ne ferme pas à verroux, si je suis seule à la maison; au contraire, je me tiens à la fenêtre, et regarde tant que je puis cette bonne figure de chrétien, comme je l'ai fait tout à l'heure. On n'a rien à craindre de ceux qui craignent Dieu. J'aurais volontiers ouvert la porte à l'inconnu que j'ai vu chevauchant du côté de la croix. Que Dieu l'accompagne où qu'il aille! Je vais courir aussi, mais pas bien loin, jusqu'à l'église pour vêpres. Il est dimanche, jour de sortie pour le corps et de recueillement pour l'âme. Elle rentre donc en soi et te quitte. Encore jour de courrier aujourd'hui, et je n'ai pas de lettre. A quoi penses-tu, mon ami?

Le 27. — J'ai rencontré le petit du *Cruchon*. Le pauvre enfant a perdu son père; sa mère est morte aussi, et depuis, l'orphelin a une coutume touchante. Il prend à côté de lui, dans son lit, un mouchoir à la place où était sa mère et s'endort en le tetant. Douce illusion qui le console et l'attache si fort à son bout de mouchoir qu'il pleure et crie s'il se réveille sans l'avoir aux lèvres! Il appelle sa mère alors, lui dit de revenir, et ne se calme qu'avec sa poupée : naïf besoin que cette poupée, bien digne d'une âme d'enfant, et même de tout homme fait, car tout affligé à la sienne, et se plaît à la moindre image du bonheur perdu !

Le 28. — Quand tout le monde est occupé et que je ne suis pas nécessaire, je fais retraite et viens ici à toute heure pour écrire, lire ou prier. J'y mets aussi ce qui se passe dans l'âme et dans la maison, et de la sorte nous retrouverons jour par jour tout le passé. Pour moi ce n'est rien ce qui passe, et je ne l'écrirais pas, mais je me dis : « Maurice sera bien aise de voir ce que nous faisions pendant qu'il était loin et de rentrer ainsi dans la vie de famille, » et je le marque pour toi.

Mais je m'aperçois que je ne parle guère de quique ce soit, et que mon égoïsme se met toujours en scène; je dis : « J'ai fait ceci, j'ai vu cela, j'ai pensé telle chose, » laissant derrière le public à la façon de l'amour-propre, mais le mien est celui du cœur qui ne sait parler que de lui. Le petit peintre ne sait donner que son portrait à son ami, le grand peintre offre des tableaux. Je continue donc le portrait. Sans la pluie qu'il a fait ce matin, je serais à Gaillac maintenant. Grâce à la pluie, j'aime bien mieux être ici. Quel salon peut me valoir ma chambrette? avec qui serais-je à présent, qui me valût ceux qui m'entourent? Bossuet, saint Augustin et d'autres saints livres qui me parlent quand je veux, m'éclairent, me consolent, me fortifient, répondent à tous mes besoins. Les quitter me fait chagrin, les emporter est difficile ; ne pas les quitter est le mieux.

Je lis dans mes loisirs un ouvrage de Leibniz qui m'enchante par sa catholicité et les bonnes choses pieuses que j'y trouve, comme ceci sur la confession : « Je regarde un confesseur pieux, grave et prudent, comme un grand instrument de Dieu pour le salut des âmes; car ses conseils servent à diriger nos affections, à nous éclairer sur nos défauts, à nous faire éviter l'occasion du péché, à dissiper les doutes, à relever l'esprit abattu, enfin à enlever ou mitiger toutes les maladies de l'âme ; et si l'on peut à peine trouver sur la terre quelque chose de plu excellent qu'un ami fidèle, quel bonheur n'est-ce pas d'en trouver un qui soit obligé par la religion inviolable d'un sacrement divin à garder la foi et à secourir les âmes? »

Ce céleste ami, je l'ai dans M. Bories. Aussi la nouvelle de son départ m'afflige profondément. Je suis triste d'une tristesse qui fait pleurer l'âme. Je ne dirais pas cela ailleurs, on le prendrait mal, peut-être on ne me comprendrait pas. On ne sait pas dans le monde ce que c'est qu'un confesseur, cet homme ami de l'âme, son confident le plus intime, son médecin, son maître, sa lumière; cet homme qui nous lie et qui nous délie, qui nous donne la paix, qui nous ouvre le ciel, à qui nous parlons à genoux en l'appelant, comme Dieu, notre père : la foi le fait véritablement Dieu et père. Quand je suis à ses pieds, je ne vois autre chose en lui que Jésus écoutant Madeleine et lui pardonnant beaucoup parce qu'elle a beaucoup aimé. La confession n'est qu'une expansion du repentir dans l'amour[1].

Le 5 [mai, à Gaillac]. — On ne parlait hier au soir que d'une jeune fille qui est morte au sortir du bal où elle avait passé la nuit. Pauvre âme de jeune fille, où es-tu? J'ai trop d'occupations pour écouter mes pensées. Qu'elles rentrent.

Le 9. — Et moi aussi je sors d'une soirée dansante, la première que j'aie vue et où j'aie pris part:

1. Le lecteur retrouvera le passage qui précède reproduit textuellement dans le cahier suivant, page 108. Nous n'avons pas dû supprimer cette répétition : Que prouve-t-elle, sinon l'importance particulière que Mlle de Guérin attachait à ces pensées et peut-être la secrète satisfaction qu'elle aura éprouvée, sans le savoir, en réussissant à les exprimer d'une manière si nette et si ferme?

mais mon cœur n'était pas en train, et s'en allait au repos. Aussi ai-je mal dansé, faute de goût et d'habitude. J'entendais rire à mes dépens, et cela ne m'amusait pas; mais j'amusais les rieuses, ce qui revient au but de nous prêter au plaisir. Je l'ai fait de la meilleure volonté du monde; mais cette complaisance m'ennuierait bientôt, comme tout ce qui se fait dans le monde où je me trouve étrangère. Sur un canapé, je pense à la pelouse ou au marronnier, ou à la garenne, où l'on est bien mieux.

> « Oh! laissez-moi mes reveries,
> Mes beaux vallons, mon ciel si pur,
> Mes ruisseaux coulant aux prairies,
> Mes bois, mes collines fleuries
> Et mon fleuve aux ondes d'azur.
>
> « Laissez ma vie, au bord de l'onde,
> Comme elle, suivre son chemin,
> Inconnue aux clameurs du monde,
> Toujours pure, mais peu profonde
> Et sans peine du lendemain.
>
> « Laissez-la couler, lente et douce,
> Entre les fleurs, près des coteaux,
> Jouant avec un brin de mousse,
> Avec une herbe qu'elle pousse,
> Avec le saule aux longs rameaux.
>
> « Mes heures, à tout vent bercées,
> S'en vont se tenant par la main,
> Sur leurs pas légers, mes pensées
> Éclosent, belles et pressées,
> Comme l'herbe au bord du chemin.

« On dit que la vie est amère,
O mon Dieu! ce n'est pas pour moi :
La poésie et la prière,
Comme une sœur, comme une mère
La bercent pure devant toi.

« Enfant, elle poursuit un rêve,
Une espérance, un souvenir,
Comme un papillon sur la grève,
Et chaque beau jour qui se lève
Lui semble tout son avenir.

« Les jours lui tombent goutte à goutte,
Mais doux comme un rayon de miel ;
Il n'en est point qu'elle redoute.
O mon Dieu! c'est ainsi, sans doute,
Que vivent les anges au ciel.

« La mort doit nous être donnée
Douce après ces jours de bonheur.
Comme une fleur demi-fanée
Au soir de sa longue journée,
On penche la tête et l'on meurt.

« Et si l'on croit, si l'on espère,
Qu'est-ce mourir? Fermer les yeux,
Se recueillir pour la prière,
Livrer l'âme à l'ange son frère,
Dormir pour s'éveiller aux cieux. »

JUSTIN MAURICE.

.. C'est la plus douce chose, la plus de mon goût que j'aie trouvée depuis que je suis ici. Aussi je m'en empare. S'il fait beau, je partirai ce soir. Cette idée m'enchante, je verrai papa, Mimi : la douce chose qu'un retour !

[Sans date.] M'y voici à ce cher Cayla, et depuis plusieurs jours, sans te le dire. C'est que j'avais mis mon cahier sous un tapis en le sortant de mon portemanteau, et qu'il était là depuis. En tripotant, ma main s'est posée dessus; il s'est ouvert, et je continue l'écriture. Ce fut un beau moment que le revoir de la famille, de papa, de Mimi, d'Érembert, qui m'embrassaient si tendrement et me faisaient sentir si profond tout le bonheur d'être aimée.

Ce fut un beau jour hier; il nous vint quatre lettres et deux amis, M. Bories et l'abbé F..., le frère de Cécile. Je ne sais qui des deux nous fit le plus de plaisir et fut plus aimable, l'un par l'esprit, l'autre par le cœur. Nous avons causé beaucoup, nous avons ri, bu à nos santés, et, pour fin, nous sommes mis à jouer au *passe-l'âne,* comme des enfants, en nous trichant l'un l'autre. Point de sérieux du tout, c'était un jour de détente où l'âme se met à l'aise en conservant son pli; c'était gaieté de prêtre et d'amis chrétiens.

Comme nous étions au dessert, deux lettres nous sont venues, l'une de Lili, l'autre de ce pauvre Philibert[1], toujours plus malheureux. Sa lettre fend le cœur; j'en ai fait la lecture à table, et j'ai vu des larmes dans les yeux de nos bons curés. M. Bo-

---

1. M. Philibert de Roquefeuil.

ries a rappelé que, le matin de son départ, Philibert courut à son lit lui faire ses adieux et lui dit : « Je pars, monsieur le curé; c'est peut-être pour toujours que je quitte ma patrie; dites, je vous prie, la messe à mon intention aujourd'hui. » Il la dit, je me souviens, et nous y assistâmes, ma tante et nous, autant pleurant que priant. Ce bon cousin me dit des amitiés charmantes, des choses qui vont au cœur et ne peuvent passer sur les lèvres. Je les ai supprimées en lisant la lettre. Il parle de ma poésie à ma pauvre amie du Val que papa lui avait envoyée. Ainsi ce souvenir a traversé les mers, et l'on sait au bout du monde que je vous aimais, ma pauvre Marie; mais l'on ne sait pas que je vous pleure à présent et que vous nous avez été si vite enlevée. On le saura aussi, car je l'ai écrite cette mort à nos amis de l'Ile de France, et je vous saurai regrettée par les cœurs les plus dignes de vous donner des regrets.

Philibert nous envoie deux éventails et des graines de plantes marines, cueillies par lui et sa femme dans la baie du Tombeau. Qu'il me tarde de les avoir, de les semer, de les voir naître, et pousser, et fleurir ! Cela me vient en retour d'une feuille de rose que je lui envoyai le printemps passé. Je tenais la rose à la main, une feuille tomba sur la lettre, et je la pliai dedans; je la laissai aller, me disant qu'elle s'était détachée pour aller porter à ce pauvre exilé un peu des parfums du pays. Et vraiment cela lui a fait un plaisir bien doux.

Le 18. — Qui aurait deviné ce qui vient de m'arriver aujourd'hui? J'en suis surprise, occupée, bien aise. Je remercie, et regarde cent fois ma belle fortune, mes poésies créoles, à moi adressées par un poëte de l'Ile de France. Demain, j'en parlerai. Il est trop tard à présent, mais je n'ai pu dormir sans marquer ici cet événement de ma journée et de ma vie.

Le 19. — Me voici à la fenêtre écoutant un chœur de rossignols qui chantent dans la Moulinasse d'une façon ravissante. Oh! le beau tableau! Oh! le beau concert, que je quitte pour aller porter l'aumône à Annette la boiteuse!

Le 22. — Mimi m'a quittée pour quinze jours; elle est à ***, et je la plains au milieu de cette païennerie, elle si sainte et bonne chrétienne! Comme me disait Louise une fois, elle me fait l'effet d'une bonne âme dans l'enfer; mais nous l'en sortirons dès que le temps donné aux convenances sera passé. De mon côté, il me tarde; je m'ennuie de ma solitude, tant j'ai l'habitude d'être deux. Papa est aux champs presque tout le jour, Éran à la chasse; pour toute compagnie, il me reste Trilby et mes poulets qui font du bruit comme des lutins; ils m'occupent sans me désennuyer, parce que l'ennui est le fond et le centre de mon âme aujourd'hui. Ce que j'aime le plus est peu capable de me distraire. J'ai voulu lire, écrire, prier, tout cela n'a duré qu'un moment; la prière même me lasse. C'est triste, mon Dieu! Par bonheur, je me suis souvenue de ce mot de Fénelon : « Si Dieu vous ennuie, dites-lui qu'il vous ennuie. » Oh! je lui ai bien dit cette sottise.

Le 23. — Je viens de passer la nuit à t'écrire. Le jour a remplacé la chandelle, ce n'est pas la peine d'aller au lit. Oh! si papa le savait!

Le 24. — Comme elle a passé vite, mon ami, cette nuit passée à t'écrire! l'aurore a paru que je me croyais à minuit; il était trois heures pourtant, et j'avais vu passer bien des étoiles, car de ma table je vois le ciel, et de temps en temps je le regarde et le consulte; et il me semble qu'un ange me dicte. D'où me peuvent venir, en effet, que d'en haut tant de choses tendres, élevées, douces, vraies, pures, dont mon cœur s'emplit quand je te parle! Oui, Dieu me les donne, et je te les envoie. Puisse ma lettre te faire du bien! elle t'arrivera mardi; je l'ai faite la nuit pour la faire jeter à la poste le matin, et gagner un jour. J'étais si pressée de te venir distraire et fortifier dans cet état de faiblesse et d'ennui où je te vois! Mais je ne le vois pas, je l'augure d'après tes lettres, et quelques mots de Félicité. Plût à Dieu que je pusse le voir et savoir ce qui te tourmente! alors je saurais sur quoi mettre le baume, tandis que je le pose au hasard. Oh! que je voudrais de tes lettres!

Écris-moi, parle, explique-toi, fais-toi voir, que je sache ce que tu souffres et ce qui te fait souffrir. Quelquefois je pense que ce n'est rien qu'un peu de cette humeur noire, que nous avons, et qui rend si triste quand il s'en répand dans le cœur. Il faut s'en purger au plus tôt, car ce poison gagne vite et nous ferait fous ou bêtes. On ne désire rien de beau ni d'élevé. Je sais quelqu'un qui, dans cet état, n'a d'autre plaisir que de manger, et d'ordinaire c'est une âme qui tient peu aux sens. Cela fait voir combien toute passion nous bestialise. C'en est une que la tristesse, et qui consume, hélas! bien des vies. Je regarde à peu près comme perdus ceux qu'elle possède. Faut-il remplir un devoir? impossible. Ce sont des hommes tristes; ne leur demandez rien, ni pour Dieu, ni pour eux-mêmes, que ce que leur humeur voudra.

Le 27. — Dans ma solitude aujourd'hui, je n'ai rien trouvé de mieux à faire que de paperasser, de revoir mes vieux souvenirs, mes écritures, mes pensées de jadis en tout genre. J'en ai vu de bonnes, c'est-à-dire de raisonnables, de pieuses, d'exagérées, de folles, comme celle-ci : « Si j'osais, je demanderais à Dieu pourquoi je suis en ce monde. Qu'y fais-je? Qu'ai-je à y faire? je n'en sais rien. Mes jours s'en vont inutiles, aussi je ne les regrette pas... *Si je pouvais* me faire du bien ou en faire à quelqu'un, seulement une minute par jour! » Eh! mon Dieu, rien n'est plus facile, je n'ai ais qu'à prendre un verre d'eau et le donner à un pauvre. Voilà comme la tristesse fait extravaguer et mène à dire : « Pourquoi la vie, puisque la vie m'ennuie ? Pourquoi des devoirs, puisqu'ils me pèsent ? pourquoi un cœur ? pourquoi une âme ? » Des pourquoi sans fin ; et on ne peut rien, on ne veut rien, on se délaisse, on pleure, on est malheureux, on s'enferme, et le diable qui nous voit seuls, arrive pour nous distraire avec toutes ses séductions. Puis, quand elles sont épuisées, le suicide reste encore. Dieu ! quelle fin ! quelle folie ! et comme elle gagne chaque jour, même dans les campagnes ! Un jeune paysan de Bleys, riche et aimé de ses parents, s'est tué de tristesse. Tout l'ennuyait, surtout de vivre. Il était religieux, mais pas assez pour surmonter une passion. Dieu seul nous donne la force et le vouloir dans cette lutte terrible, et, tout faible et petit qu'on soit, avec son aide on tient enfin le géant sous ses genoux ; mais pour cela, il faut prier, beaucoup prier, comme nous l'a appris Jésus-Christ, et nous écrier : Notre Père ! Ce cri filial touche le cœur de Dieu, et nous obtient toujours quelque chose. Mon ami, je voudrais bien te voir prier comme un bon enfant de Dieu. Que t'en coûterait-il ? ton âme est naturellement aimante, et la prière, qu'est-ce autre chose que l'amour, un amour qui se répand de l'âme au dehors, comme l'eau sort de la fontaine ? Tu comprends cela mieux que moi. M. de La Mennais a dit là-dessus des choses divines qui t'auront pénétré le cœur, si tu as pu les entendre; mais, par malheur, il en a dit d'autres aussi qui, je le crains, auront empêché le bon effet de celles-là. Quel malheur, encore une fois, quel malheur que tu sois sous l'influence de ce génie dévoyé! Pauvre Maurice! ne pensons pas à ces choses.

Mimi m'a écrit; elle est à M***, vieux castel des Villefranche, où Julie demeure avec sa famille. La visite de Mimi lui fait un plaisir bien senti et bien exprimé par ses façons empressées et tendres. Je ne sais plus rien, parce que la voyageuse écrit en arrivant et ne donne qu'un aperçu.

Le 27. — Je me trompai de date hier, et j'anticipai sur un jour; je me ravise, n'allons pas plus vite que le temps qui marche, hélas! assez vite. Ne voilà-t-il pas déjà la fin du mois, qui finit par un beau vacarme? Au moment où j'écris, tonnerre, vents, éclairs, tremblement du château, torrents de pluie comme un déluge. J'écoute tout cela de ma fenêtre inondée, et je n'y puis écrire comme chaque soir. C'est bien dommage, car c'est un charmant pupitre sur ce tertre du jardin si vert, si joli, si frais, tout parfumé d'acacias.

Le 28. — Notre ciel d'aujourd'hui est pâle et languissant comme un beau visage après la fièvre. Cet état de langueur a bien des charmes, et ce mélange de verdure et de débris, de fleurs qui s'ouvrent sur des fleurs tombées, d'oiseaux qui chantent et de petits torrents qui coulent, cet air d'orage et cet air de mai font quelque chose de chiffonné, de triste, de riant que j'aime. Mais, c'est l'Ascension aujourd'hui; laissons la terre et le ciel de la terre, montons plus haut que notre demeure, et suivons Jésus-Christ où il est entré. Cette fête est bien belle; c'est la fête des âmes détachées, libres, célestes, qui se plaisent, au-delà du visible, où Dieu les attire.

Le 29. — Jamais orage plus long, il dure encore, depuis trois jours le tonnerre et la pluie vont leur train. Tous les arbres s'inclinent sous ce déluge; c'est pitié de leur voir cet air languissant et défait dans le beau triomphe de mai. Nous disions cela ce soir, à la fenêtre de la salle, en voyant les peupliers du Pontet penchant leur tête tout tristement, comme quelqu'un qui plie sous l'adversité. Je les plaignais ou peu s'en faut; il me semble que tout ce qui paraît souffrir a une âme.

Le 30. — Toujours, toujours la pluie. C'est un temps à faire de la musique ou de la poésie. Tout le monde bâille en comptant les heures qui jamais ne finissent. C'est un jour éternel pour papa surtout qui aime tant le dehors et ses distractions. Le voilà comme en prison, feuilletant de temps en temps une vieille histoire de l'Académie de Berlin, porte-sommeil, assoupissante lecture, qui m'a fait courir dès avoir touché le volume. Juge! je suis tombée sur la *théologie de l'Être*. Vite j'ai fermé, j'ai cru voir un puits, un puits sans eau; le vide obscur m'a toujours fait peur. Il y a cependant des profondeurs qui me plaisent, comme l'*Existence de Dieu*, par Fénelon. J'ai encore présente l'impression que j'eus de cette lecture, qui me fit un plaisir infini, ce qui ne serait pas arrivé si je n'y avais rien compris. Pour sentir, il faut être touché. Je sentis, donc... Je raisonne à la *Salabert*, n'est-ce pas? Quoi qu'il en soit, cette lecture me fut bonne; il me sembla connaître Dieu davantage et par l'esprit et par le cœur, à la façon de Fénelon. Je voudrais bien avoir ses œuvres spirituelles, les lettres de piété surtout où Fénelon est si élevé, si tendre, si aimant. J'ai celles de Bossuet qui font mes délices, les autres font mon envie. Puisque j'en suis à cela, je veux te dire toutes mes fantaisies en fait de livres de piété. Depuis longtemps je me crée une bibliothèque, dont les rayons, hélas! sont toujours vides. La voici: d'abord de saint Augustin, *la Cité de Dieu*, ses méditations, ses sermons, ses soliloques, et autres ouvrages à ma portée; les lettres de saint Jérôme, ses traités d'éducation pour la petite Marcella; les lettres aussi de saint Grégoire de Nazianze; les poésies de saint Paulin, *le Pré spirituel* de Jean Mose; les écrits de sainte Thérèse, de Louis de Blois, les lettres de saint Bernard, et son opuscule à sa sœur; les écrits de sainte Catherine de Gênes, estimés de

Leibniz; saint François de Sales. Je continuerai plus tard mon catalogue; il faut que je dise mon chapelet.

[Sans date.] — Depuis cette pause, il s'est passé plusieurs jours, plusieurs événements au Cayla, qui m'ont tenue loin de ma chambrette; m'y voici pour une minute où tu verras mes quatre jours, tout ce temps passé sans écrire; mais non : est-ce la peine de marquer mon temps? c'est écrire sur la poussière. Je ne sais pourquoi je me figure que cela te fera plaisir, ce fatras de choses, de jours et de papier.

Mimi est arrivée hier avec Élisa, à qui j'ai cédé ma chambrette. C'est te dire que j'y viens moins, que je lis moins, que je pense moins. Je suis à Élisa, je vais la joindre à la promenade.

Le 13 juin. — Je retrouve mon cahier abandonné, et j'y mets ce qui m'est venu aujourd'hui : deux beaux livres, l'*Imitation* de Lamennais, et le *Guide spirituel* de Louis de Blois. Merci à toi, Maurice, de ce pieux souvenir. Ce nous seront deux reliques pour l'âme et pour le cœur, et nous prierons pour toi chaque fois que nous lirons, Mimi son *Guide*, et moi mon *Imitation*.

Le 18. — M. le curé sort d'ici et m'a laissé une de tes lettres, qu'il m'a glissée furtivement dans la main au milieu de tout le monde. Je lui ai *tremblé* tout doucement un merci, et, comprenant ce que c'était, je suis sortie et suis allée te lire à mon aise dans la garenne. Comme j'allais vite, comme je tremblais, comme je brûlais sur cette lettre où j'allais te voir enfin! Je t'ai vu; mais je ne te connais pas; tu ne m'ouvres que la tête : c'est le cœur, c'est l'âme, c'est l'intime, ce qui fait ta vie, que je croyais voir. Tu ne me montres que ta façon de penser; tu me fais monter, et moi je voulais descendre, te connaître à fond dans tes goûts, tes humeurs, tes principes, en un mot, faire un tour dans tous les coins et recoins de toi-même. Je ne suis donc pas contente de ce que tu me dis; cependant j'y trouve de quoi bénir Dieu, car je m'attendais à pis. Je te dirai tout cela dans ma lettre, ici c'est inutile; mes réflexions seraient de l'histoire ancienne quand tu les lirais.

Le 19. — Ne suis-je pas malheureuse? Je voulais écrire une lettre, je l'ai commencée et n'ai pu continuer, faute d'idées. Ma tête est vide à présent; il y a de ces moments où je me trouve à sec, où mon esprit tarit comme une source, puis il recoule. En attendant l'aiguade, j'admire ma tourterelle qui chante à plein gosier sous ma fenêtre.

Je vais t'écrire à la dérobée, et, pour dépister les curieux qui viennent dans ma chambre, j'aurai deux lettres, une dessus, l'autre dessous, et dès qu'on viendra je n'aurai qu'à tourner les cartes. Ce que je te dis ne serait compris de personne, hormis de Mimi qui est du secret. Papa en aurait de la peine et se tourmenterait sur ton compte. Mieux vaut le tromper et lui laisser croire que c'est à Louise que j'écris, comme je viens de le lui dire. C'est que tout de bon je vais commencer ma double lettre et parler à deux voix. Voyons.

Il passe une noce au chemin de Cordes; tout à l'heure on sonnait de ce côté pour un mort; voilà bien la vie. Je la vois toute dans mon petit tableau.

Le 12. — Nous avons perdu une de nos pauvres, Annette la boiteuse, celle qui m'avait si fort baisée pour un raisin que je lui donnais. La pauvre fille! j'espère qu'à présent elle prie pour nous dans le ciel. Elle est morte sans y penser, ou plutôt elle y pensait tous les jours, mais elle n'a pas vu venir sa dernière heure.

Le 17. — Jour de deuil. Nous avons perdu ma grand'mère. Ce matin, papa est venu de bonne heure dans ma chambre, s'est approché de mon lit et m'a pris la main qu'il a serrée en me disant : « Lève-toi. » — « Pourquoi ? » Il m'a serré la main encore : « Lève-toi. » — « Il y a quelque chose, dites? » — « Ma mère.... » J'ai compris; je l'avais laissée mourante.

Le 31. — Ce cahier que je laisse et que je reprends, à quoi servira-t-il si je le continue? Une pensée me vient. Si je meurs avant toi, je te le lègue. Ce sera à peu près tout mon héritage ; mais ce legs de cœur aura bien quelque prix pour toi. Je le veux donc enrichir, afin que tu dises : « Ma sœur m'a laissé tout ce qu'elle a pu. » La belle fortune que quelques idées, des larmes, des tristesses dont se compose presque la vie ! S'il y vient du meilleur, c'est rare, si rare qu'on s'en enivre, comme je le fais, quand il me vient quelque chose du ciel ou de ceux que j'aime.

Depuis quinze jours, j'ai eu beaucoup de ces jolis moments. Toutes mes amies m'ont écrit au sujet de ma grand'mère, et me disent sur sa mort bien des choses tendres et consolantes ; mais Dieu seul peut consoler. Le cœur, quand il est triste, n'a pas assez des secours humains qui plient sous lui, tant il est pesant de tristesse. Il faut à ce roseau d'autres appuis que des roseaux. Oh ! que Jésus a bien dit : « Venez à moi, vous tous qui pleurez, vous tous qui êtes accablés. » Ce n'est que là, que dans le sein de Dieu, qu'on peut bien pleurer, bien se décharger. Que nous sommes heureux, nous, chrétiens ! Nous n'avons pas de peines que Dieu ne soulage.

Le 1er août. — Ce soir ma tourterelle est morte, je ne sais de quoi, car elle chantait encore ces jours-ci. Pauvre petite bête ! voilà des regrets qu'elle me donne. Je l'aimais, elle était blanche, et chaque matin c'était la première voix que j'entendais sous ma fenêtre, tant l'hiver que l'été. Était-ce plainte ou joie ? Je ne sais, mais ces chants me faisaient plaisir à entendre; voilà un plaisir de moins. Ainsi, chaque jour, perdons-nous quelque jouissance. Je veux mettre ma colombe sous un rosier de la terrasse; il me semble qu'elle sera bien là, et que son âme (si âme il y a) reposera doucement dans ce nid sous les fleurs. Je crois assez à l'âme des bêtes, et je voudrais même qu'il y eût un petit paradis pour les bonnes et les douces, comme les tourterelles, les chiens, les agneaux. Mais que faire des loups et autres méchantes espèces? Les damner? cela m'embarrasse. L'enfer ne punit que l'injustice, et quelle injustice commet le loup qui mange l'agneau? Il en a besoin; ce besoin, qui ne justifie pas l'homme, justifie la bête, qui n'a pas reçu de loi supérieure à l'instinct. En suivant son instinct, elle est bonne ou mauvaise par rapport à nous seulement; il n'y a pas *vouloir*, c'est-à-dire choix, dans les actions animales, et, par conséquent, ni bien ni mal, ni paradis ni enfer. Je regrette cependant le paradis, et qu'il n'y ait pas des colombes au ciel. Mon Dieu, qu'est-ce que je dis là? aurons-nous besoin de rien d'ici-bas, là-haut, pour être heureux?

Le 2. — La pluie et une de tes lettres. Cette lettre était bien attendue à cause des événements d'ici et de ceux de Paris. Tu avais appris de la famille un projet de mariage et une mort, et tu devais m'apprendre ce que c'est que cette machine infernale qui a éclaté, et ce qui s'en est suivi. Des morts, des calamités, des larmes. Que je te plains d'être sur ce volcan de Paris!

Le 3. — Rien.

Le 4. — Ce jour-là, je voulais parler de ta naissance, de ma joie lorsque je l'appris, et comme je m'empressai d'ouvrir ce portemanteau où papa m'avait dit qu'il te portait. Je voulais dire tout cela, et bien d'autres choses du baptême et de ta vie; mais j'ai été triste, affligée, pleurante, et quand je pleure, je n'écris pas, je prie seulement, c'est tout ce que je puis faire; mais voici qu'un peu de sérénité me vient. Dieu m'est venu, puis des livres, et une lettre de Louise, trois choses qui me portent bonheur. J'ai commencé toute triste, et puis j'ai senti presque de la joie et que j'avais Dieu au cœur. O mon ami! si tu savais comme l'âme dans l'affliction se console doucement en Dieu! que de force elle tire de la puissance divine!

Le livre, je voulais dire l'ouvrage qui me fait tant de plaisir, c'est Fénelon que papa m'a acheté. Toute ma vie, j'avais désiré d'avoir ses lettres spirituelles si douces, si célestes, si propres à tout état, à toute position d'âme. Je vais les lire et les mettre dans mon cœur; j'en ferai ma consolation, mon soutien à présent que M. Bories va me manquer, et que mon âme se trouve comme orpheline. J'avais demandé quelque chose à Dieu, et ces lettres me sont venues; aussi je les regarde comme un don du ciel. Merci à Dieu et à mon père.

Le 20. — Je viens de suspendre à mon cou une médaille de la sainte Vierge, que Louise m'a envoyée pour préservatif du choléra. C'est la médaille qui a fait tant de miracles, dit-on. Ce n'est pas article de foi, mais cela ne fait pas de mal d'y croire. Je crois donc à la sainte médaille comme à l'image sacrée d'une mère, dont la vue peut faire tant de bien. J'aurai toute ma vie sur mon cœur cette sainte relique de la Vierge et de mon amie, et j'y aurai foi si le choléra vient, mal pour lequel il n'est pas de remède humain; ayons donc recours au miraculeux. On ne compte pas assez sur le ciel, et on tremble. Je ne sais pourquoi, ce choléra qui avance ne me fait rien; je n'y pense pas, si ce n'est pour les prières que l'archevêque a ordonnées. D'où me vient cela? serait-ce indifférence? je ne le voudrais pas; non, je ne voudrais être insensible à rien, pas même à la peste. D'où me vient ma sécurité?

Le 21. — Voilà un ornement de plus à ma chambrette : sainte Thérèse que j'ai pu enfin faire encadrer; il me tardait d'avoir cette belle sainte devant mes yeux, au-dessus de la table où je fais ma prière, où je lis, ou j'écris. Ce me sera une inspiration pour bien prier, pour bien aimer, pour bien souffrir. J'élèverai vers elle mon cœur et mes yeux dans mes prières, dans mes tristesses. Je commence à présent, et lui dis : « Regardez-moi du ciel, bienheureuse sainte Thérèse, regardez-moi, à genoux devant votre image, contemplant les traits d'une amante de Jésus avec un grand désir de les graver en moi. Obtenez-moi la sainte ressemblance, obtenez-moi quelque chose de vous; faites-moi passer votre regard pour chercher Dieu, votre bouche pour le prier, votre cœur pour l'aimer. Que j'obtienne votre force dans l'adversité, votre douceur dans les souffrances, votre constance dans les tentations. » Sainte Thérèse souffrit vingt ans des dégoûts dans la prière sans se rebuter. C'est ce qui m'étonne le plus de ses triomphes. Je suis loin de cette constance; mais je me plais à me souvenir que, quand je perdis ma mère, j'allai, comme sainte Thérèse, me jeter aux pieds de la sainte Vierge et la prier de me prendre pour sa fille. Ce fut devant la chapelle du Rosaire, dans l'église de Saint-Pierre, à Gaillac. J'avais treize ans.

Le 23. — Sans le songe que j'ai fait cette nuit, je n'écrirais pas; mais je t'ai vu, je t'ai embrassé, je t'ai parlé, et tout cela, quoique erreur, il faut que j'en parle, parce que mon cœur en est touché. J'ai tant de regret de ne pas te voir, à présent que les absents reviennent! Raymond est arrivé. Qui sait s'il m'apporte de tes lettres? Je serais bien contente d'avoir quelque chose de particulier, comme tu l'as fait par des occasions semblables. C'est notre signe de vie et de tendresse que cette chère écriture ; écrivons-nous donc, écris-moi. Je viens d'envoyer une lettre de neuf pages à Louise. Ce serait long, infini pour tout autre ; mais, entre nous, il n'y en a jamais assez. Le cœur, quand il aime, est intarissable. Je voudrais bien t'écrire de la sorte. Voilà un nuage qui passe, si sombre que je vois à peine sur mon papier blanc. Cela me fait souvenir de tant d'idées noires qui passent ainsi sur l'âme parfois

Le 24. — La matinée a commencé agréablement par une lettre d'Auguste qui me parle beaucoup de toi ; il t'aime, ce bon cousin, cela se voit. Je voudrais bien que le joli projet de voyage s'accomplît, et que moi je fusse du voyage. Oh ! venir te voir à Paris !... mais non, ce serait trop joli pour ce monde, n'y pensons pas. J'ai presque l'idée que nous ne devons nous revoir qu'en l'autre : voilà le choléra ; sans doute il viendra ici. Je l'attends et dispose mon âme de mon mieux, afin de ne pas mourir à l'improviste, seule chose à craindre, car le malheur n'est pas de quitter la vie. Je ne dis pas ceci dans le sens des dégoûtés de vivre : il y a de saints désirs de la mort qui viennent à l'âme chrétienne. Encore un nuage qui me force de quitter. Le nuage amenait un déluge, le tonnerre, le vent, tout le vacarme d'un orage. Dans ce temps, je courais de çà, de là, pensant à mes poulets ; je chauffais une chemise pour ce petit garçon qui nous est arrivé noyé ; à présent tout est calme et dans son cours. L'extraordinaire ici dure peu. Mon cousin Fontenilles nous est venu voir; il couchera dans la chambrette, mon cher réduit qui sert à tout : excellent emploi des choses humaines, toutes à tous. Mais, mon cahier, va dedans : *ceci n'est pas pour le public, c'est de l'intime, c'est de l'âme,* C'EST POUR UN.

Le 25. — Saint-Louis aujourd'hui : grande fête en France pendant longtemps, et qui ne se fait plus qu'au ciel, maintenant que les rois s'en vont. Saint Louis, priez pour la France et pour vos descendants; obtenez-leur le royaume des cieux!

Le 26. — Comme la grâce est admirable! Je l'admire aujourd'hui dans saint Genès qu'elle fit chrétien comme il jouait sur le théâtre les mystères du christianisme. Tout à coup Dieu se fit voir à cette âme, et le comédien fut martyr.

Le 27. — J'ai l'âme tout émue, toute pénetree, toute pleine de la lettre de M. de La Morvonnais que j'ai reçue ce matin; il me parle de Marie, d'un autre monde, de ses tristesses, de toi, de la mort, de ces choses que j'aime tant. Voilà pourquoi ces lettres me causent un plaisir que je craignais de trop sentir, parce que tout plaisir est à craindre. Mais tu l'as voulu, et, pour l'amour de toi seulement, j'ai soutenu cette correspondance qui maintenant aura bien des charmes, d'abord ceux de la sympathie; comme tu me l'avais appris, je trouve à ton ami une trempe d'idées fort semblables aux miennes pour le religieux et le triste; son âme pleure et prie souvent comme la mienne.

Aujourd'hui, il me dit que sa prière est tiède et distraite, et que je l'aide devant Dieu. Assurément je le ferai, car son âme m'est chère, et cette âme est souffrante et me porte pitié. Je lui verserai donc le baume de la prière qui, tout loin que je suis, lui arrivera par le ciel. Je le crois du moins : admirable foi qui me donne l'espérance de consoler un affligé ! C'est de ce côté-là encore que cette correspondance me plaît : faire du bien est si doux! consoler qui pleure est divin. Jésus le fit sur la terre, et c'est de lui que je l'apprends. Oui, mon ami, c'est de la croix que viennent ces pensées que ton ami trouve si douces, si *inénarrablement* tendres. Rien n'est de moi. Je sens mon aridité, mais que Dieu, quand il veut, fait couler un océan sur ce fond de sable. Il est ainsi de tant d'âmes simples desquelles sortent d'admirables choses, parce qu'elles sont en rapport direct avec Dieu, sans science et sans orgueil. Aussi, je perds le goût des livres; je me dis : que m'apprennent-ils que je ne sache un jour au ciel? que Dieu soit mon maître et mon étude! Je fais ainsi et m'en trouve bien; je lis peu, je sors peu, je me refoule à l'intérieur. Là se dit, se fait, se sent, se passe bien des choses. Oh! si tu les voyais! mais que sert de les faire voir? Dieu seul doit pénétrer dans le sanctuaire de l'âme. Mon âme aujourd'hui abonde de prière et de poésie. J'admire comme ces deux sources coulent ensemble en moi et en d'autres.

L'aveugle prie et chante en chemin, le soldat sur le champ de guerre, le nautonier sur les mers, le poëte sur sa lyre, le prêtre à l'autel; l'enfant qui commence à parler, le solitaire dans sa cellule, les anges au ciel, les saints par toute la terre, tous prient et chantent; il n'y a que les morts qui ne chantent pas, et qui ne prient pas : pauvres morts!

Le 28. — Saint-Augustin aujourd'hui : un saint que j'aime tant parce qu'il a tant aimé. Je porte d'ailleurs son nom, et je l'ai supplié de me donner aussi un peu de son âme. La belle âme, et comme elle se peint divinement dans ses *Confessions!* A chaque mot de ce livre, on sent l'amour de Dieu qui vous pénètre goutte à goutte le cœur, si dur qu'il soit. Que n'ai-je une mémoire à tout retenir! mais par malheur je l'ai si fugitive, qu'autant vaudrait ne rien lire; il n'en était pas de même jadis. C'est que je décline et que mes facultés baissent, excepté celle d'aimer. L'amour, c'est l'âme qui ne meurt pas, qui va croissant, montant comme la flamme. Je tiens une lettre de Louise, de ma belle amie, de celle qui me dit toujours qu'elle m'aime. Cette lettre est courte, de trois pages seulement, parce qu'elle était pressée, toute à sa sœur la comtesse qui venait d'arriver. C'est dans ses bras que Louise me dit le tendre *memento* qui me suffit bien aujourd'hui. C'est l'abbé de Bayne d'Alos qui me l'a apportée, venant de Rayssac.

Le 29. — Beau ciel, beau soleil, beau jour. C'est de quoi se réjouir, car le beau temps est rare à présent, et je le sens comme un bienfait. C'en est bien un, qu'une belle nature, un air pur, un ciel radieux ! petites images du séjour céleste, et qui font penser à Dieu ! J'irai ce soir à Cahuzac, mon cher pèlerinage. En attendant, je vais m'occuper de mon âme et voir où elle en est dans ses rapports avec Dieu depuis huit jours. Cette revue éclaire, instruit et avance merveilleusement le cœur dans la connaissance de Dieu et de lui-même. N'y avait-il pas un philosophe qui ordonnait cet exercice trois fois le jour à ses disciples? et ses disciples le faisaient. Je le veux faire aussi à l'école de Jésus pour apprendre à devenir sage, d'une sagesse chrétienne.

Le 31. — Je passai la journée d'hier à Cahuzac, et quelques heures seule dans la maison de notre grand'mère. Je me mis d'abord à genoux sur un prie-Dieu où elle priait, puis je parcourus sa chambre, je regardai ses chaises, son fauteuil, ses meubles dérangés comme quand on déloge ; je vis son lit *vide* ; je passai partout où elle avait passé, et je me souvins de ces lignes de Bossuet : « Dans un moment on passera où j'étais, et l'on ne m'y trouvera plus. Voilà sa chambre, voilà son lit, diras-tu, et de tout cela !

ne reste plus que mon tombeau où l'on dira que je suis, et je *n'y serai pas.* » Oh! quelle idée de notre néant dans cette absence même de la tombe, dans la dispersion si prompte de notre poussière dans les souterrains de la mort! Demain, je change et vais à Cahuzac pour des réparations à la maison qui me tiendront quelques jours. Ce seront des jours uniques, aussi je veux les marquer et prendre mon Journal. Je vais écrire à Antoinette, mon amie l'ange.

Il y a quelques heures de cela. Voilà que j'ai écrit à Antoinette et à Irène, et pourtant je n'avais rien, presque rien à leur dire. Ma vie fournit peu et le Cayla aussi, parce que tout y est tranquille. Mais ces communications du cœur sont douces et je m'y laisse aller aisément. Cela d'ailleurs me fait du bien et me décharge l'âme du triste. Quand une eau coule, elle s'en va avec l'écume et se clarifie en chemin. Mon chemin à moi, c'est Dieu ou un ami; mais Dieu surtout. Là je me creuse un lit et m'y trouve calme.

Le 1er septembre. — M'y voici à Cahuzac, dans une autre chambrette, accoudée sur une petite table où j'écris. Il me faut partout des tables et du papier, parce que partout mes pensées me suivent et se veulent répandre en un endroit, pour toi, mon ami. J'ai parfois l'idée que tu y trouveras quelque charme, et cette idée me sourit et me fait continuer; sans cela mon cœur resterait fermé bien souvent, par indolence ou par indifférence pour tout ce qui vient de moi.

J'ai quelquefois des joies d'enfant, comme celle de venir pour quelques jours ici. Tu ne saurais croire combien je suis venue gaiement prendre possession de cette maison déserte. C'est que là, vois-tu, je me trouve seule, tout à fait seule, dans un lieu qui prête à la réflexion. J'entends passer les passants sans me détourner du tout; je suis au pied de l'église j'entends jusqu'à la dernière vibration de la cloche qui sonne midi ou l'Angelus, et j'écoute cela comme une harpe. Puis je vais prier quand je veux, me confesser de même : en voilà assez pour quelques jours de bonheur, d'un bonheur *à moi*. Papa me viendra voir cette après-midi. J'ai plaisir à cette visite, comme si nous étions séparés depuis longtemps.

Le diable m'a tentée tout à l'heure dans un petit cabinet où j'ai fait trouvaille de romans. Lis-en un mot, me disais-je, voyons celui-ci, voyons celui-là; mais les titres m'ont fort déplu. Ce sont des *Lettres galantes d'une religieuse*, la *Confession générale d'un chevalier galant* et autres histoires de bonne odeur. Fi donc, que j'aille lire cela ! Je n'en suis plus tentée maintenant et vais seulement changer ces livres de cabinet ou plutôt les jeter au feu.

Le 22. — Depuis le jour où je revins de Cahuzac,

mon confident dormait dans un coin, et il y dormirait encore, si ce n'était le 22 septembre, jour de Saint-Maurice, jour de ta fête, qui m'a donné un peu de joie et rouvert le cœur au plaisir d'écrire et de laisser ici un souvenir. Je me souviens que l'an dernier, à pareil jour, je t'écrivais aussi et te parlais de ta fête. J'étais contente, je voyais *aujourd'hui* et toi, espérant t'embrasser à la Saint-Maurice, et te voilà à cent lieues. Mon Dieu, que nous comptons mal et qu'il faut compter peu dans la vie !

M. le curé et sa sœur sont venus faire ta fête et boire à ta santé. Mais ce qui vaut mieux, c'est que M. le curé s'est souvenu de toi à la messe et que Françoise a prié pour toi aussi. Que saint Maurice te protége et te rende fort dans les combats de la vie! Me rapporteras-tu son image que je t'ai donnée?

Le 27 [1]. — . . . .

Le [2]. — Que les lacunes de ce journal ne te surprennent pas, ni même un abandon entier; je ne tiens que peu à écrire ce qui passe, quelquefois pas du tout, à moins que la pensée de te faire plaisir ne me vienne. Quelquefois elle vient me donner la plume et me dicte sans fin. Mais, mon ami, me liras-tu jamais? Sera-ce bon pour toi de me voir ainsi jusqu'au fond

---

1. Ici, toute une page effacée.
2. Sans date.

de l'âme? Cette pensée me retient et fait que je ne dis pas grand'chose ou que je ne dis rien, des mois entiers. Aujourd'hui, un dimanche matin, dans la chambrette, devant ma croix et ma sainte Thérèse, mon âme s'est trouvée calme. Alors j'ai cru que je ne te serais pas nuisible, et je me livre de nouveau au charme de l'épanchement. Ne parlons pas du passé, laissons en blanc.

[Le 19 novembre]. — Aujourd'hui 19 novembre, j'ai retrouvé mon pauvre cahier abandonné et déjà rongé par les rats, et j'ai eu la pensée de le reprendre et de continuer d'écrire. Cette écriture me fait du bien; me distrait dans ma solitude; mais je l'ai délaissée souvent et je la délaisserai encore. Cependant je remplirai ma page aujourd'hui, et, demain, nous verrons. Je me trouve changée. Mes livres, mes poésies, mes oiseaux que j'aimais, je les oublie; tout cela m'occupait le cœur et la tête, et maintenant... Non, je ne fais pas bien et je ne suis pas heureuse depuis ce renoncement aux affections de ma vie. Ne sont-elles pas assez innocentes pour pouvoir me les permettre toutes? Mon Dieu, les solitaires de la Thébaïde ne s'occupaient pas autrement. Je les vois travailler, lire, prier, écrire; les uns chanter, d'autres faire des nattes et des paniers : tous travaillant pour Dieu, qui bénissait à chacun son ouvrage. Je lui offre ainsi mes journées et tout ce qui les va remplir soit de travail ou de prières, soit d'écriture ou de pensées, soit aussi ce petit cahier que je veux aussi voir béni.

[Sans date]. — J'ai passé la journée dans une solitude complète, seule, toute seule; papa est à la foire de Cordes, Éran à un dîner au presbytère, Mimi à Gaillac. Ils sont tous dispersés, et moi j'ai beaucoup pensé et senti ce que serait une dispersion plus longue qui, hélas! arrivera quelque jour. Mais je ne dois pas m'arrêter à des pensées de tristesse qui me font tant de mal. Ces choses-là sont à l'âme comme les nuages aux yeux.

Le 30 [novembre]. — Eh! mon Dieu, encore des larmes! On a beau ne vouloir pas s'affliger, chaque jour amène quelque affliction, quelque perte. Nous voilà pleurant ce pauvre cousin de Thézac qui nous aimait. Oh! sans doute, il est mieux que nous maintenant, il doit être au ciel, car il a bien souffert. Sa patience était admirable durant sa vie de douleurs et tout à l'heure dans ses dernières épreuves. Mimi que j'attendais n'a pu venir; elle est restée près du malade, l'a assisté, exhorté dans ses derniers moments, lui parlant du ciel. Oh! que Mimi sait dire ces choses, et que je voudrais l'avoir à côté de moi quand je mourrai! Papa est allé voir la famille affligée et je suis seule dans ma chambre avec mes idées en deuil et les mille voix du vent qui gémissent comme les orgues pour les morts. Avec cet accompagnement il ferait bon prier, bon écrire, mais qu'écrirais-je? Un peu de sommeil vaudra mieux. Le repos du corps passe à l'âme. Je vais donc au lit après un *de profundis* pour le mort et un souvenir pour toi devant Dieu. Qu'il te donne une bonne nuit! Je ne m'endors jamais sans m'occuper de ton sommeil. Qui sait, me dis-je, si Maurice est aussi bien qu'il le serait ici, où je lui ferais faire son lit? Qui sait s'il n'a pas froid? Qui sait?... Et mille autres tendresses trop tendres.

Le 1er décembre. — Je pense à la tombe qui s'ouvre ce matin à Gaillac pour engloutir ces restes humains jusqu'à ce que Dieu les ravive. C'est notre sort à tous, il faut être jeté en terre et pourrir dans les sillons de la mort avant d'arriver à la floraison; mais alors que nous serons heureux de vivre et même d'avoir vécu! L'immortalité nous fera sentir le prix de la vie et tout ce que nous devons à Dieu pour nous avoir tirés du néant. C'est un bienfait auquel nous ne pensons guère et dont nous jouissons sans presque nous en soucier, car la vie souvent ne fait aucun plaisir. Mais qu'importe pour le chrétien? A travers larmes ou fêtes, il marche toujours vers le ciel; son but est là, ce qu'il rencontre ne peut guère l'en détourner. Crois-tu que si je courais vers toi, une fleur sur mon chemin ou une épine au pied m'arrêtassent?

Me voici au soir d'une journée remplie de mille pensées et choses diverses dont je me rends compte au coin du feu de ma chambre, à la clarté d'une petite lampe, ma seule compagne de nuit. Sans le malheur arrivé à Gaillac, j'aurais Mimi à côté de moi, et nous causerions, et je lui dirais, à elle, ce que je dirai mal ici à ce confident muet.

Le 2. — Rien d'intéressant que la venue d'un petit chien qui doit remplacer Lion au troupeau. Il est beau et fort caressant, je l'aime et je lui cherche un nom. Ce serait Polydor, en souvenir du chien de La Chênaie; mais pour un chien de berger, c'est un nom de luxe : mieux vaut Bataille pour le combattant du troupeau.

L'air est doux ce matin, les oiseaux chantent comme au printemps et un peu de soleil visite ma chambrette. Je l'aime ainsi et m'y plais comme aux plus beaux endroits du monde, toute solitaire qu'elle est. C'est que j'en fais ce que je veux, un salon, une église, une académie. J'y suis quand je veux avec Lamartine, Chateaubriand, Fénelon : une foule d'esprits m'entoure; ensuite ce sont des saints, sainte Thérèse, saint Louis, patron de mon amie Louise, et une petite image de l'Annonciation où je contemple un doux mystère et les plus pures créatures de Dieu, l'ange et la Vierge. Voilà de quoi me plaire ici et murer ma porte à tout ce qui se voit ailleurs. Mais non, je n'y tiendrais pas longtemps : au moindre bruit de lettres ou de nouvelles, j'en sortirais pour aller lire ou écouter, aujourd'hui surtout que j'attends quelque chose de Mimi et de toi. Tu me négliges,

6.

voilà un mois et plus que tu ne m'as écrit. La journée me semblera longue : pour la couper, je vais écrire a Louise. J'ai reçu d'elle deux lettres, deux trésors, deux petites merveilles d'esprit et de tendresse. Oh! quelles lettres! c'est pour moi toutes ces choses rares, et je me sens triste avec cela! Que te faut-il donc, pauvre cœur?

Le 3. — Une lettre de Mimi! Que de bonheur porte une lettre et que de charme à entendre ceux qui sont éloignés de nous et qu'on ne peut voir de longtemps! Cette voix du cœur les rapproche et semble vous dire : Ils sont là; dans ces pages, voyez leur âme et leur amour, voyez leurs pensées, leurs actions; tout leur être est là contenu, l'enveloppe seule vous manque. Et cela console fort de l'absence. Je voudrais bien, si tu lis jamais ceci, te *persuader* du plaisir si profond que j'ai de tes lettres, et du chagrin pareil quand elles me manquent. Sans doute tu m'écriras plus souvent à l'avenir.

Le 4. — Lettre de Mimi, lettre de Louise, arrivée de Paul, bonheur, bonheur, bonheur! Je n'ai pas le temps d'écrire.

Le 5. — Dans la journée, dans quelques heures je serai à Gaillac, loin d'ici, loin de papa, loin de ma chambrette, loin de tout ce qui fait ma vie. Pas un moment pour écrire. Avec quel regret je m'éloigne!

mais je vais joindre Mimi pour un jour, ce qui me console.

Le veux-tu, mon ami, ce cahier écrit depuis deu ans? Il est vieux, mais les choses du cœur sont éternelles. Le temps n'y fait rien, ce me semble. Je te livre donc celles-ci, après quelques traits de plume, quelques lignes effacées. Quand on revient sur le passé, on efface. On y trouve tant d'erreurs! Nous disions même des folies, avec toi, un jour en nous promenant.

III

1837

Je change le format de mon Journal pour le rendre plus commode pour ma poche où je le mettrai dans mes courses. De la sorte, nous y verrons tout ce que je verrai quand je sors, quand je vais dans le monde ou à la campagne. Je vois, j'entends, je sens, je pense alors mille choses qui me plaisent, me déplaisent, m'étonnent, que je voudrais fixer quelque part. Ce me serait utile pour voir un peu ce que je suis quand je me trouve hors de chez moi, quand je me mêle au monde, à ses discours, à ses fêtes et à tout ce qui ne m'est pas d'habitude. Il se passe alors en moi quelque chose de nouveau; des pensées, des sentiments inconnus me viennent, et je sens que je ne suis pas comme les autres, ni comme je suis ici. Cet état, je l'aperçois quand je m'y trouve, mais sans trop y regarder, et il serait bon cependant de voir où cela me mène. Je reviendrai là-dessus : quant à présent, j'ai mieux à faire encore que d'écrire, je vais prier. Oh! que j'aime la prière!

Je voudrais que tout le monde sût prier; je voudrais que les enfants et ceux qui sont vieux, les pauvres, les affligés, les malades de corps et d'âme, que tout ce qui vit et souffre pût sentir le baume de la prière. Mais, je ne sais pas parler de ces choses. Ce qu'il y aurait à dire est ineffable.

Notre nouveau curé nous est venu voir aujourd'hui. C'est un homme doux, riant, qui porte sur sa physionomie l'empreinte d'une belle âme. Je lui crois de l'esprit, mais il n'en montre pas; sa conversation est des plus ordinaires, sans trait, sans saillies, passant tout bonnement d'une chose à l'autre. Je remarque seulement qu'il répond juste et parle à propos. C'est le simple pasteur des âmes simples, tout plein de Dieu, et rien de plus.

Le 11 [mars]. — J'ai une grande joie au cœur aujourd'hui : Éran est allé se confesser. J'espère beaucoup de cette confession avec ce doux curé qui sait si bien parler de la miséricorde de Dieu. C'est encore aujourd'hui la naissance de papa.

Le 12. — J'admirais tout à l'heure un petit paysage de ma chambrette qu'enluminait le soleil levant. Que c'était joli ! Jamais je n'ai vu de plus bel effet de lumière sur le papier, à travers des arbres en peinture. C'était diaphane, transparent; c'était dommage pour mes yeux, ce devait être vu par un peintre. Mais Dieu ne fait-il pas le *beau* pour tout le monde? Tous nos oiseaux chantaient ce matin, pendant que je faisais ma prière. Cet accompagnement me plaît, quoiqu'il me distraie un peu. Je m'arrête pour écouter ; puis je reprends, pensant que les oiseaux et moi nous faisons nos cantiques à Dieu, et que ces petites créatures chantent peut-être mieux que moi. Mais le charme de la prière, le charme de l'entretien avec Dieu, ils ne le goûtent pas, il faut avoir une âme pour le sentir. J'ai ce bonheur que n'ont pas les oiseaux. Il n'est que neuf heures et j'ai déjà passé par l'heureux et par le triste. Comme il faut peu de temps pour cela! L'heureux, c'est le soleil, l'air doux, le chant des oiseaux, bonheurs à moi ; puis une lettre de Mimi, qui est à Gaillac, où elle me parle de Mme Vialar, qui t'a vu, et d'autres choses riantes. Mais voilà que j'apprends parmi tout cela le départ de M. Bories, de ce bon et excellent père de mon âme. Oh! que je le regrette! quelle perte je vais faire en perdant ce bon guide de ma conscience, de mon cœur, de mon esprit, de tout moi-même que Dieu lui avait confié et que je lui laissais avec tant d'abandon! Je suis triste d'une tristesse intérieure qui fait pleurer l'âme. Mon Dieu, dans mon désert, à qui avoir recours ? qui me soutiendra dans mes défaillances spirituelles? qui me mènera au grand sacrifice? C'est en ceci surtout que je regrette M. Bories. Il connaît ce que Dieu m'a mis au cœur, j'avais besoin de sa force pour le suivre. Notre nouveau curé ne peut le remplacer : il est si jeune ! puis il paraît si inexpérimenté, si indécis ! Il faut être ferme pour tirer une âme du milieu du monde et la soutenir contre les assauts de la chair et du sang ! Il est samedi, c'est un jour de pèlerinage à Cahuzac; je vais y aller; peut-être en reviendrai-je plus tranquille. Dieu m'a toujours donné quelque chose de bon là, dans cette chapelle, où j'ai laissé tant de misères.

Je ne me trompais pas en pensant que je reviendrais plus tranquille. M. Bories ne part pas. Que je suis heureuse, et que j'ai rendu grâces à Dieu de cette grâce ! C'en est une bien grande pour moi de conserver ce bon père, ce bon guide, ce *choisi* de Dieu pour mon âme, suivant l'expression de saint François de Sales. Je viens d'écrire cette nouvelle à Mimi. Je ne dirais pas ailleurs ce que je dis ici, on le prendrait mal peut-être, on ne me comprendrait pas; on ne sait pas dans le monde ce que c'est qu'un confesseur : cet homme, ami de l'âme, son confident le plus intime, son médecin, son maître, sa lumière, cet homme qui nous lie et qui nous délie, qui nous donne la paix, qui nous ouvre le ciel, à qui nous parlons à genoux en l'appelant, comme Dieu, notre père, parce qu'en effet la foi le fait véritablement Dieu et père. Malheur à moi si, quand je suis à ses pieds, je voyais autre chose que Jésus-Christ écoutant Madeleine, et lui pardonnant beaucoup parce qu'elle aima beaucoup ! La confession est une expansion du repentir dans l'amour. C'est une bien douce chose, un grand bonheur pour l'âme chrétienne que la confession, un grand bien, toujours plus grand à mesure que nous le goûtons, et que le cœur du prêtre où nous versons nos larmes ressemble au cœur divin *qui nous a tant aimés*. Voilà ce qui m'attache à M. Bories. Toi, tu me comprendras.

En allant à Cahuzac, j'ai voulu voir une pauvre femme malade qui demeure au delà de la Vère. C'est la femme de la complainte du *Rosier* que je t'ai contée, je crois. Mon Dieu, quelle misère ! En entrant, j'ai vu un grabat d'où s'est levée une tête de mort ou à peu près. Cependant elle m'a connue. J'ai voulu m'approcher pour lui parler, et j'ai vu de l'eau, une bourbe auprès de ce lit, des ordures délayées par la pluie qui tombe de ce pauvre toit, et par une fontaine qui filtre sous ce pauvre lit. C'était une infection, une misère, des haillons pourris, des poux : vivre là ! pauvre créature ! Elle était sans feu, sans pain, sans eau pour boire, couchée sur du chanvre et des pommes de terre qu'elle tenait là pour les préserver de la gelée. Une femme, qui nous suivait, l'a délogée du fumier, une autre a apporté des fagots ; nous avons fait du feu, nous l'avons assise sur un *sélou*, et comme j'étais fatiguée, je me suis mise auprès d'elle sur le fagot qui restait. Je lui parlais du bon Dieu ; rien n'est plus aisé que d'être entendu des pauvres, des malheureux, des délaissés du monde, quand on leur parle du ciel. C'est que leur cœur n'a rien qui les empêche d'entendre. Aussi, qu'il est aisé de les consoler, de les résigner à la mort! L'ineffable paix de leur âme fait envie. Notre malade est *heureuse*, et rien n'est plus étonnant que de trouver le bonheur chez une telle créature, dans une pareille demeure. C'est pire cent fois qu'une étable à cochon. Je ne vis pas où poser mon châle sans le salir, et, comme il m'embarrassait sur les épaules, je le jetai sur les branches d'un saule qui se trouve devant la porte. Encore y avait-il dessous...

Le 14. — Une visite d'enfant me vint couper mon histoire hier. Je la quittai sans regret. J'aime autant les enfants que les pauvres vieux. Un de ces enfants est fort gentil, vif, éveillé, questionneur; il voulait tout voir, tout savoir. Il me regardait écrire et a pris le pulvérier pour du poivre dont j'apprêtais le papier. Puis il m'a fait descendre ma guitare qui pend à la muraille pour voir ce que c'était; il a mis sa petite main sur les cordes et il a été transporté de les entendre chanter. *Quès acò qui canto aqui*[1]? Le vent qui soufflait fort à la fenêtre l'étonnait aussi; ma chambrette était pour lui un lieu enchanté, une chose dont il se souviendra longtemps, comme moi si j'avais vu le palais d'Armide. Mon christ, ma sainte Thérèse, les autres dessins que j'ai dans ma chambre lui plaisaient beaucoup; il voulait les avoir et les voir tous

---

1. Qu'y a-t-il là qui chante ainsi?

à la fois, et sa petite tête tournait comme un moulinet. Je le regardais faire avec un plaisir infini, toute ravie à mon tour de ces charmes de l'enfance. Que doit sentir une mère pour ces gracieuses créatures!

Après avoir donné au petit Antoine tout ce qu'il a voulu, je lui ai demandé une boucle de ses cheveux, lui offrant une des miennes. Il m'a regardée, un peu surpris : « Non, m'a-t-il dit, les miennes sont plus jolies. » Il avait raison ; des cheveux de trente ans sont bien laids auprès de ses boucles blondes. Je n'ai donc rien obtenu qu'un baiser. Ils sont doux les baisers d'enfant : il me semble qu'un lis s'est posé sur ma joue.

Cette visite a commencé ma journee d'hier. Celle d'aujourd'hui n'a rien de plus aimable ; je la laisse en blanc. Tout mon temps s'est passé en occupations, en affairages; ni lecture, ni écriture ; journée matérielle. A présent, seule, en repos dans ma chambrette ; je lirais, j'écrirais beaucoup, je ne sais sur quoi, mais j'écrirais. Je me sens la veine ouverte. Ce serait un beau moment de poésie, et je regrette de n'en avoir aucune en train. En commencer? Non, c'est trop tard, la nuit est faite pour dormir, à moins qu'on ne soit Philomèle ; et puis, quand je commencerais quelque chose, demain peut-être je le laisserais aux rats. La réflexion me plonge vite au fond de toute chose, et je vois le néant dans tout, si Dieu ne s'y trouve pas.

Le 20. — Une petite lacune. Je saute du 14 au 20. Je trouve si peu de chose à dire de mes jours, qui se ressemblent souvent comme des gouttes d'eau, que je n'en dis rien. Ce n'est pas vraiment la peine d'employer l'encre et le temps à cela, et je ferais mieux peut-être de m'occuper d'autre chose. Mais aussi j'ai besoin d'écrire et d'un confident à toute heure. Je parle quand je veux à ce petit cahier ; je lui dis tout, pensées, peines, plaisirs, émotions, tout enfin, hormis ce qui ne peut se dire qu'à Dieu, et encore j'ai regret de ce que je laisse au fond du cœur. Mais cela, je ferais mal, je crois, de le produire, et la conscience se met entre la plume et mon papier. Alors je me tais. Si ceci t'étonne, mon ami, avec la vie que tu me connais, souviens-toi que Marie l'Égyptienne était fort tourmentée dans la solitude. Il y a des esprits malins répandus dans l'air.

Aujourd'hui, et depuis même assez longtemps, je suis calme, paix de tête et de cœur, état de grâce dont je bénis Dieu. Ma fenêtre est ouverte; comme il fait calme! tous les petits bruits du dehors me viennent; j'aime celui du ruisseau. Adieu, j'entends une horloge à présent, et la pendule qui lui répond. Ce tintement des heures dans le lointain et dans la salle prend dans la nuit quelque chose de mystérieux. Je pense aux trappistes qui se réveillent pour prier, aux malades qui comptent en souffrant toutes les heures, aux affligés qui pleurent, aux morts qui dorment glacés dans leur lit. Oh! que la nuit fait venir des pensées sérieuses! Je ne crois pas que le méchant, que l'impie, que l'incrédule soient aussi pervers la nuit que le jour. Un monsieur qui doute de beaucoup de choses m'a dit souvent que, dans la nuit, il croyait toujours à l'enfer. C'est qu'apparemment, dans le jour, les objets extérieurs nous dissipent et distraient l'âme de la vérité. Mais que vais-je dire? J'avais à parler de si douces choses. J'ai reçu ton ruban ce soir, le réseau, la petite boîte, avec la belle épingle et le joli petit billet. Tout cela, je l'ai touché, essayé, examiné, et mis dans le cœur. Merci, merci! Tu veux bien que je dorme, je m'arrache d'ici. Pourquoi dormir au lieu d'écrire?

Le 22. — Hier s'est passé sans que j'aie pu te rien dire, à force d'occupations, de ces trains de ménage, de ces courants d'affaires qui emportent tous mes moments et tout moi-même, hormis le cœur qui monte dessus et s'en va du côté qu'il aime. C'est tantôt ici, tantôt là, à Paris, à Alby où est Mimi, aux montagnes, au ciel quelquefois, ou dans une église, enfin où je veux; car je suis libre parmi mes entraves et je sens la vérité de ce que dit l'*Imitation*, qu'on peut passer comme sans soins à travers les soins de la vie. Mais ces soins-là pèsent à l'âme, ils la fatiguent, l'ennuient souvent, et c'est alors qu'elle aspire à la solitude. Oh! le bienheureux état où l'on peut s'occuper uniquement de la seule chose nécessaire, où, du moins, les soins matériels n'occupent que légèrement et ne prennent pas la grande partie du jour! Voilà que pour quarante bêcheurs, ou menuisiers, ou je ne sais quoi, il m'a fallu rester tout le long du jour à la cuisine, les mains aux fourneaux et dans les *oulos*.

Oh! que j'aurais bien mieux aimé être ici, avec un livre ou une plume! Je t'aurais écrit, je t'aurais dit combien tes envois me sont agréables, et je ne sais quoi ensuite; ce serait plus joli que des plats de soupe. Mais pourquoi se plaindre et perdre ainsi le mérite d'une contrariété? Faisons ma soupe de bonne grâce; les saints souriaient à tout, et l'on dit que sainte Catherine de Sienne faisait avec grande joie la cuisine. Elle y trouvait de quoi méditer beaucoup. Je le crois, quand ce ne serait que la vue seule du feu et les petites brûlures qu'on se fait et qui font penser au purgatoire.

Le 7 avril. — Bien des jours se sont passés depuis que je n'ai rien mis ici : la semaine sainte, la grande fête de Pâques, toutes ces solennités qui tiennent l'âme loin de la terre. Je ne me suis guère arrêtée ici que pour les repas. Le lundi, j'étais à Cahuzac, et le lendemain encore, retenue par la pluie; le mercredi, je le passai à Andillac à faire la chapelle du jeudi-saint avec M. le curé et la petite Virginie.

Le 11. — Lacune de plusieurs jours. Je me trouve à présent sur une page déchirée, accident qui ne m'empêchera pas d'écrire. Je sais d'ailleurs que pareille chose arrive souvent au papier du cœur. Veux-tu que je te dise pourquoi je mets si peu de suite à mon Journal? C'est que je suis à mille choses qui remplissent tous mes moments de devoirs ou d'occupations. Ceci n'est qu'un délassement, un temps de reste que je te donne quand je puis, la nuit, le matin, à toute heure, car à toute heure on peut causer quand c'est avec le cœur que l'on parle. Une mouche, un bruit de porte, une pensée qui vient, que sais-je? tant de choses qu'on voit, qu'on touche, qu'on sent, feraient écrire des volumes. Je lisais hier au soir Bernardin, au premier volume des *Études*, qu'il commence par un fraisier, ce fraisier qu'il décrit avec tant de charme, tant d'esprit, tant de cœur, qui ferait, dit-il, écrire des volumes sans fin, dont l'étude suffirait pour remplir la vie du plus savant naturaliste par les rapports de cette plante avec tous les règnes de la nature. Mon ami, je suis ce fraisier en rapport avec la terre, avec l'air, avec le ciel, avec les oiseaux, avec tant de choses visibles et invisibles que je n'aurais jamais fini si je mettais à me décrire, sans compter ce qui vit aux replis du cœur, comme ces insectes qui logent dans l'épaisseur d'une feuille. De tout cela, mon ami, quel volume!

Voilà sous ma plume une petite bête qui chemine, pas plus grosse qu'un point sur un *i*. Qui sait où elle va? de quoi elle vit? et si elle n'a pas quelque chagrin au cœur? qui sait si elle ne cherche pas quelque Paris où elle a un frère? elle va bien vite. Je m'arrête sur son chemin : la voilà hors de la page ; comme elle est loin! je la vois à peine, je ne la vois plus. Bon voyage, petite créature, que Dieu te conduise où tu veux aller! Nous reverrons-nous? T'ai-je fait peur? Je suis si grande à tes yeux sans doute! mais peut-être par cela même je t'échappe comme une immensité. Ma petite bête me mènerait loin, je m'arrête à cette pensée : qu'ainsi je suis, aux yeux de Dieu, petite et infiniment petite créature qu'il aime.

Tous les soirs je lis quelque *Harmonie* de Lamartine ; j'en apprends des morceaux par cœur, et cette étude me charme et fait jaillir je ne sais quoi de mon âme, qui me transporte loin du livre qui tombe loin de ceux qui parlent auprès de moi; je me trouve où sont ces *esprits qui balancent les astres sur nos têtes, et qui vivent de feu comme nous vivons d'air...*

J'aurai toujours regret de n'avoir pas fait mes *Enfantines;* mais pour cela il m'aurait fallu être tranquille dans ma chambre comme une abeille dans sa ruche. Quelquefois il m'est arrivé de désirer d'être en prison pour me livrer à l'étude et à la poésie. Oh! quelle jouissance d'être sans distractions avec Dieu et avec soi-même, avec ce qu'il y a en nous qui pense qui sent, qui aime, qui souffre!

Le 15 mai. — Nous avons M. Bories aujourd'hui, notre curé, les Facieu et quelques autres personnes. Je les laisse au jeu et viens à l'écart te parler un instant de ma journée. C'est de celles que je remarque, qui me charment par un beau ciel et par de doux événements. D'abord, en me levant, j'ai reçu une lettre de notre ami de Bretagne que je croyais mort. Quel plaisir m'ont fait cette écriture, ces expressions de pur attachement, ces expansions d'une âme triste et pieuse! Pauvre ami, dans quel abattement je le vois! Je voudrais le consoler, lui faire du bien. Il me parle de poésie comme d'un baume; il faut que je lui en envoie. Je suis bien occupée, mais le soin des malades passe avant tout. Le bon Dieu bénit cette bonne œuvre. Voyons donc ce qui reste de poésie dans mon âme. Je crains qu'elle ne soit éteinte depuis le temps que je la laisse mourir. Rien que ce pauvre affligé n'était capable de la rallumer. Je sens déjà quelque chose en moi qui renaît, qui va jaillir de mon âme. J'ai pris cette lettre des mains de Pouffé qui m'a paru un de ces nains chargés pour les châteaux de mystérieux messages. Grand merci au bossu, et me voilà dans la côte de Sept-Fonts, lisant ma belle lettre. Puis j'ai fait réflexion sur ces paroles venues des bords de l'Océan dans les bois du Cayla, sur cette âme inconnue parlant à la mienne comme une sœur à une sœur; sur ce qui a amené notre correspondance, sur la Bretagne, sur La Chênaie et son grand solitaire, sur toi, sur la pauvre Marie, sur son tombeau. Là, je me suis arrêtée dans une pieuse pensée: qu'il fallait prier pour elle; et j'ai prié. Puis, en m'en allant, j'ai pris quelques fleurs pour notre autel à la Vierge et

7.

écouté le rossignol, toute pénétrée de ces tristesses et de cette riante nature, contraste, hélas! des choses humaines.

[Sans date.] — En m'occupant de calcul tout à l'heure, j'ai voulu savoir le nombre de mes minutes. C'est effrayant, 168 millions et quelques mille[1]! Déjà tant de temps dans ma vie! J'en comprends mieux toute la rapidité, maintenant que je la mesure par parcelles. Le Tarn n'accumule pas plus vite les grains de sable sur ses bords. Mon Dieu, qu'avons-nous fait de ces instants que vous devez aussi compter un jour? S'en trouvera-t-il qui comptent pour la vie éternelle? s'en trouvera-t-il beaucoup, s'en trouvera-t-il un seul? *Si observaveris, Domine, Domine, quis sustinebit?*

Cet examen du temps fait trembler l'âme qui s'y livre, pour si peu qu'elle ait vécu, car Dieu nous jugera autrement que les lis. Je n'ai jamais compris la sécurité de ceux qui ne se donnent d'autre appui qu'une bonne conduite humaine pour se présenter devant Dieu, comme si tous nos devoirs étaient renfermés dans le cercle étroit de ce monde. Être bon père, bon fils, bon citoyen, bon frère, ne suffit pas pour entrer au ciel. Dieu demande d'autres mérites que ces douces vertus du cœur à celui qu'il veut couronner d'une éternité de gloire.

---

1. Elle se trompe, et met un zéro de trop. Mais à quoi bon le remarquer?

IV

Le 1er mai 1837. — C'est ici, mon ami, que je veux reprendre cette correspondance intime qui nous plaît et qui nous est nécessaire, à toi dans le monde, à moi dans ma solitude. J'ai regret de ne l'avoir pas continuée, à présent que j'ai lu ta lettre où tu me dis pourquoi tu ne m'avais pas répondu. Je craignais de t'ennuyer par les détails de ma vie ; et je vois que c'est le contraire. Plus de souci donc là-dessus, plus de doute sur ton amitié ni sur rien de ton cœur si fraternel. J'avais tort : tant mieux, je craignais que ce ne fût toi. En toute joie et liberté reprenons notre causerie, cette causerie secrète, intime, dérobée, qui s'arrête au moindre bruit, au moindre regard. Le cœur n'aime pas d'être entendu dans ses confidences. Tu as raison quand tu dis que je ruse un peu pour écrire mes cahiers ; j'en ai bien lu quelque chose à papa, mais non pas tout. Le bon père aurait peut-être quelque souci de ce que je dis, de ce qui me vient parfois dans l'âme ; un air triste lui semblerait un chagrin. Cachons-lui ces petits nuages ; il n'est pas bon qu'il les voie et qu'il connaisse autre chose de moi que le côté calme et serein. Une fille doit être si douce à son père ! Nous leur devons être à peu près ce que les anges sont à Dieu. Entre frères, c'est différent, il y a moins d'égards et plus d'abandon. A toi donc le cours de ma vie et de mon cœur, tel qu'il vient.

Le 2. — Deux lettres de Louise, jolies, tendres, mais tristes. La pauvre amie est entourée de morts et pleure une voisine, la mère de Mélanie, cette jeune fille dont je t'ai parlé, je crois. C'est cette pauvre montagnarde qu'on a prise des champs pour l'habiller en demoiselle, la faire élever à Toulouse où elle voit les dames de Villèle. Son éducation a bien pris et la demoiselle croît à ravir sur la paysanne. Il y aura deux vies dans sa vie. Je la trouve intéressante, surtout à présent que la pauvre orpheline pleure sa mère et se désole dans ses grands salons de n'avoir pas pu se trouver au chevet du lit de sa pauvre mère. Louise me dit qu'elle ne reviendra pas à Rayssac, où il n'y a plus rien pour elle, et qu'elle entrera au couvent. C'est le lieu des âmes tristes, ou qui sont étrangères au monde, ou qui sont craintives et s'abritent là comme dans un colombier.

Le 3. — Le rossignol chante, le ciel est beau, choses toutes nouvelles dans ce printemps tardif.

C'est de quoi dire un mot, mais je te quitte pour des occupations utiles. Ceci n'est que passe-temps : joujou du cœur qu'une plume, pour une femme ! Vous autres hommes, c'est différent.

Le 4. — Rien que la date ; je n'ai pu écrire ayant passé la journée à Cahuzac, pauvre endroit qui d'ailleurs laisse peu à dire.

Le 5. — Pluie, vent froid, ciel d'hiver, le rossignol, qui de temps en temps chante sous des feuilles mortes, c'est triste au mois de mai. Aussi suis-je triste en moi, malgré moi. Je ne voudrais pas que mon âme prît tant de part à l'état de l'air et des saisons, que, comme une fleur, elle s'épanouisse ou se ferme au froid ou au soleil. Je ne le comprends pas, mais il en est ainsi tant qu'elle est enfermée dans ce pauvre vase du corps.

Pour me distraire, j'ai feuilleté Lamartine, le cher poëte. J'aime l'hymne au rossignol et bien d'autres de ses *Harmonies*, mais que c'est loin de l'effet que me faisaient ses *Méditations !* C'étaient des ravissements, des extases ; j'avais seize ans : que c'était beau ! Le temps change bien des choses. Le grand poëte ne me fait plus vibrer le cœur, il ne m'a pas même pu distraire aujourd'hui.

Essayons autre chose, car il ne faut pas garder l'ennui qui ronge l'âme. Je le compare à ces petits vers qui se logent dans le bois des chaises et des meubles dont j'entends le crac-crac dans ma chambre quand ils travaillent et mettent leur loge en poussière. Que faire donc? il ne m'est pas bon d'écrire, de répandre je ne sais quoi de troublé. Que la vase retombe au fond et puis que l'eau coule, pas plus tôt. Laissons livres et plumes, je sais quelque chose de mieux. Cent fois je l'ai essayé; c'est la prière, la prière qui me calme. Quand, devant Dieu, je dis à mon âme : « Pourquoi êtes vous triste et pourquoi me troublez-vous? » je ne sais quoi lui répond et fait qu'elle s'apaise à peu près comme quand un enfant pleure et qu'il voit sa mère. C'est que la compassion et tendresse divine est toute maternelle pour nous.

Le 6. — On avait défendu à saint Jean de Damas d'écrire à personne et, pour avoir fait des vers pour un ami, il fut chassé de son couvent. Cela m'a paru bien sévère; mais que de sagesse on y voit, quand, après ses supplications et beaucoup d'humilité, le saint rentre en grâce, qu'on lui ordonne d'écrire et d'employer ses talents à combattre les ennemis de Jésus-Christ! Il fut trouvé assez fort pour entrer en lice alors qu'il s'était dépouillé d'orgueil. Il écrivit contre les iconoclastes. Oh! si tant d'écrivains illustres avaient commencé par une leçon d'humilité, ils n'auraient pas fait tant d'erreurs ni tant de livres. L'orgueil en fait bien éclore; aussi voyons les fruits qu'ils produisent, dans combien d'égarements nous mènent les égarés!

Mais c'est trop étendu pour moi, ce chapitre de la science du mal : j'aime mieux dire que j'ai cousu un drap de lit et que je cousais bien des choses dans ma couture. Un drap prête bien à la réflexion : il va recouvrir tant de monde, tant de sommeils si différents!. peut-être celui de la tombe. Qui sait s'il ne sera pas mon suaire, si ces points que je fais ne seront pas décousus par les vers! Pendant ce temps, papa me contait qu'il avait envoyé à mon insu une pièce de vers à Rayssac, et j'ai vu la lettre où M. de Bayne en parlait et lui disait que c'était bien. Un peu de vanité m'en venait, elle est tombée dans ma couture. A présent je me dis que la pensée de la mort est bonne pour nous préserver du péché. Elle modère la joie, tempère la tristesse, fait regarder comme passé tout ce qui passe. J'ai d'excellentes méditations là-dessus dans un livre que je viens de me procurer, la *Retraite*, du Père Judde. Que j'aime ce livre et que j'ai d'obligation à celui qui me l'a fait connaître!

Le 7. — Je ne sais quoi vint me détourner hier, lorsque je voulais te parler de ma petite bibliothèque, des livres que j'ai, de ceux que je voudrais avoir. Il me manque sainte Thérèse, ses lettres si spirituellement pieuses. Je les ai vues chez une servante, la pauvre fille! Mais qui sait? peut-être elle les comprend mieux que moi. Les choses saintes sont à la portée du cœur et de toute intelligence pieuse. J'ai remarqué cela bien souvent, que telle personne qui paraît simple aux yeux du monde, une ignorante, une Rose Dreuille, est infiniment versée dans les choses intellectuelles, dans les choses de Dieu. Je connais bien des gens d'esprit qui sont bêtes : comme deux messieurs qui ne voulaient pas que Dieu fût bon parce qu'il nous donne des lois gênantes, parce qu'il y a un enfer. Ils trouvent absurdes les lois du jeûne, la croyance au péché originel, et bien bête la vénération des images. Pauvres gens! qu'il s'en trouve de ceux qui font les entendus sur ces choses sacrées, saints hiéroglyphes qu'ils lisent sans les comprendre et qu'ils appellent folies!

Nos paysans s'en mêlent; l'un d'eux a cité le concile de Trente à notre curé dans un cas où ce savoir lui seyait mal. Se mêler d'interpréter les conciles et ne pas dire le *Pater*, quelle pitié! Voilà ce que font les lumières dans nos campagnes, les lumières de l'alphabet; car c'est parce qu'il sait lire que le peuple se croit savant. Monté sur l'orgueil, il touche aux plus hautes choses, et regarde à sa portée ce qu'il devrait contempler à genoux. Il veut voir, comprendre, saisir, et marche droit à l'incrédulité. Il faut qu'on lui prouve la foi maintenant, lui qui croyait tout. Ils ont bien perdu, nos paysans, dans leur contact avec les livres, et qu'y ont-ils appris qu'une ignorance de plus, à méconnaître leurs devoirs? Cela fait pitié pour ces pauvres gens. Il vaudrait bien mieux qu'ils ne sussent pas lire, à moins qu'on ne leur apprît en même temps quelles lectures leur sont bonnes. A la montagne de Rayssac, ils lisent tous, mais c'est le catéchisme, des livres de messe et de piété. Voilà le but des écoles et ce qu'on y devrait enseigner : la religion ; faire de bons chrétiens. A Andillac et ailleurs, on apprend à signer et à dire : *qué souy sapian!*

Mais cette digression m'a mené loin de mes livres dont je parlais. Ma collection s'accroît ; tantôt une fois et tantôt l'autre, je me procure quelque chose. J'ai rapporté d'Alby le nouveau *Mois de Marie* de l'abbé Le Guillou, livre suave et doux, tout plein de fleurs de dévotion. J'en lis tous les matins quelque chose. Nous faisons le mois de Marie dans notre chambre devant une belle image de la Vierge, que Françoise a donnée Mimi. Au-dessus il y a un christ encadré qui nous vient de notre grand'mère, plus haut sainte Thérèse, et puis plus haut le petit tableau de l'Annonciation que tu connais, de sorte que l'œil suit toute une ligne céleste dès qu'il regarde et s'élève : c'est une échelle qui porte au ciel.

Le 5. — Que te dirai-je à présent? qu'il pleut, que le ciel ne veut pas absolument nous sourire. Mai s'en ira, je le crains, sans soleil, sans fleurs, sans verdure. Nos bois sont comme en hiver, secs et nus. Le rossignol y chante quelquefois d'un air triste, et je le plains de n'avoir pas un abri. C'est un temps de calamité, tout souffre. L'air est malsain, on n'entend parler que de morts et de mourants. La grippe fait bien des ravages. C'est un autre choléra qui décime presque la population à certains endroits. A Toulouse, il est mort jusqu'à soixante personnes par jour. Ici, rien n'arrive ni à nous ni à nos domestiques : heureux que nous sommes, loin des villes et de leur contagion ! Si bien des choses nous manquent, celles dont nous jouissons sont bien douces, et j'en bénis Dieu tous les jours; tous les jours, je me trouve heureuse d'avoir des bois, des eaux, des prés, des moutons, des poules qui pondent, de vivre enfin dans mon joli et tranquille Cayla avec une famille qui m'aime. Qu'y a-t-il de plus doux au monde?

Il ne nous manque que toi, cher membre que le corps réclame. Quand t'aurons-nous? Rien ne paraît s'arranger pour cela. Ainsi, nous passerons la vie sans nous voir. C'est triste, mais résignons-nous à tout ce que Dieu veut ou permet. J'aime beaucoup la Providence qui mène si bien toutes choses et nous dispense de nous inquiéter des événements de ce monde. Un jour nous saurons tout; un jour je saurai pourquoi nous sommes séparés, nous deux qui voudrions être ensemble. Rapprochons-nous, mon ami, rapprochons-nous de cœur et de pensée en nous écrivant l'un à l'autre. Cette communication est bien douce, ces épanchements soulagent, purifient même l'âme comme une eau courante emporte son limon,

Pour moi, je me trouve mieux après que je me suis laissée couler ici. Je dis ici, parce que j'y laisse l'intime, sans trop regarder ce que c'est, même sans le savoir quelquefois. Ce qui se passe en moi m'est inconnu à certains moments; ignorance sans doute de l'être humain. J'ai si peu vu, si peu connu en bien comme en mal! Cependant, je ne suis pas un enfant. J'aime bien d'écrire à Louise, mais ce n'est pas comme à toi; d'ailleurs, mes lettres sont vues et le cœur n'est pas un livre qu'on veuille ouvrir au public. Merci donc d'aimer ma correspondance, de me donner le plaisir innocent et tout fraternel de te dire bien souvent que je t'aime de cette affection vive, tendre et pure, qui vient de la charité. C'est ainsi qu'on s'aime bien ; c'est ainsi que Jésus-Christ nous a aimés et veut que nous aimions nos frères.

Le 9. — Une journée passée à étendre une lessive laisse peu à dire. C'est cependant assez joli que d'étendre du linge blanc sur l'herbe où de le voir flotter sur des cordes. On est, si l'on veut, la Nausicaa d'Homère ou une de ces princesses de la Bible qui lavaient les tuniques de leurs frères. Nous avons un lavoir, que tu n'as pas vu, à la Moulinasse, assez grand et plein d'eau, qui embellit cet enfoncement et attire les oiseaux qui aiment le frais pour chanter.

Notre Cayla est bien changé et change tous les jours. Tu ne verras plus le blanc pigeonnier de la côte, ni la petite porte de la terrasse, ni le corridor et le *fenestroun* où nous mesurions notre taille quand nous étions petits. Tout cela est disparu et fait place à de grandes croisées, à de grands salons. C'est plus joli, ces choses nouvelles, mais pourquoi est-ce que je regrette les vieilles et replace de cœur les portes ôtées, les pierres tombées. Mes pieds même ne se font pas à ces marches neuves, ils vont suivant leur coutume et font des faux pas où ils n'ont pas passé tout petits. Quel sera le premier cercueil qui sortira par ces portes neuves? Soit nouvelles ou anciennes, toutes ont leurs dimensions pour cela, comme tout nid a son ouverture. Voilà qui désenchante cette demeure d'un jour et fait lever les yeux vers cette habitation qui n'est pas bâtie de main d'homme.

Une lettre de Marie nous est venue. Je signale toujours une lettre comme l'arrivée d'un ami. Celles de Marie sont gracieuses, toutes pleines de nouvelles, de petites choses du monde. Aujourd'hui elle nous annonce l'arrivée de M. Vialar, l'Africain, et celle d'un prince arabe : choses curieuses pour le pays et pour ceux qui savent voir les choses dans les hommes. Que ne fait pas voir un Africain à Gaillac et un Gaillacois en Afrique! La Providence qui mène tout n'aura pas fait pour rien rencontrer ces deux hommes et tiré l'Arabe de son désert pour lui faire voir notre France, notre civilisation, nos arts, nos mœurs, nos belles cathédrales.

Le 10. — Une lettre écrite à Louise, mes prières des occupations de ménage, voilà ma journée

Comme je descendais un chaudron du feu, papa m'a dit qu'il n'aimait pas de me voir faire de ces choses; mais j'ai pensé à saint Bonaventure qui lavait la vaisselle de son couvent quand on alla lui porter, je crois, le chapeau de cardinal. — En ce monde, il n'y a rien de bas que le péché qui nous dégrade aux yeux de Dieu. Ainsi, mon chaudron m'a fait faire une réflexion salutaire qui me servira à faire sans dégoût certaines choses dégoûtantes, comme de me noircir les mains à la cuisine. Bonsoir; demain matin je vais me confesser. Le vent du nord a soufflé tout le jour, nos journaliers grelottaient dans les champs. Faut-il voir l'hiver au mois de mai!

Depuis hier je n'ai pas eu le temps de m'arrêter pour écrire. C'est une privation pour moi de ne pas toucher ma plume, comme pour un musicien de ne pas toucher son instrument. C'est ma lyre à moi, que ma plume; je l'aime comme une amie, rien ne peut m'en détacher. Il y a entre elle et moi comme un aimant.

> Aux flots revient le navire,
> La colombe à ses amours;
> A toi je reviens, ma lyre,
> A toi je reviens toujours.
>
> Dieu, de qui tu viens, sans doute
> Te fit la voix de mon cœur,
> Et je lui chante, en ma route,
> Comme l'oiseau voyageur.

Je compose mon cantique
Des simples chants des hameaux ;
Je recueille la musique
Qu'en passant font les ruisseaux,

J'écoute le bruit qui tombe
Avec le jour dans les bois,
Les soupirs de la colombe
Et le tonnerre aux cent voix.

J'écoute quand il s'éveille
Ce qu'au berceau dit l'enfant,
Ce qu'aux roses dit l'abeille,
Ce qu'aux forêts dit le vent.

J'écoute dans les églises
Ce que l'orgue chante à Dieu,
Quand les vierges sont assises
A la table du saint lieu.

Ames du ciel amoureuses,
J'écoute aussi vos désirs,
Et prends des hymnes pieuses
Dans chacun de vos soupirs.

La poésie irait grand train si je la laissais faire ; mais demain c'est la Pentecôte, grande fête qui dispose au recueillement, qui fait taire l'âme pour prier et demander l'esprit saint, l'esprit d'amour et d'intelligence qui fait connaître et aimer Dieu. Je vais donc entrer dans mon cénacle, ma chambrette ; plus rien du dehors, s'il est possible. Mais encore je pense à toi, pauvre errant dans le monde. Si tu savais comme je te voudrais avec nous ! Que Dieu veuille un jour t'amener, te rendre à la société des frères !

Le 13. — Je reviens ici le lundi de la Pentecôte, sans m'arrêter au jour d'hier, si grand, si divin ; causons un peu d'à présent, du temps que je fais lire Miou, mon écolière. A elle l'oreille, ici le cœur ; mais je suis souvent détournée pour la reprendre. Cette enfant a l'intelligence lente et molle, de sorte qu'il faut être là sans cesse à l'exciter. Patience et persévérance : avec cela nous ferons quelque chose de Miou, non pas un esprit orné, mais une intelligence chrétienne, qui sache pourquoi Dieu l'a mise au monde. Pauvre petite! elle ne le savait pas du tout naguère. Que nous sommes ignorants, que nous le sommes tous en naissant! Un Lamennais n'en aurait pas su plus que Miou à dix ans, si on ne lui eût pas appris davantage. Cela me semble ainsi, et que notre intelligence ne se développe que par l'instruction, comme le bois ne s'allume que par le contact du feu.

J'aime assez d'instruire les petits enfants, de leur faire le catéchisme. C'est un plaisir et même un devoir d'instruire tous ces pauvres chrétiens. On peut faire les missionnaires à tout moment dans nos campagnes, et je doute que des sauvages en sachent moins en fait de religion que certains de nos paysans. Notre cuisinière, Marianne, voyait des *cochons* dans les commandements. Un autre croit que faire son salut c'est se saluer, et cent autres bêtises qui font pitié. Mais Dieu est bon, et ce n'est pas précisément l'ignorance qu'il punira. On doit bien plus craindre pour les génies qui s'égarent, pour ceux qui savent la loi et ne veulent pas la suivre, pour ces aveugles qui ferment les yeux au jour. Oh! que ceux-là me font pitié! qu'ils sont à plaindre! On voit leur sort dans la parabole de la vigne et de l'arbre stérile. Je l'écrirais, mais tu sais cela.

Un chagrin : nous avons Trilby malade, si malade que la pauvre bête en mourra. Je l'aime, ma petite chienne, si gentille. Je me souviens aussi que tu l'aimais et la caressais, l'appelant *coquine*. Tout plein de souvenirs s'attachent à Trilbette et me la font regretter. Petites et grandes affections, tout nous quitte et meurt à son tour. Notre cœur est comme un arbre entouré de feuilles mortes.

Le pasteur est venu nous voir. Je ne t'ai pas dit grand'chose de lui. C'est un homme bon et simple, instruit de ses devoirs, parlant mieux de Dieu que du monde qu'il connaît peu. Aussi ne brille-t-il pas dans un cercle; sa conversation est commune et lui fait trouver peu d'esprit par ceux qui ne connaissent pas un esprit de prêtre. Il fait le bien dans la paroisse; sa douceur lui gagne des âmes. C'est notre père à présent. Je le trouve jeune après M. Bories. Il me manque cette parole forte et puissante qui me soutenait; mais Dieu me l'a ôtée, il sait pourquoi. Soumettons-nous et marchons comme un enfant, sans regarder la main qui nous mène. Au demeurant, je ne me plains pas; il parle bien, très-bien pour les âmes calmes. Jamais Andillac n'eut une si douce éloquence, c'est le Massillon du pays. Mais Dieu seul peut apaiser les troubles de l'âme. Si tu t'étais fait prêtre, tu saurais cela, et je t'aurais demandé conseil ; mais je ne puis rien dire à Maurice. Ah ! pauvre ami, que je le regrette ! que je voudrais passer de la confiance du cœur à celle de l'âme ! Il y aurait dans cette ouverture quelque chose de bien spirituellement doux. La mère de saint François de Sales se confessait à son fils ; des sœurs se sont confessées à leurs frères. Il est beau de voir la nature se perdre ainsi dans la grâce.

On vient de m'apporter un jeune pigeon que je veux garder, et priver, et caresser ; il me remplacera Trilby. Ce pauvre cœur veut toujours quelque chose à aimer ; quand une lui manque, il en prend une autre. Je remarque cela, et que sans interruption nous aimons, ce qui marque notre fin pour un amour éternel. Rien ne me fait mieux... Papa est venu me faire couper le mot entre les dents. Je recommence. Rien ne me fait mieux comprendre le ciel que de me le figurer comme le lieu de l'amour ; car ci nous n'aimons pas un instant sans bonheur ; que sera-ce d'aimer sans fin ?

Le 16. — Je viens de faire une découverte. En feuilletant un vieux livre de piété, l'*Ange conducteur* ; j'ai trouvé les litanies de la Providence qu'on dit que Rousseau aimait tant, et celles de l'Enfant

Jésus, simples et sublimes comme cette divine enfance. J'ai remarqué ceci : « Enfant qui pleurez dans le berceau, Enfant qui tonnez du haut des cieux, Enfant qui réparez la grâce de la terre, Enfant qui êtes le chef des anges, » et mille autres dénominations et invocations gracieuses. Si jamais j'exécute un projet que j'ai, ces litanies seront mises sous les yeux des enfants. Mon pigeon me vole dessus et piaule si tendrement pour que je le mette au nid, que je te quitte.

Le 17. — Un beau soleil levant nous fait espérer un beau jour, chose rare en ce mois de mai. Jamais printemps plus froid, plus aride, plus triste. Cela fait mal à tout : les poulets ni les fleurs ne naissent pas, ni les pensées riantes non plus.

Aujourd'hui, de bonne heure, j'ai été à Vieux visiter les reliques des saints, et en particulier de saint Eugène, mon patron. Tu sais que le saint évêque fut exilé de Carthage dans les Gaules, par un prince arien. Il vint à Alby, de là à Vieux, où il bâtit un monastère où se réunirent beaucoup de saints. C'est aujourd'hui le Moulin de Latour. Je voudrais que ceux qui viennent moudre là sussent la pieuse vénération qui est due à ce lieu ; mais la plupart l'ignorent. On ne sait même plus pourquoi il se fait des processions, à Vieux, de toutes les paroisses du pays. Je l'ai expliqué à Miou, qui m'accompagnait et qui comprend peut-être à présent ce que c'est que des reliques, et ce qu'on fait devant ces pavillons où elles sont exposées.

J'aime ces pèlerinages, restes de la foi antique; mais ce n'est plus le temps aujourd'hui de ces choses, l'esprit en est mort pour le grand nombre. On allait à Vieux en prière, on n'y va plus qu'en promenade. Cependant si M. le curé ne fait pas cette procession, il sera cause de la grêle. La crédulité abonde où la foi disparaît. Nous avons pourtant quelques bonnes âmes bien dignes de plaire aux saints, comme Rose Dreuille, la Durelle qui sait méditer, qui a tant appris sur le chapelet, puis Françon de Gaillard et sa fille Jacquette, si recueillie à l'église.

Cette sainte escorte ne m'accompagnait pas; j'étais seule avec mon bon ange et Miou. La messe entendue, mes prières faites, je suis partie avec une espérance de plus. J'étais venue demander quelque chose à saint Eugène. Les saints sont nos frères. Si tu étais tout-puissant, ne m'accorderais-tu pas ce que je te demanderais? C'est ce que j'ai pensé en invoquant saint Eugène, qui, de plus, est mon patron. Nous avons si peu en ce monde, au moins espérons en l'autre.

Le 20 — Trois lettres nous sont venues : une d'Euphrasie, une d'Antoinette et une de Félicité, bien triste. Te voilà malade, pauvre Maurice, voilà pourquoi tu ne nous écrivais pas. Mon Dieu! que je voudrais être là tout près, te voir, te toucher, te soigner! Tu es bien soigné, sans doute; mais tu as besoin d'une sœur. Je le sais, je le sens. Si jamais j'ai désiré te voir, c'est bien l'heure. Faut-il que toujours le malheur t'amène! tantôt la révolution, tantôt le choléra, à présent ton mal. Le plaisir de nous voir serait-il trop doux? Dieu ne veut pas de parfait bonheur en ce monde. Tous ces jours-ci je pensais : si Maurice arrivait aux vacances, quelle joie! que papa serait heureux! Et voilà que tout ce bonheur s'en va dans une maladie. Mais arrive, viens; l'air du Cayla, le lait d'ânesse, le repos vont te guérir. J'ai regret de ne t'avoir pas répondu; je serai peut-être cause de quelque pensée triste, de quelque doute qui t'aura fait mal. Tu auras cru que je ne voulais plus t'écrire, que je ne voulais plus de ton amitié. Je t'écrivais ici tous les jours, mais je voulais te donner le temps de désirer une lettre : ce délai t'aurait fait répondre plus vite une autre fois. Laissons tout cela maintenant, ne parlons plus du passé. Nous allons nous voir, nous entendre, et tout expliquer.

Le 22. — Pas d'écriture hier. La journée du dimanche se passe à l'église ou sur les chemins. Le soir, je suis fatiguée; à peine si j'ai lu après souper un peu de l'*Histoire de l'Église*, mais j'ai beaucoup pensé à toi pourtant, Dieu le sait. J'ai demandé à Rose de prier pour toi. Elle m'a promis de le faire.

Cela m'a fait plaisir; depuis je suis plus tranquille, parce que je crois que la prière est toute-puissante. J'en sais une preuve dans un petit enfant guéri subitement d'une cécité complète. Cette histoire est jolie, il faut que je te la conte. Il y avait à Ouillas, dans un couvent de nos montagnes, une jeune fille, pensionnaire si pieuse, si douce, si innocente, que tout le monde l'aimait et la vénérait comme un ange. On dit que son confesseur, M. Chabbert, que nous avons eu pour curé, la trouva si pure, qu'il lui fit faire sa première communion sans l'absoudre. Elle mourut à quatorze ans, en si grande vénération et amitié de ses compagnes que, l'une après l'autre, elles vont chaque jour visiter sa tombe toute blanche de lis dans la saison des fleurs, et lui demander ce dont elles ont besoin, et plus d'une fois la sainte a exaucé leur prière. Depuis deux ans le concours se faisait au cimetière, lorsqu'une pauvre femme, venant ramasser du bois tout auprès avec son petit garçon aveugle, se souvint des merveilles qu'on racontait de Marie, et l'idée lui vint de mener son enfant sur la tombe et de demander sa guérison. Voici à peu près sa prière :

« Petite sainte Marie, vous que j'ai vue si bonne et si compatissante, écoutez-moi à présent du Paradis où vous êtes; rendez la vue à mon fils; que Dieu m'accorde par vous cette grâce ! »

A peine est-ce dit, la pauvre mère, encore à genoux, entend son petit s'écrier qu'il y voit: *ay, mama, té bési!* Des croûtes qui fermaient ses yeux sont tombées; la même plaie couvrait la tête, ne laissant pas voir un cheveu, et huit jours après la pauvre mère faisait voir à tout le monde son enfant aux beaux yeux et aux jolies boucles blondes.

Je tiens cela de Mlle Carayon d'Alby qui a vu l'enfant aveugle et l'enfant guéri miraculeusement. C'est une histoire charmante, que je crois de tout mon cœur, et qui me donnerait envie d'aller à Ouillas pour demander aussi quelque chose que je demanderais avec toute la ferveur de mon âme.

J'attendais de tes nouvelles ce matin. Félicité nous dit que tu dois nous écrire en même temps qu'elle; mais pas de lettre, ce retard nous met en peine. Qui sait? peut-être es-tu plus souffrant. Le temps n'est pas bon pour toi : toujours froid ou pluie. Il va bien me tarder qu'il fasse beau, que le printemps paraisse, que l'air soit doux. Depuis hier j'ai fait bien des baromètres. C'est ce rude hiver, cet air froid et malsain qui t'ont fait mal.

J'ai fort grondé mon écolière qui manque souvent de respect à sa mère. Pour lui faire impression, je lui ai cité ce trait de dix enfants maudits par leur mère, que saint Augustin avait vus à Hippone dans un tremblement et un état affreux. Miou a paru touchée; peut-être en sera-t-elle plus obéissante quand elle sera tentée de dire *non* à sa mère. Je me souviens comme ces enfants maudits me faisaient peur. La désobéissance fut le premier vice de l'homme, c'est le premier défaut de l'enfant : il trouve un maudit plaisir dans tout ce qu'on lui défend. Nous portons tous ce trait de notre premier père. Il n'y a que l'Enfant Jésus duquel on ait pu dire qu'il était soumis et obéissant. Ce serait un beau modèle à présenter à l'enfance que cette enfance divine avec ses vertus, ses grâces, dont quelque pieux Raphaël ferait ressortir les traits. J'ai pensé cela bien souvent, et formé mon groupe de saints enfants du Vieux et du Nouveau Testament : Joseph, Samuel, Jean-Baptiste, mené à trois ans au désert; Cyrille, qui mourut martyr à cinq ans; le frère de sainte Thérèse, qui bâtissait de petits oratoires à sa sœur; la vierge Eulalie. Non, elle est trop grande à douze ans parmi ces tailles enfantines; mais je trouverais bien quelque autre petite sainte à encadrer. Tout cela parsemé de fleurs, d'oiseaux, de perles, ferait un joli petit tableau pour l'enfance. Quelque chose me dit d'en faire un livre, comme je t'en ai parlé dans le temps. Je ne sais pourquoi je n'ai jamais pu me défaire de cette idée; au contraire, elle se présente plus souvent que jamais.

Le 27. — Rien ici depuis plusieurs jours; mais j'ai bien écrit ailleurs, car je me sens le besoin de me répandre quelque part, j'ai fait cela avec Louise et devant Dieu : pour se consoler, rien de mieux que la foi pour l'âme, l'amitié pour le cœur. Tu sais ce qui m'attriste, c'est de penser que tu as été bien malade, que tu l'es encore. Qui sait ? à cent lieues de distance ! Mon Dieu, que cet éloignement fait souffrir ! Je ne puis pas même savoir où tu es, et je voudrais tout savoir. Le cœur en peine se fait bien désireux et bien souffrant.

Voilà ma journée : ce matin à la messe, écrire à Louise, lire un peu, et puis dans ma chambrette. Oh ! je ne dis pas tout ce que j'y fais. J'ai des fleurs dans un gobelet; j'en ai longtemps regardé deux dont l'une penchait sur l'autre qui lui ouvrait son calice. C'était doux à considérer et à se représenter, l'épanchement de l'amitié dans ces deux petites fleurettes. Ce sont des stellaires, petites fleurs blanches à longue tige des plus gracieuses de nos champs. On les trouve le long des haies, parmi le gazon. Il y en a dans le chemin du moulin, à l'abri d'un tertre tout parsemé de leurs petites têtes blanches. C'est ma fleur de prédilection. J'en ai mis devant notre image de la Vierge. Je voudrais qu'elles y fussent quand tu viendras, et te faire voir les deux fleurs amies. Douce image qui des deux côtés est charmante quand je pense qu'une sœur est fleur de dessous. Je crois, mon ami, que tu ne diras pas non. Cher Maurice, nous allons nous voir, nous entendre ! Ces cinq ans d'absence vont se retrouver dans nos entretiens, nos causeries, nos dires de tout instant.

Le 29. — Depuis deux jours je ne t'ai rien dit, cher Maurice; je n'ai pu mettre ici rien de ce qui m'est venu en idées, en événements, en craintes, en espérances, en tristesses, en bonheur. Quel livre de tout cela! Deux jours de vie sont longs et pleins quelquefois, et même tous, si l'on veut s'arrêter à tout ce qui se présente. La vie est comme un chemin bordé de fleurs, d'arbres, de buissons, d'herbes, de mille choses qui fixeraient sans fin l'œil du voyageur; mais il passe. Oh! oui, passons sans trop nous arrêter à ce qu'on voit sur terre, où tout se flétrit et meurt. Regardons en haut, fixons les cieux, les étoiles; passons de là aux cieux qui ne passeront pas. La contemplation de la nature mène là; des objets sensibles, l'âme monte aux régions de la foi et voit la création d'en haut, et le monde alors paraît tout différent.

Que la terre est petite à qui la voit des cieux! a dit Delille après un saint, car les saints avec les poëtes se rencontrent quelquefois. Rien n'est plus vrai que cette petitesse de la terre, vue de la sorte par l'œil de l'âme qui sait se placer comme il faut pour bien voir. Ainsi Bossuet a jugé du néant des grandeurs; ainsi les saints ont foulé aux pieds ce qui brillait aux autres hommes, fortune, plaisirs, gloire, et se sont fait traiter de fous par leur singulière sagesse.

[Sans date.] — Enfin une de tes lettres! Tu es mieux, presque guéri, tu vas arriver. Je suis contente, heureuse; je bénis Dieu cent fois de ces bonnes nouvelles, et je reprends mon écriture demeurée là depuis plusieurs jours. Je souffrais, je souffre encore, mais ce n'est qu'un reste, un malaise qui va finir ; même je ne sais pas ce que c'est, ni ce que j'ai de malade : ce n'est ni tête, ni estomac, ni poitrine, rien du corps ; c'est donc l'âme, pauvre âme infirme !

Juin. — Deux visites, deux personnes que j'aime et qui nous feront plaisir tant qu'elles voudront demeurer. On n'en dit pas autant de tous les visiteurs; mais Élisa F... est bonne, spirituelle ; sa cousine, A..., fort douce, et, sans être belle, un charme de jeunesse qui fait que je la trouve bien. Ma chambrette leur est cédée, ce qui fait que j'y viendrai moins souvent. Cependant, de temps en temps, je m'échappe et viens ici, comme à présent, pour écrire, lire ou prier, trois choses qui me sont utiles. De temps en temps, l'âme a besoin de se trouver en solitude, de se recueillir loin de tout bruit. C'est ce que je viens faire ici. J'ai écrit à Félicité, répondu à Gabrielle, qui m'a demandé avec empressement de tes nouvelles dès qu'elle t'a su malade. Ces témoignages d'amitié me touchent et me font bénir Dieu d'être aimée. L'amitié est chose si douce ! Elle se mêle à la joie et vient adoucir l'affliction. Marie de Thézac a montré aussi le même intérêt. Au moins, tu as des amis.

V

Le 26 janvier 1838. — Je rentre pour la première fois dans cette chambrette où tu étais encore ce matin. Que la chambre d'un absent est triste! On le voit partout sans le trouver nulle part. Voilà tes souliers sous le lit, ta table toute garnie, le miroir suspendu au clou, les livres que tu lisais hier au soir avant de t'endormir, et moi qui t'embrassais, te touchais, te voyais. Qu'est-ce que ce monde où tout disparaît? Maurice, mon cher Maurice, oh! que j'ai besoin de toi et de Dieu! Aussi en te quittant suis-je allée à l'église où l'on peut prier et pleurer à son aise. Comment fais-tu, toi qui ne pries pas, quand tu es triste, quand tu as le cœur brisé? Pour moi, je sens que j'ai besoin d'une consolation surhumaine, qu'il faut Dieu pour ami quand ce qu'on aime fait souffrir.

Que s'est-il passé aujourd'hui pour l'écrire? Rien que ton départ, je n'ai vu que toi s'en allant, que cette croix où nous nous sommes quittés. Quand le roi serait venu, je ne m'en soucierais pas; mais je n'ai vu personne que Jeannot ramenant vos chevaux. J'étais à la fenêtre et suis rentrée; il me semblait voir le retour d'un convoi.

Voilà le soir, la fin d'une journée bien longue, bien triste. Bonsoir; tu peux presque m'entendre encore, tu n'es pas trop loin; mais demain, après-demain, toujours plus loin, plus loin!

Le 27. — Où es-tu ce matin? Après cet appel, je m'en vais d'ici, comme pour te chercher par-ci par-là, où nous étions ensemble.

Je n'ai fait que coudre et repasser; peu lu, seulement le bon vieux saint François de Sales, au chapitre des amitiés. C'était bien le mien; le cœur cherche toujours sa pâture. Moi, je vivrais d'aimer : soit père, frères, sœur, il me faut quelque chose.

Le dimanche, que dire quand le pasteur ne prêche pas? C'est la manne de notre désert que cette parole du ciel, qui tombe douce et blanche, d'un goût simple et pur que j'aime. Je suis revenue à jeun d'Andillac, mais j'ai lu Bossuet, ces beaux sermons tout signetés de ta main. J'ai laissé ces papiers, souvent avec ma marque par-dessus. Ainsi, nous nous rencontrons partout comme les deux yeux; ce que tu vois beau, je le vois beau; le bon Dieu nous a fait une partie d'âme bien ressemblante à nous deux.

Le 28. — Te voilà sans doute parti de Toulouse; tu roules, tu t'en vas, tu t'éloignes. Au moins que tu ne tousses pas en chemin, qu'il ne fasse pas froid, qu'il n'arrive pas d'accidents!!! « Que lui arrivera-t-il, ô mon Dieu! je n'en sais rien; tout ce que je sais, c'est qu'il n'arrivera rien que vous n'ayez réglé, prévu et ordonné de toute éternité. Cela me suffit, mon Dieu, cela me suffit. J'adore vos desseins éternels et impénétrables, je m'y soumets de tout mon cœur, pour l'amour de vous. Je veux tout, j'accepte tout, je vous fais un sacrifice de tout et j'unis ce sacrifice à celui de Jésus-Christ mon Sauveur. Je vous demande en son nom la parfaite soumission pour tout ce que vous voulez et permettez qu'il arrive. Que la très-juste, très-élevée et très-aimable volonté de Dieu soit accomplie en toute chose. » Prière de Madame Élisabeth, dans la tour du Temple, dite bien souvent par moi dans la chambrette.

Je vais écrire à nos cousines Saint-Hilaire, puis nous irons à Cahuzac. avec Mimi, voir Françon qui est bien malade.

Le 29. — Le tonnerre, la grêle, un jour d'automne ce matin; un temps d'été à présent, le soleil est chaud et lourd. Quelle variation dans le ciel et dans toutes choses! Tout était glace, il y a quinze jours, et tu étais ici : ce n'est pas le froid que je regrette. Oh! ce vent du nord qui sifflait me faisait un plaisir! Je le bénissais chaque fois que je passais en grelottant à la salle. Cependant il te fallait partir, j'y consentais pour celle qui t'attendait à Paris, il faut savoir se séparer en ce monde. Que ne puis-je savoir où tu es, quel point tu touches, quel chemin tu fais, pour te joindre, t'embrasser! Que n'ai-je le bras assez long pour atteindre tous ceux que j'aime! Je conçois que Dieu, qui est amour, soit partout.

Le pasteur nous est venu voir; sa visite m'a fait plaisir; j'aime sa petite causerie qui ne s'étend pas plus loin que sa paroisse, et ne fatigue pas pour la suivre tant que l'esprit soit abattu. Je ne sais ce que j'ai gribouillé, mes idées sont gênées, mal à l'aise, comme prises à la patte, et se débattant bizarrement dans ma tête. Les laisser faire? Non, je m'en vais après un tendre bonsoir.

Le 31. — Je me suis trouvé une drôle d'affection. Bête de cœur qui se prend à tout! Le dirai-je? J'aime ces trois sangsues qui sont sur la cheminée. Je ne voudrais ni les donner ni les voir mourir; je les change d'eau tous les jours, avec grande attention qu'il n'en tombe aucune. Quand je ne les vois pas toutes, je prends la fiole et regarde ce qui se passe dedans, et autres signes d'affection non douteux, et cela parce que ces sangsues ont été apportées pour Charles, que Charles est venu avec Caroline et que Caroline est venue pour toi. Drôle d'enchaînement qui me fait rire sur ce que le cœur enfile. Que de choses! C'est plaisant d'y penser et de te voir parmi des sangsues. Impossible même de vous séparer encore; ces bêtes me marquent le temps froid ou chaud, la pluie, le soleil, et sans cesse je les consulte depuis que tu es parti. Par bonheur la fiole a toujours marqué beau. Nous disons mille fois : « Maurice sera arrivé sans rhume, sans froid, sans pluie. » Voilà, mon ami, comme nous pensons à toi, comme tout nous y fait penser.

Le 1ᵉʳ février. — Jour nébuleux, sombre, triste au dehors et au dedans. Je m'ennuie plus que de coutume, et comme je ne veux pas m'ennuyer, j'ai pris la couture pour tuer cela à coups d'aiguille; mais le vilain serpent remue encore, quoique je lui aie coupé tête et queue, c'est-à-dire tranché la paresse et les molles pensées. Le cœur s'affaiblit sur ces impressions de tristesse, et cela fait mal. Oh! si je savais la musique! On dit que c'est si bon, si doux pour les malaises de l'âme.

Le 2 (vendredi). — Voici huit jours que tu es parti, à la même heure. Je vais passer par le chemin où nous nous sommes quittés. C'est la Chandeleur, je vais à la messe avec mon cierge.

Nous arrivons d'Andillac avec une lettre de Félicité, il y en avait une pour toi de Caroline, que j'ai renvoyée en y glissant un mot pour la chère sœur. Je puis bien l'appeler ainsi, au point où nous en sommes; ce n'est qu'anticiper sur quelques mois, j'espère. Qui sait cependant? J'ai toujours le cœur en crainte sur cette affaire et sur toi, mauvais artisan de bonheur.

Je crains que tu n'achèves pas celui-là, que tu laisses là le dernier anneau de cette chaîne qui t'unirait pour toujours... *Toujours* me semble effrayant pour toi, aigle indépendant, vagabond. Comment te fixer dans ton aire?...

Ce chapitre n'est pas le seul. Dieu sait ceux que je trouve en toi, qui me déplaisent, qui m'attristent. Si du cœur nous passons à l'âme, oh! c'est là, c'est là!... Mais que sert de dire et d'observer et de se plaindre? Je ne me sens pas assez sainte pour te convertir ni assez forte pour t'entraîner. Dieu seul peut faire cela. Je l'en prie bien, car mon bonheur y est attaché. Tu ne le conçois pas peut-être, tu ne vois pas avec ton œil philosophique les larmes d'un œil chrétien qui pleure une âme qui se perd, une âme qu'on aime tant, une âme de frère, sœur de la vôtre. Tout cela fait qu'on se lamente comme Jérémie.

Voilà cette journée qui finit avec de la neige. Je suis heureuse de te savoir arrivé à présent que le froid revient. Pourvu que tu ne prennes pas mal dans tes courses, que ta poitrine aille bien, que M. d'A..... ne te fasse pas trop veiller en te racontant ses ennuis. Mille soucis me viennent, m'attristent, mille pensées me viennent et tombent à flocons sur Paris.

J'ai trouvé dans des chiffons de papier ma première poésie, je la mets là. J'y mets tout ce que je rencontre, que je te ferais voir si tu étais ici. Que tu n'y sois plus, ce me semble impossible; je me dis que tu vas revenir, et cependant tu es bien loin, et tes souliers, ces deux pieds vides que tu as dans ta chambre, ne bougent pas. Je les regarde, je les aime presque autant que ce petit soulier rose que tu me lisais l'autre jour dans Hugo. Le cœur se fourre partout, dans un soulier, dans une fiole; on dirait qu'il est bien bête. Ne le dis-tu pas?

Le 3. — J'ai commencé ma journée par me garnir une quenouille bien ronde, bien bombée, bien coquette avec son nœud de ruban. Là, je vais filer avec un petit fuseau. Il faut varier travail et distractions; lasse du bas, je prends l'aiguille, puis la quenouille, puis un livre. Ainsi le temps passe et nous emporte sur sa croupe.

Éran vient d'arriver. Il me tardait de le voir, de savoir quel jour tu étais parti de Gaillac. C'est donc vendredi, le même jour que d'ici. Ce fut un vendredi aussi que tu partis pour la Bretagne. Ce jour n'est pas heureux, maman mourut un vendredi, et d'autres événements tristes que j'ai remarqués. Je ne sais si l'on doit croire à cette fatalité des jours.

Le 4. — Il en est d'heureux, le dimanche, souvent le dimanche. Des lettres au sortir de la messe, une des tiennes de Bordeaux, enfin de tes nouvelles, de ton écriture. Quand en aurai-je d'autres de Paris? Comme le cœur est ambitieux! Ce matin, transporté de ce que je tiens; maintenant ce n'est pas assez. Je t'ai renvoyé une lettre de M..... bien fâchée de n'avoir pas le temps d'y glisser un mot pour toi. Ce mot est ici, tu le trouveras bien tard. Qui sait quand te viendra ce petit cahier? si ce sera lui ou moi que tu verras le premier? J'aimerais que ce fût moi.

Je te quitte avec un regret, un secret que je ne puis pas te dire parce qu'il n'est pas mien. Peut-être quelque jour pourrai-je en parler. Ça tiendrait grande place sur ce papier, mon confident, si ce n'était pas d'abord écrit sous le scellé dans mon cœur.

Le 5. — Je n'ai pas le temps d'écrire.

Le 6. — Écrit beaucoup, mais loin d'ici, pas pour ici. C'est dommage, car j'aurais rempli bien des feuilles de ce qui me vient du cœur aujourd'hui. Tu aimes cela. Augustine est venue passer la journée, n'ayant personne au presbytère. Cette petite qui m'amuse ne m'a pas amusée et m'aura trouvé le front sévère avec l'air préoccupé. J'ai pris ma quenouille pour distraction; mais, tout en filant, mon esprit filait et dévidait et retournait joliment son fuseau. Je n'étais pas à ma quenouille, l'âme met en train cette machine de corps et s'en va. Où va-t-elle? Où était la mienne aujourd'hui? Dieu le sait, et toi aussi un peu; tu sais que je ne te quitte guère, pas même en lisant les beaux sermons que tu m'as fait connaître. J'y vois tout plein de choses pour toi. Oh! tu devrais bien continuer de les lire.

Le 7. — Grand vent d'autan, grand orchestre à ma fenêtre. J'aime assez cette harmonie qui sortait de tous les carreaux mal joints, des contrevents mal fermés, de tous les trous des murailles, avec des notes diverses et si bizarrement pointues qu'elles percent les oreilles les plus dures. Drôle de musique du Cayla, que j'aime, ai-je dit, parce que je n'en ai pas d'autre. Qui n'entend jamais rien, écoute le bruit, quel qu'il soit.

Une visite, un ami, M. Limer. Presque en entrant : « Comment va M. Maurice? avez-vous de ses nouvelles? » — « Demain, demain sans doute. » Ces questions-là font plaisir, on voit que c'est le cœur qui les fait. Ces bons prêtres, ils nous aiment; nous n'avons pas de meilleurs amis dans le pays. Bonsoir; il faut bien s'occuper du souper, et garnir le lit. Ce soir, Éran va occuper ta chambrette. Demain matin, je viendrai voir si c'est toi, j'écouterai si tu me cries : « Viens seule, viens ouvrir. » Hélas! hélas! que les choses passent et que les souvenirs demeurent !

Le 8. — Oh! des lettres, des lettres de Paris, une des tiennes ! Tu es arrivé bien portant, bien content, bien venu ! Dieu soit béni ! Je n'ai que cela au cœur, je dis à tout le monde : « Maurice nous a écrit, il a bien fait son voyage, a eu beau temps, » et cent choses qui se présentent.

Le beau jour, le beau temps, l'air doux, le ciel

pur, il ne manque que de voir des feuilles pour se croire au mois de mai. Cette riante nature adoucit l'âme, la dispose à quelque bonheur. « Impossible, ai-je pensé en me promenant ce matin, qu'il n'arrive pas quelque chose de bon, » et j'ai ta lettre. Je ne me suis pas trompée.

Ces lettres, cette écriture, comme cela fait plaisir! comme le cœur s'y jette et s'en nourrit! Mais après on redevient triste, la joie tombe, le regret remonte et fait trouver qu'une lettre, c'est bien peu, à la place de quelqu'un. On n'est jamais content, toutes nos joies sont tronquées. Dieu le veut, Dieu le veut ainsi et que le beau côté qui manque ne se trouve qu'au ciel. Là le bonheur dans sa plénitude, là la réunion éternelle. Cela devrait bien un peu faire envie à certaines âmes, les faire vivre chrétiennement.

Écrit à Louise, à Marie.

9. — Anniversaire de la mort de notre grand'père. Nous avons été à la messe; au retour je t'ai écrit, j'écris encore, j'écrirais toujours et partout, sur les briques de ta chambrette, sur les semelles de tes souliers, que sais-je où la pensée va se poser? mais le l'apporte ici comme un oiseau sur sa branche, et elle chante. Que te dirai-je? la première chose venue : qu'en pareil temps, il y eut deuil et joie au Cayla, mort et baptême, mort du grand'père, naissance du petit-fils. Érembert alors vint au monde. C'est triste de naître près d'un tombeau, mais ainsi

nous faisons tous : la vie et la mort se touchent. Que ne disent pas là-dessus les fossoyeurs de Shakspeare dans je ne sais quel endroit?

Je n'ai guère lu ton auteur, quoique je le trouve admirable, comme M. Hugo; mais ces génies ont des laideurs qui choquent l'œil d'une femme. Je déteste de rencontrer ce que je ne veux pas voir, ce qui me fait fermer bien des livres; *Notre-Dame de Paris*, que j'ai sous la main cent fois le jour, ce style, cette Esméralda, sa chevrette, tant de jolies choses me tentent, me disent : « Lis, vois. » Je regarde, je feuillette, mais des souillures par ci par là sur ces pages m'arrêtent; plus de lecture, et je me contente de regarder les images. Je les aime encore comme un enfant; de peu s'en faut que je n'arrache celle de la galette au levain de maïs, de cette si jolie mère et de ce si joli enfant. Nous l'avons admirée ensemble, ce qui fait qu'elle me plaît bien.

Mais je suis bien loin de notre aïeul et des sérieuses pensées qui commençaient sur la naissance et la mort. Revenons-y, j'aime cela aussi, et j'ai tout juste, à livre ouvert, ce passage de Bossuet là-dessus : « En effet, ne paroît-il pas un certain rapport entre les langes et les draps de la sépulture? On enveloppe presque de même façon ceux qui naissent et ceux qui sont morts : un berceau a quelque idée d'un sépulcre, et c'est la marque de notre mortalité qu'on nous ensevelit en naissant. »

9.

Le 10. — Je reviens où j'en étais hier, à parler mort, vie et Bossuet, ces trois grandes choses. Le petit de la femme de Jean Roux est porté en ce moment au cimetière. Nous avons entendu la cloche qui fait bien pleurer la pauvre mère et me donne des pensées moitié douces, moitié sombres. On se dit que ces petits morts sont heureux, qu'ils sont au ciel; mais on pense aux grands, à ces âmes d'hommes qui s'en vont devant Dieu avec tant de jours à compter, et quels jours!... Quand leur vie s'ouvre, ce journal que Dieu tient, comme dit Bossuet, et qu'on voit... Mais j'efface, il ne m'appartient pas de faire l'examen des âmes, cet office de Dieu seul. Qu'elles soient heureuses toutes, qu'il ne manque aucune de celles que j'aime au ciel; voilà qui m'occupe assez et change toutes mes recherches en prières.

Une lettre de Marie, une autre d'Hippolyte, en style laconique : « Viens un tel jour, tu me feras plaisir. » Ceci n'est pas pour moi, tu penses, mais s'adresse à Éran pour un déjeuner et un bal. Tout s'agite en ce moment; le plaisir a battu l'appel, et peu manquent au rendez-vous. Ici nous écoutons seulement, nous causons, nous filons, nous lisons, nous écrivons aux amis : vie du Cayla, si paisible, que j'aime, que je regretterais s'il me fallait la quitter. J'y suis attachée comme l'oiseau à sa cage. Mon chardonneret y revenait toujours quand je le laissais aller dehors et savait peu voler. Ainsi serais-je; mes ailes n'iraient pas loin dans le monde; un coin de chambre où tu serais avec Caroline, ta femme, c'est tout. Voilà mon Paris, mon monde.

Le 11. — Une lettre de Louise, la chère amie, qui m'écrit, en partant pour la noce, une lettre plus jolie que les bijoux de la fiancée.

Le 12. — Papa est allé aux ***; le pasteur est venu; il a neigé, fait soleil, toutes les variations du ciel, et peu de chose à dire. Je ne suis pas en train d'écrire ni de rien faire d'aimable : au contraire. Il y a de ces jours où l'âme se recoquille et fait le hérisson. Si tu étais là tout près, comme, hélas! je te piquerais! bien fort, ce me semble. Et plût à Dieu que cela fût! Je ne serais pas à penser que peut-être tu n'es pas bien portant dans cet air de Paris.

Le 13. — Je viens d'Andillac avec une grosse belle pomme que m'a donnée Toinon d'Aurel, pour me remercier d'être allée voir son fils qui est malade. Rien n'est plus reconnaissant qu'une mère et qu'une mère pauvre. Nos sangsues ont servi pour ce pauvre enfant. Qu'en pouvions-nous mieux faire, après avoir servi de thermomètre à ton voyage? J'y tiens beaucoup moins à présent. Ainsi mes affections sont bien souvent intéressées, font la hausse et la baisse suivant le jour. Voilà que papa arrive malade des ***, comme chaque fois qu'il y va. Il y a des lieux qui ne sont pas bons. Je crains toujours qu'il n'en soit ainsi pour toi de Paris. Au moins si papa est malade, l'avons-nous ici pour le soigner. Peut-être ne sera-ce rien. Qui sait? Le doute s'empare bientôt du cœur.

Le 14. — Papa est mieux; il a eu la fièvre, peu dormi. Nous lui avons cédé notre chambre qui est plus chaude, et j'ai pris ton lit. Il y a bien longtemps que je n'avais dormi là; depuis, je crois, que j'emportai de la tapisserie la main de l'homme qui allait défaire un nid qui s'y trouve peint. Je lui prêtais du moins cette mauvaise intention qui me mettait en colère à chaque réveil, et que je punis enfin par un acte de rigueur dont je fus punie à mon tour. On me gronda d'avoir déchiré le pauvre homme, sans écouter qu'il était méchant. Qui le voyait que moi? Pour bien se conduire avec les enfants, il faut prendre leurs yeux et leur cœur, voir et sentir à leur portée et les juger là-dessus. On épargnerait bien des larmes qui coulent pour de fausses leçons. Pauvres petits enfants, comme je souffre quand je les vois malheureux, tracassés, contrariés! Te souviens-tu du *Pater* que je disais dans mon cœur pour que papa ne te grondât pas à la leçon? La même compassion me reste, avec cette différence que je prie Dieu de faire que les parents soient raisonnables.

Si j'avais un enfant à élever, comme je le ferais doucement, gaiement, avec tous les soins qu'on donne à une délicate petite fleur! Puis je leur parlerais du bon Dieu avec des mots d'amour; je leur dirais qu'il les aime encore plus que moi, qu'il me donne tout ce que je leur donne, et, de plus, l'air, le soleil et les fleurs; qu'il a fait le ciel et tant de belles étoiles. Ces étoiles, je me souviens comme elles me donnaient une belle idée de Dieu, comme je me levais souvent quand on m'avait couchée, pour les regarder à la petite fenêtre donnant aux pieds de mon lit, chez nos cousines, à Gaillac. On m'y surprit et plus ne vis les beaux luminaires. La fenêtre fut clouée, car je l'ouvrais et m'y suspendais, au risque de me jeter dans la rue. Cela prouve que les enfants ont le sentiment du beau, et que par les œuvres de Dieu il est facile de leur inspirer la foi et l'amour.

A présent, je te dirai qu'en ouvrant la fenêtre, ce matin, j'ai entendu chanter un merle qui chantait là-haut sur Golse à plein gosier. Cela fait plaisir, ce chant de printemps parmi les corbeaux, comme une rose dans la neige. Mimi est au hameau, papa à sa chambre, Éran à Gaillac et moi avec toi. Cela se fait souvent.

Le 15. — Encore une lettre pour un bal. Pauvres danseurs, où vont-ils s'adresser? Autant vaudrait frapper à un couvent qu'à la porte du Cayla. Mais je me trompe, ils ont Éran, Éran qui danse, qui jase, qui joue, fait des gentillesses, des aimableries, et se fait dire qu'il est charmant. En effet, il est très-bien auprès des hommes et des femmes; c'est un parfait mondain. Hélas! il en est bien d'autres.

J'ai lu quelques pages, écrit un peu, pensé beaucoup et fait une fusée charmante, et tout cela s'appelle un jour, un de mes jours.

Le 16. — En blanc: cela vaut mieux que ce que je mettrais. Est-ce la peine de dire que je n'étais pas bien aujourd'hui, que j'ai été avec Mimi promener mon malaise dans les bois et les champs, que nous avons rencontré une alouette qui s'en est allée en chantant, et que je lui ai un peu envié ses ailes et sa joie?

Le 17. — Une lettre de Caroline. Quel bonheur de te savoir tant aimé, si bien soigné, ne traversant que la rue pour te trouver à ta chambre! Plus de rhume, plus de craintes, plus de ces dragons que je voyais à tes trousses dans Paris. Dieu soit béni! je suis tranquille. Je vois dans tout ceci un arrangement de la Providence qui mène tout pour ton bien. Et puis, tu n'aimes pas le bon Dieu! Ses soins pour toi brillent à mes yeux comme des diamants. Vois, mon ami, tout ce qui vient adoucir ta pauvre position, ces secours inespérés, cette affection de famille, cette mère, cette sœur plus que sœur, si aimante, si douce, si jolie, qui te promet tant de bonheur! Ne vois-tu pas quelque chose là, quelque divine main qui arrange ta vie? J'espère à présent pour toi un avenir meilleur que le passé, ce passé qui nous a tant fait souffrir! Mais tous nous avons notre époque de tribulation, la mauvaise fortune, la servitude en Égypte avant la manne et la douce vie.

Romiguières est venu passer la soirée, se chauffer à notre feu, parler ânes et moutons, et, ce qui m'a le plus amusée, faire voir ses papiers pour savoir son âge; il se trompait de sept ans. Heureux homme, ignorant sa vie! Ces vies de paysans s'en vont comme des ruisseaux, sans savoir depuis quel temps ils coulent. Ils ont bien pourtant leurs époques, mais ils ne datent pas comme nous. Ils vous disent : « Je naquis que ce champ était en blé, je me mariai quand on planta cet arbre, qu'on bâtissait cette maison; » grands et beaux registres. Bernardin, je crois, fait parler ainsi Virginie; moi, j'ai entendu cent fois cela à Andillac ou ici. La simple nature est partout la même.

Au soir, dans un bain de pieds. — Dans cette eau un peu brûlante, je pense aux martyrs, à ce que c'était que ces bains de poix, d'huile, d'eau bouillante où on les plongeait. Quels hommes! Étaient-ils de notre nature? Le pourrait-on croire, quand on sent si puissamment la moindre pointe de douleur, une bluette, une goutte d'eau, qu'on dit aïe! qu'on se retire comme je viens de faire? Qu'aurais-je fait à la place de Blandine? Mon Dieu, comme elle sans doute, car la foi nous rend surhumains, et je crois bien croire.

Le 18. — Rapporté d'Andillac une lettre de mort, une de mariage, celui de Mlle de Saint-Géry avec M. de Marliave. Pleurs et joies, rencontres de presque tous les jours dans la vie, composée de contrastes perpétuels.

Le 19. — Attendu jusqu'au soir pour voir ce que j'aurais à dire. Rien. Aimes-tu cela? Si tu préférais des paroles, j'en trouverais dans mon cœur quand il n'en vient pas du dehors. Le cœur des femmes est parleur et n'a pas besoin de grand'chose; il lui suffit de lui-même pour s'étendre à l'infini et faire l'éloquent, de cette petite poitrine où il est, comme d'une tribune aux harangues. Mon ami, que de fois je t'ai harangué de la sorte! mais quand je ne pense pas te faire plaisir ou t'être utile, je ne dis rien. Je prends ma quenouille, et au lieu de la *femme du xviie siècle*, je suis la simple fille des champs, et cela me fait plaisir, me distrait, me détend l'âme. Il y a en moi un côté qui touche aux classes les plus simples et s'y plaît infiniment. Aussi n'ai-je jamais rêvé de grandeur ni de fortune; mais que de fois d'une petite maison hors des villes, bien proprette avec ses meubles de bois, ses vaisselleries luisantes, sa treille à l'entrée, des poules! et moi là, avec je ne sais qui, car je ne voudrais pas un paysan tel que les nôtres, qui sont rustres et battent leurs femmes. Te souviens-tu de...?

VI

Suite du 19 février [1838]. — Voici un nouveau cahier. Qu'y mettrai-je, que dirai-je, que penserai-je, que verrai-je avant d'être au bout? Y aura-t-il bonheur ou malheur? y aura-t-il...? Mais qu'importe! Je prendrai ce qui me viendra, comme fait là-bas le ruisseau. Ces recherches sur l'avenir ne servent qu'à se tourmenter, parce que ordinairement on y voit plus de peines que de plaisirs. Malades, morts, affligés, que sais-je les fantômes qu'on rencontre dans cette obscurité?

Hier je pensais qu'il pourrait se faire que papa eût une attaque, parce qu'il se plaint d'un engourdissement au côté droit; son père mourut de cela presque au même âge. Pauvre père! que serais-je sans lui sur la terre? Je ne me suis jamais crue au monde que pour son bonheur, Dieu le sait, et que je lui ai consacré ma vie. Jamais l'idée de le quitter ne m'est venue que pour aller au couvent. Encore cette pensée me quitte-t-elle, tant je sens impossible de m'arra-

Cher d'ici, d'en sortir, même pour aller avec toi. Paris ne m'attire guère, je t'assure ; je ne ferais pas deux pas de son côté si tu venais ici en famille, être avec nous, vivre avec nous. Bonheur impossible. Tristesse à présent et amertume : voilà pour avoir touché à l'avenir ! Il valait mieux reprendre le fil de l'autre cahier, continuer mon conte comme Schéhérazade.

Je demandais donc si tu te souvenais de cet homme que nous rencontrâmes sur le chemin de Gaillac, qui, entrant dans sa maison comme un tonnerre, me fit une espèce d'effroi, et comme nous dîmes bien des choses sur le bonheur et le malheur conjugal. Puis, tombant sur ton mariage, il nous vint de douces pensées. Je te dis que le bon Dieu avait fait pour toi Caroline, comme Ève pour Adam, et tu me demandas de faire une prière pour que le bon Dieu te donne encore un ange de petite fille. Dès que tu seras marié, je ne manquerai pas de le faire. La nuit m'ôte d'ici.

Le 24. — Jour qui commence par la pluie et le croassement des corbeaux. Voyons ce qui suivra d'ici à ce soir. Je n'ai pas écrit depuis quelques jours à cause de quelques visites qui sont venues, de je ne sais quoi qui m'a empêché d'écrire. Ce n'est pas le cœur qui se tait.

Que j'ai bien fait d'attendre à ce soir ! Aurais-je rien mis de plus joli que ce que je vois, que ce que je tiens, que ce que je sens, que le plaisir que m'a fait ta lettre, la seconde que tu écris depuis ton retour à Paris? Oh! comme elle est pleine de bonheur, et que je suis contente de te savoir enfin comme je te voulais! Tu ne sors pas, tu n'exposes pas ta santé, tu ne vois pas le monde; du milieu de Babylone, tu pourrais dater tes lettres de la solitude. Sagesse inespérée qui m'enchante, me fait bénir Dieu, me fait espérer, me console, me remplit le cœur de je ne sais quoi qui me réjouit à ton sujet. Hélas! tant de fois je suis en tristesse, je m'alarme. O frères, frères, nous vous aimons tant! Si vous le saviez, si vous compreniez ce que nous coûte votre bonheur, de quels sacrifices on le payerait! O mon Dieu! qu'ils le comprennent, et n'exposent pas si facilement leur chère santé et leur chère âme!

Encore lettres et paquets, cahier de la *Propagation de la Foi*, mandement de notre archevêque. Ce pêle-mêle sort d'un tablier et couvre toute la table ronde.

A dix heures du soir. — Ce jour était destiné aux jolies choses, aux arrivées. La boîte, la boîte attendue est là. Manchettes, jabot, peigne, brosse, épingles, poudre embaumée, circulent de main en main. C'est la petite Mariette de Mme de Thézac qui nous apporte cela de Gaillac. Bonsoir, je vais bien penser à toi et à Caro, je vais bien dormir.

Le 25. — Il y a un mois, aujourd'hui, à cette

heure, de ton départ. Voilà qui change un peu la couleur de rose d'hier au soir, mais adieu. Il me faut penser à toute autre chose qu'à des choses humaines. C'est dimanche, je pars pour l'église. Nous dînons tous chez le pasteur ; il aura ton souvenir, et toi, le mien devant Dieu. C'est là qu'ils sont bons.

Le 26. — Une minute d'échappée, une minute avec toi pendant qu'on m'attend à la cuisine. J'aimerais mieux ma chambrette, mais on fond des canards, on prépare une croustade, un petit dîner de carnaval qui me veut pour auxiliaire. Nous attendons le pasteur ; si je pouvais attendre quelqu'un de plus ! Tous ceux qui viennent me font penser à toi qui ne viens pas. Rapprochons-nous de cœur, écrivons-nous, toi de ta cellule dans le monde, moi de ma chambrette dans la solitude. Il nous viendra du dehors des choses bien différentes à tous deux ; il n'en sera pas de même au dedans, j'espère. Paris et le Cayla se ressemblent moins que nos âmes, que nos idées, que nos deux êtres. Il est ennuyeux de nous quitter pour aller faire une croustade.

Le 27. — Il pleut ; je regardais pleuvoir, et puis je me suis dit de laisser tomber ainsi goutte à goutte mes pensées sur ce papier. Cela éclaircira mon ciel qui aussi bien que l'autre, est chargé, non pas de gros nuages, mais de je ne sais quoi qui voile le bleu, le screin. Je voudrais sourire à tout, et je me sens portée aux larmes; cependant je ne suis pas malheureuse. D'où cela vient-il donc? De ce que apparemment notre âme s'ennuie sur la terre, pauvre exilée!... Voilà Mimin en prière; je vais faire comme elle et dire à Dieu que je m'ennuie. Oh! moi, que deviendrais-je sans la prière, sans la foi, la pensée du ciel, sans cette piété de la femme qui se tourne en amour, en amour divin? J'étais perdue et sans bonheur sur la terre. Tu peux m'en croire, je n'en ai trouvé encore en rien, en aucune chose humaine, pas même en toi.

Le 28, jour des Cendres. — Me voici avec des cendres sur le front et de sérieuses pensées. Ce *memento pulvis es* est terrible; tout aujourd'hui je l'entends; je ne puis me distraire de la pensée de la mort, surtout dans cette chambre où je ne te vois plus, où je t'ai vu mourant, où ta présence et ton absence me font de tristes images.

Une seule chose est riante, c'est la petite médaille de la Vierge suspendue au chevet de ton lit. Elle est brillante encore et au même endroit où je la mis pour te servir de sauvegarde. Si tu savais, mon ami, comme j'ai plaisir à la voir, les souvenirs, les espérances, les choses intimes qui se rattachent en moi à cette sainte image! Je la garderai comme une relique; et si jamais tu reviens dormir dans ce petit lit, tu dormiras encore auprès de la médaille de la Vierge. Passe-moi cette confiance, cet amour, non pas à un morceau de métal, mais à l'image de la Mère de Dieu. Je voudrais bien savoir si, dans ta nouvelle cellule, on voit la Sainte Thérèse qui pendait dans l'autre près du bénitier

où *toi,* nécessiteux,
Défaillant, tu prenais l'aumône dans ce creux[1].

Tu ne la prends plus là, je le crains bien, ton aumône; où la prends-tu? Qui sait? Le monde où tu vis maintenant est-il assez riche pour tes nécessités? — Maurice, si je pouvais te faire passer quelqu'une de mes pensées là-dessus, t'insinuer ce que je crois et ce que j'apprends dans les livres de piété, ces beaux reflets de l'Évangile! Si je pouvais te voir chrétien... je donnerais vie et tout pour cela.

M. Fieuzet est avec nous depuis trois jours et fait un peu diversion à nos causeries assez uniformes : toujours champs ou moutons, à moins qu'il n'arrive des lettres; il n'en vient pas tous les jours. Ce bon curé nous amuse, nous raconte mille petites choses de paroisses, de presbytère, d'église, qui, mêlées de traits d'esprit, sont piquantes. Nous avons bien ri d'un curé du voisinage qui a fait sonner la cloche pour une noce qui traversait sa paroisse. Nous avons ri de cette noce montée sur une charrette à bœufs, de l'arc de triomphe sur cette charrette, et de la devise sur cet arc...

---

1. Vers de la *Sainte Thérèse* de son frère.

Le 1ᵉʳ mars. — Je regardais tout à l'heure deux petits mendiants qui passaient avec extase sous le grand peuplier. Ils ne pouvaient assez lever la tête et les yeux; et je pensais qu'ainsi tout ce qui est haut attire notre intelligence, et qu'ainsi je ferais sous les pyramides d'Égypte... quand un tout petit oiseau, allant se poser sur la cime du peuplier, m'a fait sentir l'impuissance de notre pauvre nature et tomber l'orgueil de mes pensées.

Voici, voici des provisions de carême, Massillon qu'Élisa vient de m'envoyer. Je lirai un sermon tous les jours. Voilà pour l'âme, l'esprit vivra comme il pourra, je ne sais de quoi le nourrir; point de livres de mon goût. Encore cependant faut-il quelque chose; je ne puis me passer de lire, de fournir quelque chose à ce qui pense et vit. Je vais me jeter sur le sérieux, sur *l'Indifférence en matière de religion*. C'est ce que j'ai de mieux sous la main; puis je suis bien aise de revoir ce que j'ai vu étant jeune, ce qui m'étonna, me pénétra, m'éclaira comme un nouveau ciel. Quand M. l'abbé Gagne me conseilla ces lectures, je ne connaissais guère que l'*Imitation* et autres livres de piété. Juge de l'effet de ces fortes lectures, et comme elles ouvrirent profondément mon intelligence. De ce moment, j'eus une autre idée des choses; il se fit en moi comme une révélation du monde, de Dieu, de tout. Ce fut un bonheur, une surprise comme celle du poussin sortant de sa coque. Et surtout ce qui me charma, c'est que ma foi, se nourrissant de toutes ces belles choses, devint grande et forte.

Le 14. — Une lacune, un silence de douze jours. Un voyage à Gaillac où je n'ai pas pris mon cahier. Je comptais revenir le soir même; mais Louise que j'allais voir fut à Saint-Géry et j'attendis la chère amie, ce qui m'a tenue dehors plus que je ne voulais. Je n'aime pas de sortir d'ici; rien ne me plaît comme mon désert; aujourd'hui qu'il est resplendissant de soleil et de douce lumière, je ne le changerais pas avec la plus magnifique cité. Je n'aime pas un toit pour horizon, ni de marcher dans les chemins des rues quand les nôtres se bordent de fleurs. A présent c'est un charme d'être en plein air, d'errer comme les perdrix. Papa a pu aller avec nous jusqu'au bout de la vigne longue. Nous nous sommes assis un peu dans le bois, près de l'endroit où roula Caroline. Nous avons parlé d'elle et de sa chute; j'ai revu le groupe que nous formions au milieu des chênes, groupe, hélas, si fort dispersé! et, réflexions faites, j'ai couru chercher des violettes sur un tertre donnant au soleil. Ce sont les premières que nous ayons vues. J'en mets une ici, que je t'offre comme les prémices du printemps du Cayla.

Je ne te dis pas ce que j'ai fait et vu à Gaillac; ce n'est pas la peine, à moins de parler de Louise. Encore l'ai-je très-peu vue et si occupée, si entourée, que nous n'avons pu faire de l'intime. Nous sommes en peine, tu n'écris pas, ni Caro, ni personne. C'est our de courrier, rien n'arrive. Cependant je t'ai écrit par M. Louis de Rivières et t'ai envoyé un cahier. Cela ne vaudra-t-il pas un mot?

15. — Une lettre, mais pas de toi ! C'est d'Euphrasie qui me donne des nouvelles de Lili, tristes nouvelles qui me font craindre de perdre cette pauvre amie. Je vais à Cahuzac en faire part à ma tante

16. — La Vialarette ne te portera plus des marrons et des échaudés de Cordes; la pauvre fille ! elle est morte la nuit dernière. Je la regrette pour ses qualités, sa fidélité, son attachement pour nous. Étions-nous malades? elle était là; fallait-il un service ? elle était prête, et puis d'une discrétion, d'une sûreté ! du petit nombre de personnes à qui l'on peut confier un secret. C'était le sublime de sa condition, ce me semble, que cette religion du secret que l'éducation ne lui avait pas apprise. Je lui aurais tout confié.

Aucune des femmes d'Andillac n'approche de la pauvre Marie pour les sentiments élevés, pour la foi vive et forte. Il fallait l'entendre parler droit et clair aux philosophes du hameau, à ceux qui parlaient mal de Dieu, de la confession, de toutes les choses saintes dont on s'amuse aux veillées. Oh ! elle les aimait ! se confessait, jeûnait, faisait son carême avec cinq sous d'huile, croyait au ciel, et doit y être, j'espère. Dieu aura reçu cette âme simple et pure. Ses défauts n'étaient que des saillies d'humeur, des bizarreries de caractère qui parfois la mettaient mal avec ses voisines. Mais cela s'oubliait bientôt; un service effaçait les paroles, et toutes font à présent son éloge.

Je fus la voir hier au soir, elle ne me connut pas. Je lui pris la main qui était froide et sans pouls ; en m'en allant, je compris bien que je l'avais vue pour la dernière fois. Ce bras glacé, ce battement éteint, c'était la mort que je venais de toucher. Que c'est triste, que c'est sombre, que c'est effrayant, le passage dans l'autre vie ! Que devenir mon Dieu, si la foi ne jetait ses lumières, ses espérances là-dessus ! Heureux qui peut espérer, qui peut dire comme la Vialarette : J'ai connu Dieu et je l'ai servi ! Ses connaissances n'allaient pas au delà du catéchisme, ses prières au delà du *Pater* ; mais tout est compris là dedans pour le chrétien, grand et petit. Plût à Dieu que M. de Lamennais s'en tînt là !

Mimi a servi de sœur de la charité à notre pauvre amie et l'a aidée à souffrir par ses exhortations. La malade lui a confié ses secrets pour l'autre vie, les messes qu'elle veut pour le repos de son âme, et lui a remis pour cela soixante francs qu'elle avait déposés dans un fagot, fagot quêté branche à branche comme l'argent sou par sou. Sainte idée de pauvre ! Que ce dépôt aura de mérite devant Dieu ! De combien de froid, de chaud, de pas, de peines, de privations il se compose ! Qui sait les morceaux de pain qu'elle a achetés de sa faim pour en donner le prix à son âme ? Simple et admirable foi !

17. — Je reviens de l'enterrement de cette pauvre fille, la première que j'aie vu mettre dans la tombe.

C'était pénible à voir; mais j'ai voulu accompagner jusque-là celle qui n'a ni frère ni sœur, celle qui a suivi sur ce cimetière tous ceux des nôtres qu'elle a vus mourir, celle qui a fait tant de pas pour nous hélas! à pareil jour, *samedi*. Enfin j'ai voulu lu donner cette marque d'affection et l'accompagner de mes prières jusqu'au bord de l'autre monde. J'ai entendu la messe à côté de son cercueil.

Il fut un temps où cela m'aurait effrayée; à présent, je ne sais pas comment je trouve tout naturel de mourir; cercueils, morts, tombes, cimetières ne me donnent que des sentiments de foi, ne font que reporter mon âme là-haut. La chose qui m'a le plus frappée, ç'a été d'entendre la bière tombant dans la fosse : sourd et lugubre bruit, le dernier de l'homme. Oh! qu'il est pénétrant, comme il va loin dans l'âme qui l'écoute! Mais tous ne l'écoutent pas; les fossoyeurs avaient l'air de voir cela comme un arbre qui tombe, le petit Cotive et d'autres enfants regardaient là dedans comme dans un fossé où il y aurait des fleurs, l'air curieux et étonné. Mon Dieu! mon Dieu! quelle indifférence entoure la tombe! Que les saints ont raison de mourir avant l'heure, de faire leurs propres obsèques en se retirant du monde! Est-ce la peine d'y demeurer? Non, ce n'est pas la peine, si ce n'était quelques âmes chères à qui Dieu veut qu'on tienne compagnie dans la vie. Voilà papa qui vient de me visiter dans ma chambre et m'a laissé en s'en allant deux baisers sur le front. Comment laisser ces tendres pères?

Encore en peine sur ton compte, point de lettres. Je viens de t'écrire à Paris. A présent je vais au sermon; j'en vais lire un au coin du feu. On fait église partout.

Le 18. — Pluie, boue, vent, jour d'hiver et de dimanche. Un bon petit prône pour me dédommager de la fatigue du chemin. Inquiétude ce soir, point de lettre.

Le 19. — Les parents de la Vialarette sont venus nous remercier, en s'en allant, des soins que nous lui avons donnés et nous offrir ce que nous voulions... Parmi un tas de fioles et d'autres riens, j'ai vu un petit pot blanc que nous lui emplissions tous les ans de confitures. Je l'ai demandé en souvenir. Je l'ai, je le garde et le regarde, le saint petit pot, comme celui de la veuve de Sarepta.

Une fusée, un peu de lecture, un peu d'écriture, quelques coups d'œil à la pluie, c'est ma journée. Je ne parle pas de ce qui s'est fait dans l'âme. La nuit en songe j'ai vu ton lit tout en flammes. Que signifient ces craintes de nuit et de jour que tu me donnes? Oh! qu'au moins je ne sois pas en peine sur ta santé! C'est bien assez du reste que Dieu sait. Aurons-nous demain de tes lettres?

Le 20. — Pas de lettre.

Le 21. — J'attends. Demain, peut-être demain!

Le 24. — Enfin quelque chose! Ce n'est pas de toi, mais qu'importe? Je sais que **tu vis**, cela me suffit. J'avais tant de craintes! Mon Dieu, que ton silence m'a fait souffrir! que de tourments, que d'imaginations, de suppositions, de tristesses! Quel effroi en voyant cette lettre à cachet noir! Ah! M. d'Aurevilly ne se doute pas du coup qu'il m'a porté. J'ai laissé tomber sa lettre; Érembert l'a prise, l'a ouverte, et me l'a rendue. J'ai compris, j'ai lu, j'ai vu; plus de frayeur. La pauvre poire est cause de tout cela. Les beaux remercîments et hommages! mais mal venus sous ce cachet noir; aussi l'effet n'a été que triste, je ne sais quoi de lugubre m'est resté dans l'âme, comme une teinte noire sur laquelle nulle autre couleur ne peut prendre. Je me dis cent fois : tu le croyais mort, il est vivant, il se porte bien, sa santé, me dit-on, sera bientôt au niveau de son bonheur; mais ni cela, ni rien ne peut m'ôter de peine sur ton compte. J'ai repris cette lettre et j'y vois la certitude que tu as été malade. Ton ami me dirait-il que, quand j'arriverai à Paris, je te trouverai tout à fait bien, si tu n'avais pas été souffrant? Oh! oui, tu es malade, j'en ai l'idée depuis quelque temps. Pauvre chère santé, que je ne puis ni voir ni soigner... Il ne me reste **que** de la recommander au bon Dieu, ma sainte ressource.

Le 25, dimanche. — Excellent prône sur la confession. Que c'était clair, simple et vrai! comme il a su mettre à la portée d'Andillac les preuves de l'institution divine de la confession, mise en doute dans les veillées, et instruire en même temps nos pauvres philosophes ignorants de leur catéchisme! J'aurais voulu te savoir là; tu aurais trouvé cela bien, très-bien, surtout quand après avoir répondu aux objections, confondu la malice, repoussé les prétextes, écarté les refus, il a parlé des bienfaits de la confession, de la paix qu'elle met dans l'individu, la famille et la paroisse, accompagnant cela d'exemples et finissant par nous appeler tous avec sa voix de bon pasteur, tous à ses pieds, dans ses bras, dans son cœur : « Mes frères, une mère qui perd sa fille n'a pas plus de douleur que moi quand je vois une de vos âmes mourir dans le péché. » Et cela n'est pas une phrase, c'est une expression de foi, de charité. C'est une chose qu'ils pensent, qu'ils sentent, ces bons prêtres. Oh! qu'ils sont dignes de respect, ceux qui ont ainsi l'esprit de Dieu, qui passent en faisant le bien! Je les vénère comme des reliques. Je n'estime pas ceux qui en disent du mal. Cela me vient à propos de certains railleurs. Il est nuit; mais d'ailleurs, ce n'est pas la peine de parler de ces gens. Si je puis, je reviendrai ce soir avant de me coucher.

Le 27. — C'était bien vrai mes pressentiments, tu es malade, tu as eu trois accès, tu tousses. Quelle peine! Mon pauvre Maurice, faut-il être aussi loin de toi, ne pouvoir plus ni te voir, ni t'entendre, ni te donner des soins! C'est à présent que je voudrais être à Paris, avoir une chambre à côté de la tienne comme ici, pour t'entendre respirer, dormir, tousser. Oh! tout cela, je l'entends à travers deux cents lieues! Oh! distances! distances! Je souffre bien, mais Dieu le veut et me fait ainsi payer mon affection fraternelle. Nul bonheur sans amertume, ni même sans sacrifice. Si j'étais près de toi, il me semble que tu te porterais mieux, que je veillerais sur ton manger, sur ton boire, sur l'air que tu respires. La Providence le fasse et te conserve comme la prunelle de l'œil! Et puis cette bonne et tendre enfant qui te sert de sœur me console. C'est elle qui vient d'écrire à Éran, lui dit que tu as été malade et de ne pas le dire aux sœurs. Chère Caro, elle sait combien les sœurs se troublent vite. Que je l'aime, que je suis aise de te savoir auprès d'elle, que j'en bénis Dieu! Que deviendrais-tu dans ton hôtel de Port-Mahon, seul avec des hommes? Ton ami serait bien là; mais quoi qu'il fasse, quoi qu'il dise, un homme ne peut remplacer une femme pour un malade, c'est comme pour un enfant. La faiblesse et la souffrance ont besoin de ces soins, de ces soulagements, de ces douceurs que nous inventons.

Le 28. — Oh! des lettres, des lettres de cœur, des lettres de peines, car c'est tout un. Bonne tante! elle nous dit, comme Caro, que tu as eu trois accès, que tu es arrivé pâle, défait, triste, à Paris, toutes choses qui me navrent. Dieu sait ce que je ferais pour ne pas te savoir en souffrance de corps ou d'âme. Mais je ne puis rien pour rien. Je n'ai que le pouvoir de prier et je prie, et j'espère, parce que la foi est puissante. Dieu est d'un grand secours, je le sens, je l'éprouve. Oh! si nos espérances, comme dit saint Paul, étaient renfermées dans cette vie seule, nous serions les plus misérables des créatures.

Voilà Lucie, ma petite filleule, qui vient me dire bonsoir. Il faut que je lui fasse une caresse, puis le catéchisme. J'aime à instruire les enfants, à ouvrir ces petites intelligences, à voir quels parfums sont renfermés dans ces boutons de fleurs. Je trouve en Lucie de la pénétration, de la mémoire et une douceur de caractère qui fait de cette enfant une pâte. Je vais bien lui apprendre à connaître Dieu, seule connaissance indispensable à tous dans cette vie triste et rapide, comme l'a dit, je crois, M. de Lamennais.

Mon catéchisme fait, je vais lire un sermon; nous sommes en carême, temps où l'âme se nourrit plus que jamais de choses saintes. D'ailleurs j'en ai besoin pour faire contre-poids aux peines, alarmes, craintes qui me pèsent au cœur. O mon ami, que n'as-tu recours à cela, que ne te fais-tu soulever par quelque chose de céleste! Tu ne serais pas si abattu, je te crois malheureux dans ton bonheur apparent, et que c'est la cause de ta maladie. La plupart des maux viennent de l'âme; la tienne, pauvre ami, est si malade, si malade! Je sais bien ce qui la pourrait guérir ou du moins soulager, tu me comprends : c'est de la faire redevenir chrétienne, de la mettre en rapport avec Dieu par l'accomplissement des devoirs religieux, de la faire vivre de la foi, de l'établir enfin dans un état conforme à sa nature. Oh! alors paix et bonheur, autant que possible à l'homme. La tranquillité de l'ordre, chose admirable et rare qu'on n'obtient que par l'assujettissement des passions. Cela se voit dans les saints.

Le 29. — Deux lettres écrites, l'une à Marie, l'autre à Irène, cette amie de Lisle. Je lui dois ce souvenir, cette reconnaissance pour son ancienne et constante amitié. Ce fut elle qui m'écrivit la première il y a sept ans, je crois, après quelques jours de connaissance à Lisle. Entre femmes, l'amitié est bientôt faite : un agrément, un mot, un rien suffit pour une liaison; mais aussi ce sont nœuds de ruban pour l'ordinaire, ce qui fait dire que les femmes ne s'aiment pas. Je n'en sais rien; on peut aimer un jour, deux jours, plus ou moins, mais parfaitement : affections éphémères dont j'ai toujours eu peur pour moi et pour mes amies. Rien n'est triste comme une chose morte au cœur, de faire du cœur un cercueil. Aussi, dès que je sens ou vois s'éteindre une affection, je m'empresse de la raviver.

Je vais donc écrire à L. *des Montagnes* qui m'a paru un peu chargée. Peut-être était-ce préoccupation, monde, entourage; mais elle m'a laissé des craintes, des doutes sur son amitié. Cependant quand je songe aux longues larmes qui coulaient sur ses joues à mon départ l'an dernier, cela s'en va de mon esprit.

Ce qui s'appelle une connaissance, je n'en manque pas, et je ne sais comment cela me vient, moi à peine sortie de mon désert et qui, comme Paul l'ermite, vivrais volontiers cent ans dans ma retraite sans m'informer du tout du monde. Dieu le veut sans doute pour quelque fin à moi inconnue. La Providence mène tout, tout jusqu'au plus petit événement. Cela fait qu'on accepte.

Je viens de lire l'épître de l'enfant ressuscité par Élisée. Oh! si je savais quelque prophète, quelqu'un qui rendît la vie et la santé, j'irais comme la Sunamite me prosterner à ses pieds.

Le 30. — Le beau temps, l'air doux, comme il te ferait du bien! J'y pense et j'y penserai et regretterai tout ce printemps de ne pas te le voir respirer. Cela te vaudrait mieux que l'air de Paris. Il te tuera cet air empesté des villes. Que ne peux-tu vivre avec nous, mon ami! Quel regret de te voir comme banni de la famille! O fortune, fortune! que ne fait-elle pas souffrir, quand elle est mauvaise? Nous en avons bien souffert en toi.

Le 31. — Je ne sais qui ni quoi me fit jeter mon

cahier sous le couvre-pied de ton lit : interruption et cachette dès qu'on entre ici. Je n'écris que pour toi, et pour cela j'use du premier tour venu : tantôt c'est une lettre à écrire, quelques notes à prendre ; mais ce qui sert toujours, c'est le cahier de poésies que papa m'a demandé. J'en copie trois ou quatre vers par jour, et quand papa vient dans ma chambre et me dit : « Que fais-tu ? » je lui réponds : « le cahier. » Ce n'est pas mentir ; seulement j'en fais deux, et l'un m'attache plus que l'autre. Cependant je finirai celui de papa puisqu'il y tient : ce cher père mérite bien que je lui fasse plaisir aussi, lui qui me donnerait la lune.

Que ne puis-je donner à chacun quelque chose ! Une marque d'affection à frères et sœur, à tous ceux que j'aime. Voyons que je fasse mon testament. A toi, mon Journal, mon canif, les *Confessions* de saint Augustin. A papa, mes poésies ; à Érembert, Lamartine ; à Mimi, mon chapelet, mon petit couteau, mon Chemin de la croix, mes *Méditations* du père Judde. A Louise, le *Combat spirituel* ; à Mimi encore, mon *Imitation* ; à Antoinette, l'*Ame embrasée*. A toi encore, mon petit coffre-fort pour tes secrets, à condition que tu brûleras tous les miens, s'il s'y en trouve. Eh qu'en ferais-tu ? Ce sont des choses de conscience, de ces choses entre l'âme et Dieu, quelques lettres de direction de M. Bories et de ce bon curé de Normandie dont je t'ai parlé. Je les garde par souvenir et par besoin ; ce sont *mes papiers*, mais qui ne doivent pas voir le jour. Si donc ce que j'écris ici comme en m'amusant s'accomplit, si tu deviens mon légataire, souviens-toi de brûler tout ce que contient cette boîte.

Le 2 avril. — « ..... Si l'inévitable nécessité de mourir attriste la nature humaine, la promesse de l'immortalité future encourage et console notre foi; car pour vos fidèles, Seigneur, mourir n'est pas perdre la vie. » Voilà, mon ami, ce que j'ai lu à la préface des Morts, et à quoi je pense tout ce jour où mourut notre mère. Nous avons entendu la messe pour elle ce matin. Vous l'entendiez aussi à Paris, et je te voyais avec plaisir dans cette communion de prières. Je pensais que ma mère te regardait spécialement et t'envoyait du ciel quelque grâce, comme aurait fait Rachel à son fils Benjamin. N'étais-tu pas son dernier et bien-aimé enfant? Je me souviens que tu me rendais quelquefois jalouse, que j'enviais les caresses, les bonbons, les baisers que tu recevais de plus que moi. C'est que j'étais un peu plus grande, et je ne savais pas que l'âge fît changer l'expression de l'amour, et que les tendresses, les caresses, ce lait du cœur, s'en vont vers les plus petits. Mais mon aigreur ne fut pas longue, et dès que la raison vint à poindre, je me mis fort à t'aimer, ce qui dure encore. Maman était contente de cette union, de cette affection fraternelle, et te voyait avec charme sur mes genoux, enfant sur enfant, cœur sur cœur, comme à présent, les sentiments grandis seulement. Si de l'autre vie on voit ce qui se passe sur la terre, ma mère doit être contente que nous nous aimions ainsi, que cette affection nous soit utile, douce, consolante, que nous nous donnions des conseils des avis, des prières, secours de l'âme.

Mais tu ne pries plus, toi... C'est triste. Il n'y a pas de jour, surtout aujourd'hui, que je ne sente la puissance de la foi sur mon âme, tantôt pour la calmer, ou la contenir, ou l'élever. Je souffrais ce matin; la mort, les larmes, les séparations, notre triste vie me tuaient, et par-dessus, des appréhensions, des frayeurs, des déchirements, une griffe de démon dans l'âme, je ne sais quelle douleur commençait. Eh bien, me voilà calme à présent, et je le dois à la foi, rien qu'à la foi, à un acte de foi. Je pense à ma mère, à la mort, à l'éternité sans peine, sans frayeur. Sur un fond triste nage un calme divin, une suavité que Dieu seul peut faire. En vain j'ai essayé d'autre chose en pareille occasion; rien d'humain ne console l'âme, ne la soutient.

> A l'enfant il faut sa mère,
> A mon âme il faut mon Dieu.

Le 3. — J'attendais des lettres de Paris, de tes nouvelles, mais rien. Que dire, que penser? Des *qui sait?* des *peut-être*, des doutes. La triste chose que le doute, soit à l'esprit, soit au cœur! Que Dieu nous en délivre! Papa est allé à Andillac, voir si le porteur aurait laissé quelque chose; j'attends ici dans la chambrette, mon reposoir. Oh! que je suis fatiguée! fatigue d'âme, mais qu'importe? Je veux travailler, je veux écrire, je ne veux pas plier. Quelqu'un attend une lettre. J'en eus avant-hier de Félicité et de Marie de Thézac. Les lettres ne manquent pas, excepté les tiennes.

Le 4. — Il fait froid, il pleut, il neige. Un vent langoureux chante à ma fenêtre et me donne envie de lui répondre; mais que dire au vent, à un peu d'air agité? Hélas! que nous ne sommes souvent pas autre chose! J'ai fait cette nuit un grand songe. J'étais avec M. de Lamennais, je lui parlais de toi, de ses ouvrages anciens et nouveaux; nous causions vivement et n'étions pas d'accord, car il ne l'était pas avec lui-même. Il contredisait tout ce qu'il a dit autrefois. Et je le plaignais, le pauvre égaré! — « Oh! vous détestez l'hérétique. — Non, Monsieur, non; vous me causez une douleur profonde, vous me semblez une étoile égarée, mais qui ne peut manquer de reparaître au ciel. » Et sur ce, lui, l'hôtel où nous étions et moi, nous sommes confondus dans le chaos du sommeil; mais cela m'est resté, et j'ai tout aujourd'hui ce génie dans la tête. Quand je pense que tu as vécu chez lui, avec lui, reçu ses leçons, l'intérêt que je lui porte devient intime. Oh! que cet homme m'occupe, que je pense à son salut, que je le demande à Dieu, que je regrette sa gloire, sa gloire sainte! Il me vient souvent de lui écrire sans me nommer, de lui faire entendre une mystérieuse voix de supplications et de larmes. Folie, audace de ma part; mais une femme s'est rencontrée avec lui pour l'enfer, pour compléter la réprobation de ce prêtre : une autre ne pourra-t-elle pas s'en approcher pour le ciel?

On met en terre un brave et saint homme, le *Durel* de Lentin, del Mas des Mérix[1], un modèle de paysan, simple, bon, religieux, respectueux, nous tirant son chapeau jusqu'à terre. Il était aussi de ceux qu'on ne peut s'empêcher de saluer comme si on voyait la vertu. Ces hommes de bien sont rares, ils s'en vont et on n'en voit pas venir de pareils.

Le 5. — Lettre de M{}^\text{lle} Martin; arrivée de M. de Faramond, événements de la matinée. Il faut que je pense au dîner, à aider Mimi.

Le 6. — Il y a aujourd'hui dix-neuf ans que naquit, sur les bords du Gange, une frêle petite enfant qui fut appelée Caroline. Elle vient, grandit, s'embellit, et, charmante jeune fille, elle est ta fiancée à présent. J'admire ton bonheur, mon ami, et comme Dieu en a pris soin dans la compagne qu'il te donne, dans cette Ève sortie de l'Orient avec tant de grâces et de charmes! Puis je lui vois tant de qualités de

---

1. Du hameau des Mérix.

cœur, tant de douceur, de bonté, de dévouement, de candeur, tout en elle est si beau et bon que je la regarde pour toi comme un trésor du ciel. Puissiez-vous être unis, être heureux! Nous venons d'entendre la messe à votre intention, et, suivant l'expression de M{^{lle}} Martin, pour demander à Dieu le bonheur de Caroline et les grâces nécessaires à la nouvelle vie qui va s'ouvrir devant elle. Oh! de grand cœur nous entrons dans ces vues. Mettons, mettons le ciel de notre côté, demandons à Dieu ce qu'il nous faut, pauvres et impuissantes créatures. Le bon pasteur demain dira une autre messe pour toi; c'est lui-même qui l'a offert : « Il faut prier aussi pour M. Maurice... » Suite de l'idée du bouquet, pressentiment de votre union.

Le 7. — « D'où diriez-vous que je viens, ma chère Marie? Oh! vous ne devineriez pas; de me chauffer au soleil dans un cimetière. Lugubre foyer si l'on veut, mais où l'on se trouve au milieu de sa parenté. Là, j'étais avec mon grand-père, des oncles, des aïeux, une foule de morts aimés. Il n'y manquait que ma mère qui, hélas! repose un peu loin d'ici. Mais pourquoi me trouvais-je là? Me croyez-vous amante des tombeaux? Pas plus qu'une autre, ma chère. C'est que je suis allée me confesser ce matin; et comme il y avait du monde, et que j'avais froid à l'église, je suis sortie et me suis assise au soleil dans le cimetière; et là les réflexions sont venues, et les pensées vers l'autre monde et le compte qu'on rend à Dieu. Le bon livre d'examen qu'une tombe! Comme on y lit des vérités, comme on y trouve des lumières, comme les illusions, les rêves de la vie s'y dissipent, et tous les enchantements! Au sortir de là, le monde est jugé, on y tient moins.

Le pied sur une tombe, on tient moins à la terre.

Il n'est pas de danseuse qui ne quittât sa robe de bal et sa guirlande de fleurs, pas de jeune fille qui n'oubliât sa beauté, personne qui ne revînt meilleur de cette terre des morts.

« Mais que vais-je dire à ma pauvre malade? Pardon, chère amie, je devrais vous égayer, vous distraire, vous chanter quelque chose comme le *joyeux bouvreuil*; mais je suis un oiseau qui s'abat partout, et vous fait son ramage suivant les lieux et les émotions. A vous, toute bonne, à m'écouter avec bonté, à ne pas trouver trop étrange ce qui me partira du cœur, souvent peu en rapport avec vous. Malgré nos sympathies, il y a en nous des différences de nature et d'éducation qui me feraient craindre pour moi, pour notre amitié, si je ne pensais que Dieu l'a faite, qu'elle ne repose sur rien d'humain. Ne pas se connaître, ne s'être pas vus et s'aimer, n'est-ce pas tout spirituel? Aussi, je me sens pour vous une affection toute sainte, quelque chose au cœur qui n'est que tendresse et prières pour vous.

« Que je voudrais vous voir heureuse! Votre bonheur… qui le peut faire? Où le croyez-vous? Dites, que je vous aide à le trouver. Ce n'est que pour cela que je suis votre amie. Voyons, cherchons. Quelle recherche! Avez-vous lu l'histoire de ce roi désolé de la perte de sa femme, à qui un philosophe promit de la ressusciter pourvu qu'on lui trouvât trois heureux pour en graver le nom sur le tombeau de la reine. Jamais on ne put les trouver. Ce qui signifie sans doute que notre âme resterait morte, s'il lui fallait pour vivre un bonheur humain. Mais, au contraire, il lui faut sortir de toute l'enceinte du monde et chercher au delà, c'est-à-dire en Dieu, dans la vie chrétienne, ce que le monde ne possède pas. Il n'a pas de bonheur. Ceux qui l'ont le plus aimé le disent. Il distrait, mais ne remplit pas le vide du cœur. *Oh! le monde a de belles fêtes qui attirent; mais, sois en sûre, tu te sentiras seule et glacée au milieu de cette foule joyeuse.* Dans ces expressions si franches, dans cet aveu d'une amie du monde, le monde est jugé. Quelle tristesse dans cet isolement, cette froideur, cette glace où le cœur se trouve au milieu des plaisirs et de ceux qui les partagent! Cela seul me les ferait délaisser si jamais je les rencontrais.

« Savez-vous, ma chère Marie, que vous me faites du bien par vos réflexions, que vous me faites connaître le monde dans vos lettres qui sont des tableaux, que vous me détachez fort de toutes mes illusions, de tout ce qui ne nous rend pas heureux. Votre expérience m'instruit, et je bénis Dieu cent fois de ma vie retirée et tranquille. Autrement, quel danger! Je me sens dans le cœur tout ce que je vois dans les autres; le même levain est dans tous, mais il monte différemment suivant les circonstances et la volonté, car le vouloir est pour beaucoup dans le développement du cœur. On l'aide à être bon ou mauvais, faible ou fort, à peu près comme un enfant qu'on élève. Aussi n'est-ce pas sur les penchants, mais sur les œuvres que l'Évangile dit que nous serons jugés. Oh! quand on y pense à ce jugement, il y a bien de quoi faire attention à sa vie, à son cœur : tant de périls dedans, dehors! Mon Dieu, que cela fait craindre et fait prendre de précautions, et désirer presque de quitter ce monde!

> Ah! mon âme craint tant de se souiller sur terre!
> Ah! comment conserver sa divine blancheur
> Au milieu de la fange et parmi la poussière
> Qui s'attache ici bas à tout, même à la fleur?

« Voilà pour *vos oraisons jaculatoires*, je suis toute contente de vous en fournir. Vous en pourriez faire de plus saintes, mais ne les faites pas si haut en plein salon; ma vanité entend, prenez garde.

« Une tristesse, un regret à cette occasion : je vois que mon paquet pour l'Ile de France vous est tout demeuré, mon pauvre cousin sera mort en croyant que je l'oubliais. Je n'ai regret qu'à cela. Je me félicite trop d'un hasard qui vous a remis cette lettre et m'a valu votre amitié. Depuis ce jour vous m'aimez, dites-vous. Que ne le disiez-vous plus tôt! Il a fallu bien des jours, des événements, des choses pour nous enchaîner enfin; mais quand nous verrons-nous? Il ne dépendra pas de vous que ce ne soit bientôt, et je ne sais comment vous remercier de vos offres si gracieuses. Que je vous serais obligée! Je n'accepte pas encore, n'ayant pas pris époque pour mon voyage à Paris. Je n'irai que pour le mariage ou après. On attend des papiers de Calcutta qui décideront l'affaire tout de suite.

« Qu'il me tarde, qu'il me tarde de savoir si mon frère aura une position sortable! Je suis bien en peine sur son avenir, sur sa santé surtout. Cette chère santé, que de craintes! Le voilà encore malade; il a eu trois accès, et la pâleur est revenue. On nous dit qu'il est mieux, que la fièvre le quitte; mais j'ai peur qu'on ne nous trompe, et je viens vous prier de ne pas me tromper, d'avoir la complaisance de l'envoyer voir et de me dire franchement ce qui en est. Ce n'était que trop vrai, quand il vous fit dire que son médecin lui défendait de sortir. Moi aussi je lui défendrais ce mauvais air de Paris, et surtout d'éviter toute émotion. C'est ce qui le tue. Qu'on lui évite tout ce qui porte au cœur. Je remercie M. de M... de la visite qu'il a bien voulu lui faire; et vous de votre bienveillance que vous lui conserverez, j'espère.

« Mais parlons de vous, de votre chère santé, qui m'intéresse aussi, vous savez; non, vous ne le savez pas, ni tout le plaisir que m'ont fait ces mots: « Je suis mieux, beaucoup mieux. » Oh! que ce mieux vous demeure! qu'il aille croissant, de sorte qu'en vous voyant je vous trouve guérie, chère malade, *guérie*, entendez-vous? Il y faut travailler, suivre les ordonnances de votre médecin, ne vous occuper plus que de votre santé; seulement, pour mon bonheur, cultivez un peu l'amitié qui, d'ailleurs, console de bien des choses. Puis, Dieu aidant, nous verrons si tout ira mieux. N'oubliez pas non plus la prière, ce bon remède de l'âme; si mon livre est de votre goût, lisez-le, et votre *ange gardien* sera content. Quel nom vais-je prendre là? mais, j'accepte tout de vous, et je bénis Dieu de pouvoir vous être utile sous quelque dénomination que ce soit.

« Savez-vous que la fièvre vous inspire joliment, et que votre *hymne aux souffrances* m'a frappée. C'est une Byronienne. Mais n'allez-pas prendre de tels sujets de chants, je vous prie, et vous faire voir crucifiée sur ce calvaire sans espérance, où les souffrances vous disent : *Tu ne nous échapperas pas, la fatalité t'a marquée au berceau, tu nous appartiens.* Il est vrai, nous naissons tous comme voués au malheur. Chacun souffre de quelque chose; mais comme ce martyr; quand on est chrétien, on souffre, mais on voit les cieux ouverts. Oh! la foi, la foi! rien que cela me console et me fait comprendre la vie. C'est vous parler à cœur ouvert, c'est que je vous aime. Adieu, je vous rends un baiser aussi tendre que le vôtre.»

Voilà ce que j'écrivais ce matin à une amie que j'ai depuis peu et que déjà j'aime beaucoup. Le ton que je prends avec elle n'est pas celui d'une lettre de femme, de nos légères causeries ; mais il le faut, il m'est inspiré par ce qu'elle attend de moi. Hélas, hélas, pauvre âme malade!

Qu'est-ce que la timidité? d'où vient-elle? Je l'ai cherché ; je me suis demandé ce qui faisait rougir, ce qui empêchait de parler, de paraître devant quelqu'un, et c'est toujours pour moi un mystère. Encore ce matin, ayant un mot à dire à M. le curé, qui certes n'est pas intimidant, je n'ai jamais pu me décider à passer à la sacristie. Quelle bêtise! on le sent et on en souffre, je ne sais quoi vous garrotte, vous étreint, si bien qu'il semble que le sang cesse de circuler et se porte sur le cœur, qui fait *pouf, pouf*, à grands coups.

Le 8. — Pauvre Lili! elle se meurt, je viens d'apprendre qu'elle se meurt de la poitrine. Les peines de cœur l'ont tuée ; elle cède à tant de coups qui l'ont ébranlée depuis dix ans. C'est Paul qui vient de nous donner ces tristes nouvelles, et nous dire d'aller, une de nous, auprès de la malade qui nous demande. Nous irons la semaine prochaine, après Pâques. C'est aujourd'hui les Rameaux. Je viens de mettre le mien à ma chapelle, tu sais, sous sainte Thérèse. Il sera flétri l'an prochain, hélas, et bien d'autres choses! Il faut que j'écrive à Louise.

Le 9. — Une lettre de Caroline, enfin! Je sais, j'entends, je lis que tu vas tout à fait bien. Quel plaisir! Faut-il que je lise aussi : « Maurice est triste, il a un fond de tristesse que je cherche à dissiper; je la lis dans ses yeux... » Mon pauvre ami, qu'as-tu donc, si ce n'est pas la fièvre qui t'accable? N'es-tu pas content de ta vie, jamais si douce? n'es-tu pas heureux auprès de cette belle et bonne enfant qui t'aime, de votre union qui s'approche, d'un avenir?.... Oh! je crois que rien ne te plaît : un charme goûté, c'est fini, c'est épuisé. Peut-être que je me trompe, mais il me semble voir en toi je ne sais quoi qui t'empoisonne, te maigrit, te tuera, si Dieu ne t'en délivre. Que tu me fais de peine, que tu m'en fais! Si je pouvais quelque chose à cela! mais nous sommes séparés! Tu me dirais ce que tu as, ce que c'est que cette tristesse que tu as emportée d'ici. Le regret de nous quitter? C'est une peine, mais pas dévorante; et puis quitter des sœurs pour sa fiancée, du doux au plus doux, on se console. Je ne veux pas tant chercher ni tant dire. Nous verrons, hélas! nous verrons. J'ai de tristes pressentiments.

Des hirondelles, oh! des hirondelles qui passent! les premières que je vois. Je les aime, ces annonceuses du printemps, ces oiseaux que suivent doux soleil, chants, parfums et verdure. Je ne sais quoi pend à leurs ailes qui me fait un charme à les regarder voler; j'y passerais longtemps. Je pense au passé, au temps où nous les poursuivions dans la salle, où nous soulevions une planche du galetas pour voir leur nid, toucher les œufs, leurs petits : gais souvenirs d'enfance dont tout est plein ici pour peu qu'on regarde. Murailles, fleurs, oiseaux, tout les porte. Des petits poulets viennent de naître et piaulent au coin du feu. Voilà encore qui fait plaisir. Toute naissance porte joie.

Le 10. — La date est mise, il faut donc écrire quelque chose. Que sera-ce? que portera cette feuille de papier? Rien; rien n'est venu, rien ne s'est fait ni passé dans notre solitude. Si ce n'est quelque chant d'oiseau, bruit de vie ne s'est fait entendre; un soleil splendide passait sur ce calme; assise dans ma chambre, je dépêchais une paire de bas pour Jeanne-Marie, tout en lisant. Je lisais la merveilleuse époque de saint Louis, de ce temps où l'on vit un si grand roi et de si grands saints.

Le 21. — Je viens d'Albi, je viens de laisser notre chère Lili au cimetière. Quelle douleur! quels regrets, quel vide, quels souvenirs! Mon Dieu! voir mourir ceux qu'on aime; se dire : C'est fini, tu ne la verras plus! non, plus; l'éternité entre nous! mais l'éternité bienheureuse, j'espère. C'est ce qui console. Mon ami, que deviendrions-nous sans cela, sans un peu de foi dans l'âme? C'est ce qui la soutient, l'empêche de tomber dans un abîme de douleur ou de désespoir. Lili, ma sainte Lili, comme je la crois heureuse ! comme je la vois dans une splendeur infinie, une paix inaltérable, un repos assuré ! C'est nous qu'elle plaint, nous, ses amis, qu'elle voit dans ce pauvre monde, dans les peines, les agitations, les angoisses ! Oh ! que je l'ai vue souffrir, mais avec quel calme, la pauvre martyre ! Aussi tout le monde l'appelait la sainte; cela se voyait sur son visage devenu tout céleste et beau après sa mort.

Je ne l'ai pas vue alors, mais un peu avant. A genoux auprès de son lit, je lui lisais les prières pour la préparation à la mort, de Bossuet, que j'avais emportées exprès pour elle. Quand je partis d'ici, le jeudi saint, je compris bien que c'était pour la voir mourir. Je pensai à ces provisions pour son âme, dernière marque, hélas ! de mon amitié. Je pris aussi ce cahier, je pense à toi toujours, je voulais écrire cette mort ; mais impossible de rien faire que prier et demeurer auprès de l'agonisante. En arrivant, j'ai trouvé ta lettre que Mimi m'a remise. Quel plaisir en tout autre temps ! Tu vas mieux, bien content, vivant, très-vivant, dis-tu ; mais l'autre mort me gâte tout, m'attriste trop pour sentir aucune joie. Ce n'est pas que je sois en larmes, ni désolée ; c'est un fond de cœur calme, un deuil intérieur enfin je ne sais quelle douleur, mais c'en est une, car j'aimais Lili et je l'ai perdue..... — C'était le mardi 17 avril, à minuit ; je l'avais quittée à quatre heures. Papa ne voulut pas me la laisser revoir et m'emmena chez M`me` Combes, où j'ai reçu pendant deux jours la meilleure hospitalité. Nérine de Tonnac, mon ancienne amie, était auprès de moi et ma bonne compagne de nuit et de jour. Je lui suis bien reconnaissante de ce qu'elle a fait pour moi dans cette occasion. Il faut que j'écrive à Caro; puis je reviendrai ici, si je puis.

Le 25. — Je n'ai pas pu depuis trois jours, encore n'est-ce que pour un moment que je me retire ici. Lili, j'ai toujours Lili en pensée et me sens prête à parler d'elle. Quand j'entends les cloches, je pense aux saintes prières qu'elle a faites à l'église, même ici dans la chambrette; quand je vois le ciel, je me dis qu'elle est là et lui demande bien des choses. Les amis sont, sans doute, bien puissants près de Dieu. Voilà M. F....., visite que j'aime assez; nous parlerons ensemble de Lili. C'est demain une grande solennité à Andillac, une première communion. Augustine, toute jeune qu'elle est, est du nombre des heureux enfants. Dans quelque temps elle pourrait être plus instruite, mais M. le curé préfère l'innocence au savoir, et je trouve qu'il a raison. Le brave homme va demain déployer tout son zèle de bon pasteur, toute sa tendre charité. C'est aussi un beau jour pour lui.

Le 29. — Quelle douce et simple et pieuse et touchante cérémonie ! Je n'ai que le temps de le dire et d'assurer que de toutes les fêtes celle que j'aime le plus, c'est une première communion dans une campagne, Dieu se donnant simplement à des enfants. Miou, la petite Françonil de Gaillard et Augustine étaient ravissantes d'innocence et de beauté. Qu'elles étaient jolies sous leurs petits voiles blancs, lorsque, revenant de la sainte table, elles pleuraient là-dessous ! Divines larmes ! Enfants unies à Dieu, qui pourrait dire ce qui se passait dans leur âme en ce moment ? M. le curé a été admirable d'onction, de mansuétude ; c'était le Sauveur disant aux enfants : Venez à moi. Oh ! comme il leur parlait amoureusement, et comme il leur a recommandé ensuite cette robe blanche, cette innocence dont ils étaient revêtus ! Pauvres enfants, que de risques ! Je me disais : « Qui de vous la ternira le premier ? » Ils ne s'en vont pas à Paris ; mais la terre est partout souillée, partout le mal se trouve, et séduit et entraîne.

Le 2 mai. — Hier, 1ᵉʳ mai, je n'ai pu rien écrire. Ce fut cependant un beau jour au ciel et ici, grand soleil, grande musique d'oiseaux et trois lettres : Antoinette, Marie de Thézac et Caro se sont rencontrées dans mes mains. Je les aime toutes et leurs lettres ; mais celles de Caro me semblent des sœurs, même tendresse et bienveillance pour toi et nous. C'est chose charmante que des amis de la sorte, dévoués et désintéressés. On n'en trouve guère. Depuis Victor et Philibert nous n'avions plus d'amis de cœur. Le bon pasteur aussi nous est tout dévoué : il est venu passer la journée, s'est montré gai, complaisant. Le soir j'étais mieux ; la douce gaieté fait du bien, relève le cœur, et j'aime ceux qui l'apportent. Cette fois je l'ai payée d'un petit tribut de complaisance. Voici : M. le curé est chargé de toutes les pompes de l'église aux G..., pour l'arrivée de l'archevêque qui va donner la confirmation. Il lui faut des devises, il m'en a demandé et je n'ai pu dire non. Je n'aime pas de refuser. Cela m'ennuyait un peu ; je n'aime pas les devises, qui sont toutes bêtes. Je les ai faites en patois pour sauver l'honneur du français. C'est, d'ailleurs, la langue des campagnes.

Avant hier *** m'a écrit. Je ne suis pas contente de sa santé. Oh! que les passions nous dérangent, qu'elles nous brisent cœur et corps ! On n'en revient pas, si Dieu n'aide. Pourra-t-il l'aider ? Mes conseils n'y font pas grand'chose. Qui sait ce que tu fais, toi ! Cela me peine grandement, toutes ces choses.

Le 3 mai. — Nous venons du hameau, de voir Romiguières qui est bien malade. Je crains qu'il n'en sorte pas. Ainsi nos voisins nous quittent l'un après l'autre. Après la Vialarette, celui-ci, autre habitué de la maison. Je les regrette : ces braves gens sont de meilleurs amis qu'on ne pense et qu'on n'en trouve dans le monde. Le dévouement ne se tient pas toujours au rang le plus élevé. Voilà qui finit ce cahier assez rempli de deuil, trois morts sous les yeux. Mon Dieu, qui sait qui les suivra? Au moins ceux-ci étaient prêts à rendre compte, de bons chrétiens, de bonnes âmes. Romiguières a demandé de lui-même M. le curé dans la nuit. Le viatique reçu, il est tombé en délire bientôt.

Va sous clef, mon petit cahier.

VII

Le 3 mai au soir [1838]. — Depuis ce matin, rien de joli que la naissance d'un agneau et ce cahier qui commence au chant du rossignol, devant deux vases de fleurs qui embaument ma chambrette. C'est un charme d'écrire dans ces parfums, d'y prier, d'y penser, d'y laisser aller l'âme. Ce matin j'ai apporté ces fleurs pour donner à ma table une façon d'autel avec une croix au milieu, et y faire le mois de Marie. Cette dévotion me plaît. *Es néyt* [1].

Le 5. — Je suis fatiguée d'écriture, deux grandes lettres m'ont brisé la main. Aussi ne mettrai-je pas grand'chose ici; mais je veux marquer un beau jour, calme, doux et frais, une vraie matinée de printemps. Tout chante et fleurit. Nous venons de la promenade, papa, moi et mon chien, le joli chien de Lili : chère petite bête ! il ne me quitte jamais;

---

1. Il fait nuit.

quand je m'assieds, il vient sur mes genoux; si je marche, il suit mes pas. On dirait qu'il me comprend, qu'il sait que je remplace sa maîtresse. Nous avons rapporté des fleurs blanches, violettes, bleues, qui nous font un bouquet charmant. J'en ai détaché deux pour envoyer à E***, dans une lettre : ce sont des *dames de onze heures;* apparemment ce nom leur vient de ce qu'elles s'ouvrent alors, comme font d'autres à d'autres heures, charmantes horloges des champs, horloges de fleurs qui marquent de si belles heures. Qui sait si les oiseaux les consultent, s'ils ne règlent pas sur des fleurs leur coucher, leur repas, leurs rendez-vous? Pourquoi pas? tout s'harmonise dans la nature; des rapports secrets unissent l'aigle et le brin d'herbe, les anges et nous dans l'ordre de l'intelligence. J'aurai un nid sous ma fenêtre; une tourterelle vient de chanter sur l'acacia où il y avait un nid l'an dernier. C'est peut-être la même. Cet endroit lui a convenu, et, en bonne mère, elle y replace son berceau.

Le 7. — On est venu ce matin, à quatre heures, demander à papa des planches pour la bière du pauvre Romiguières. Nous perdons tous nos amis du Pausadou. Deux morts dans quelques jours! que cela s'est fait promptement pour la Vialarette et celui-ci!

Après avoir écrit à Marie, à Antoinette, à Caro, il est nuit et je sors d'ici, mais plus tranquille, plus reposée. Rien ne me fait du bien comme d'écrire, parce qu'alors je m'oublie. La prière me fait le même effet de calme, et même mieux, en ce qu'il entre quelque chose de suave dans l'âme.

Le 12. — Depuis cinq jours je n'ai pas écrit ici : dans ce temps il est venu des feuilles, des fleurs, des roses. En voilà une sous mon front, qui m'embaume, la première du printemps. J'aime à marquer le jour de cette belle venue. Qui sait les printemps que je retrouve ainsi dans des livres, sur une feuille de rose où je date le jour et l'an? Une de ces feuilles s'en fut à l'île de France, où elle fit bien plaisir à ce pauvre Philibert. Hélas! elle aura disparu comme lui! Quoique je le regrette, ce n'est pas cela, mais je ne sais quoi qui m'attriste, me tient dans la langueur aujourd'hui. Pauvre âme, pauvre âme, qu'as-tu donc? que te faut-il? Où est ton remède? Tout verdit, tout fleurit, tout chante, tout l'air est embaumé comme s'il sortait d'une fleur. Oh! c'est si beau! allons dehors. Non, je serais seule et la belle solitude ne vaut rien. Ève le fit voir dans Eden. Que faire donc? Lire, écrire, prier, prendre une corbeille de sable sur la tête comme ce solitaire et marcher. Oui, le travail, le travail! occuper le corps qui nuit à l'âme. Je suis demeurée trop tranquille aujourd'hui, ce qui fait mal, ce qui donne le temps de croupir à un certain ennui qui est en moi.

Pourquoi est-ce que je m'ennuie? Est-ce que je

n'ai pas tout ce qu'il me faut, tout ce que j'aime, hormis toi? Quelquefois je pense que c'est la pensée du couvent qui fait cela, qui m'attire et m'attriste. J'envie le bonheur d'une sainte Thérèse, de sainte Paule à Bethléem. Si je pouvais me trouver dans quelque sainte solitude!.... Le monde n'est pas mon endroit; mon avenir serait fait alors, et je ne sais ce qu'il sera. Quelle belle-sœur aurons-nous? J'ai deux de mes amies qui, après la mort de leur père, ont reçu leur *congé* de la maison, et je trouve cela si amer! Ensuite le ciel qu'on s'assure bien mieux dans la retraite. Ce sont mes raisons, pas les tiennes: quittons-nous. Je ne veux plus te rien dire que je ne sois plus tranquille, je ne te dirais rien de bon. Adieu jusqu'à.....

Me voici ce soir avec trois lettres, d'Euphrasie, de Marie, de Lucie, jeunes filles bien peu ressemblantes, chacune avec son charme. Les femmes, nous sommes variées comme les fleurs et nous n'en sommes pas fâchées.

Le 14. — Pas d'écriture hier, c'était dimanche. Saint Pacôme aujourd'hui, le père des moines. Je viens de lire sa vie qui est fort belle. Ces vies de reclus ont pour moi un charme! celles qui ne sont pas inimitables surtout. Les autres, on les admire comme des pyramides. En général, on y trouve toujours quelque chose de bon quand on les lit avec discernement, même les traits les plus exagérés:

ce sont des coups de héros qui portent au dévouement, à l'admiration des choses élevées.

Malgré cela, pour bien des personnes, la *Vie des saints* me semble un livre dangereux. Je ne le conseillerais pas à une jeune fille, même à d'autres qui ne sont pas jeunes. Les lectures peuvent tant sur le cœur, qui s'égare aussi pour Dieu quelquefois. Hélas ! nous l'avons vu dans la pauvre C...... Comme on devrait prendre garde à une jeune personne, à ses livres, à ses plumes, à ses compagnes, à sa dévotion, toutes choses qui demandent la tendre attention d'une mère ! Si j'avais eu la mienne, je me souviens de choses que je faisais à quatorze ans qu'elle ne m'eût pas laissé faire. Au nom de Dieu, j'aurais tout fait, je me serais jetée dans un four, et certes le *bon Dieu* ne voulait pas cela ; il ne veut pas le mal qu'on fait à sa santé par cette piété ardente, mal entendue, qui, en détruisant le corps, laisse vivre bien des défauts souvent. Aussi saint François de Sales disait-il à des religieuses qui lui demandaient la permission d'aller nu-pieds : « Changez votre tête et gardez vos souliers. »

Le 15. — Une visite hier vint couper notre causerie ; je la reprends, moins en train de paroles, à cause d'une peine que j'ai au cœur. C'est ta lettre qui m'a fait cela, qui me fait craindre encore pour ta santé. Pourquoi prends-tu le lait d'ânesse ? pourquoi dis-tu que le printemps te rétablira entièrement? N'est-ce pas que tu n'es pas aussi bien que tu dis d'abord? Les bien-portants ne parlent pas de remèdes. On nous trompe, tu nous trompes : l'air de Paris ne t'est pas bon, il te tuera, il a tué le pauvre Victor. Je tremble qu'il n'y ait cette ressemblance de plus entre vous. Mon Dieu, détournez de moi les idées tristes! Mon ami, je voudrais bien avoir une lettre de toi; celle d'aujourd'hui est pour tous, et c'est de l'intime qu'il me faut. L'amitié se nourrit de cela.

Il y a quelque temps que je suis ici; Mimi est seule, je vais la joindre. Je m'amusais à lire d'anciennes lettres. Papa arrive ce soir avec une besace garnie de livres; Éran vient de la foire avec des cochons, des échaudés et du fromage; un *peillarot*[1], des hirondelles, qui sont passés, voilà pour un jour au Cayla. On parle de souper à présent; ô bouche!

Le 16. — Nous allons à Frauseilles, en caravane, pour voir fondre notre cloche. Cette course m'amuse fort, je pars.

Le 17. — Oh! c'était bien la peine! nous n'avons rien vu. La cloche se fond et se fait sous terre, rien ne paraît que le fourneau : flamme et fumée. Il y avait pourtant une foule de monde d'Andillac et des environs, ce qui m'amusait de voir des curieux plus

[1] Marchand de fil, aiguilles, etc., qui parcourt les campagnes.

attrapés que moi encore et de leur dire : *Qu'abés bist?*[1]

Je ne suis pas en train d'écrire; il fait un vent qui souffle à tout emporter, même les idées. Sans cela, je dirais tout ce qui m'est venu près de ce fourneau, en pensées religieuses, gaies, tristes; ce que j'ai coulé d'années, de siècles, de baptêmes, de glas, de noces, d'incendies, avec cette cloche. Quand elle finira, qui sait tout ce qui aura fini dans Andillac et dans le monde? L'âge des cloches prend des siècles, du temps sans fin, à moins d'un malheur ou d'une révolution. Ainsi, tous tant que nous étions là, nous ne la verrons pas refondre. Cela seul est solennel : *ne plus voir ce qu'on voit*. Il y a là quelque chose qui fait qu'on y attache fort les yeux, quand ce ne serait qu'un brin d'herbe. Ainsi j'ai pensé de l'église de Frauseilles où je me suis recueillie un moment, et dont j'ai bien regardé la porte fermée *pour toujours*, car apparemment je n'y reviendrai plus. Que ce mot doit être triste pour les endroits où le cœur tient! Si pour toujours je voyais se fermer la porte du Cayla, la porte du jardin, la porte de papa, la porte de la chambrette!... Oh! que doit-il en être de la porte du ciel?

Que n'es-tu là! nous partagerions deux pommes que me donna Julie de Gaillard que j'allai voir comme payse. Cette bonne femme ne savait comment me

---

1. Qu'avez-vous vu!

traiter, m'exprimer le plaisir que lui faisait ma visite. Je n'ai pas perdu mes pas à Frauseilles, j'ai fait plaisir, j'ai caressé un petit enfant dans son berceau, j'ai vu en passant près du cimetière les tombes de nos vieux amis de Clairac, indiquées par une croix de fer. Rien ne paraît que cela, le niveau se fait vite sur la terre des morts! Qu'importent les apparences? L'âme, la vie n'est pas là. O mon Dieu! cela serait trop désolant. J'ai beaucoup pensé à toi dans tout ça, parce qu'il y avait une troupe de curés qui m'ont demandé de tes nouvelles, ce qui m'a fait bien plaisir de voir que l'Église t'aime. Adieu; tu vois bien que je n'ai rien dit.

Ce soir à dix heures. — Il est nuit sombre, mais c'est à écouter toujours les grillons, le ruisseau et un rossignol, rien qu'un, qui chante, chante, chante dans cette obscurité. Comme cette musique accompagne bien la prière du soir!

Le 18. — Pas moyen de sortir, il pleut. C'est un jour à lire, à écrire pour remplacer les promenades, belles occupations du printemps. A tout moment, on est dehors; nous menons une vie d'oiseau en plein air sous les ombres. C'est un charme, et que de plaisirs variés à chaque coup d'œil, à chaque pas, pour peu qu'on y regarde! Hier Mimi m'apporta de magnifiques rubans d'herbe rayée blanc et vert, satinée, brillante; c'était à nouer au menton. Je l'ai mise dans un vase où j'admire encore mes rubans un peu fanés. Ils seraient plus jolis sur pied ; ces articles de modes ne doivent pas sortir des bois.

J'aimerais bien de connaître un peu la botanique ; c'est une étude charmante à la campagne, toute pleine de jouissances. On se lie avec la nature, avec les herbes, les fleurs, les mousses qu'on peut appeler par leur nom. Étudie la botanique, Maurice, tu me l'apprendras. Ce serait bien facile avec une Flore. Mais quand seras-tu ici au printemps ? Tu n'y viens que tard ; ce n'est pas lorsque l'hiver a fauché toute la beauté de la nature (suivant l'expression de notre ami, saint François de Sales) qu'on peut se mettre à botaniser : plus de fleurs alors, et ce sont les fleurs qui m'intéressent parce qu'elles sont si jolies sur ces tapis verts. J'aimerais de connaître leur famille, leurs goûts, quels papillons elles aiment, les gouttes de rosée qu'il leur faut, leurs propriétés pour m'en servir au besoin. Les fleurs servent aux malades. Dieu fait ses dons à tant de fins ! Tout est plein pour nous d'une merveilleuse bonté ; vois la rose qui, après avoir donné du miel à l'abeille, un baume à l'air, nous offre encore une eau si douce pour les yeux malades. Je me souviens de t'en avoir mis des compresses quand tu étais petit. Nous faisons tous les ans des fioles de cette eau qu'on vient nous demander.

Mais j'ai dit que c'était un jour à écrire. Qu'écrire ? Je n'en sais rien, je sens que j'écrirais. Si j'avais un plan, un cadre fait, je le remplirais tous les jours un peu, et cela me ferait du bien. Le trop-plein fait torrent parfois, il vaut mieux lui ouvrir passage. Je n'épanche guère qu'ici, et peu parce que... le papier vole. Qui sait quand je le lance vers Paris où il peut tomber? Aussi m'arrive-t-il d'effacer quand je relis; tu l'auras vu dans le dernier cahier. Il était question d'E***, je m'étais laissée aller à de trop vives peintures, et même fausses, je l'ai vu depuis par ses lettres. C'est une bonté passionnée, sans rancune, sans amertume, candide dans ses torts, une enfant avec un cœur de feu. Je vois ceci comme bien étonnant, comme venant de Dieu, et je m'attache à l'âme qu'il m'a confiée, qui me dit : « Aimez-moi, aidez-moi à aller au ciel. » Oh! je lui aiderai de mon mieux, je l'aimerai toujours, car l'amitié sainte n'est qu'un écoulement de la charité qui ne meurt pas.

Le rossignol d'hier soir a chanté toute la journée. Quel gosier! s'il était anglais, je dirais qu'il avait fait un pari.

Le 19. — Trois lettres et l'arrivée d'Éliza. C'est Louise, Marie et Euphrasie qui nous écrivent. Cette pauvre Euphrasie si triste, si désolée de la mort de sa chère tante, me fait compassion.. Cœur si bon, si ardent, si tendre, qu'elle va souffrir à présent! Lili lui remplaçait sa mère.

Le 24. — Un mot ce soir que j'ai le temps, que je suis seule, que je pense à toi, que c'est l'Ascension, un beau jour, un jour saint où l'âme monte, monte au ciel. Mais non, je suis bien ici, il semble qu'on ne se détache point d'écrire. On m'appelle..

Le 26. — Deux jours entre ces lignes sans t'écrire, et depuis sont venues des lettres, des nids d'oiseau, des roses sur la terrasse, sur ma table, partout. Il est venu cent choses de Gaillac; de plus loin, la mort du prince de Talleyrand : c'était de quoi écrire ou jamais; mais nous faisons des pèlerines avec Éliza, et le monde passerait sous notre aiguille qu'on ne la quitterait pas. Que peu de chose nous suffit! cela m'étonne. Je n'ai pas le temps de dire pourquoi.

Le 27 au soir. — Premier *Angelus* de notre cloche neuve. Je viens de l'écouter à la fenêtre de la salle et me suis levée de table tout exprès pour ce plaisir, suivi de tant de pensées diverses que j'aime. Mélange religieux de joie, de deuil, de temps, d'éternité, berceaux, cercueils, ciel, Dieu : la cloche annonce tout cela, me l'a mis dans l'esprit à présent. Oh! surtout, surtout je pense quel premier glas elle sonnera! pour qui? je le marquerai; A quelle page? peut-être ne le marquerai-je pas. Quel vivant peut se dire : Je parlerai d'un mort? Mon Dieu, nous passons si vite! Cependant je suis bien portante; mais je vois des fleurs, mises toutes fraîches ce matin dans un vase, flétries et toutes mortes ce soir. Ainsi de nous : le vase où nous avons la vie n'en contient pas pour plus d'un jour.

Des visites de curés : celui du canton, celui de Vieux et le nôtre, trois hommes bien différents : l'un sans esprit, l'autre à qui il en vient, et l'autre qui le garde. Ils nous ont raconté force choses d'église qui intéressent pour parler et pour répondre un moment; mais en général les variantes plaisent en conversation, l'entretien de mille choses diverses, ce qui fait la causerie, chose rare. Chacun ne sait parler que de sa spécialité, comme les Auvergnats de leur pays. L'esprit reste chez soi aussi bien que le cœur.

Éliza vient de nous quitter à mon grand regret. Tous les départs attristent; pour me consoler, j'ai une lettre bien tendre et bien aimable devant les yeux et dans le cœur. Ce n'est pas de toi, c'est d'E*** qui me dit toujours de mille façons qu'elle m'aime, qu'elle souffre de corps et d'âme, et que *je sais jeter quelques fleurs sur les heures trop souvent arides de sa vie.* Pauvre amie! pauvre femme! que je m'estime heureuse de lui faire du bien! aussi je m'en vais lui donner tout ce que je pourrai de doux, de consolant, de pieusement suave, toutes les fleurs possibles. Comme elle souffre! comme quelqu'un lui a fait du mal! comme cela me porte à la guérir, à lui indiquer des remèdes! Je n'en désespère pas, car Dieu nous aide, il vient visiblement en aide à cette pauvre âme; de lettre en lettre ses dispositions sont meilleures, sa foi plus ranimée, son cœur plus tourné du côté du ciel, et cela fait tout espérer. Chaque matin, elle dit une prière à la Vierge, que je lui ai envoyée. « A huit heures, me dit-elle, nous serons ensemble devant Dieu, » car je fais à cette même heure la même prière pour elle avec pleine confiance. La sainte Vierge, qui t'a guéri, pourra bien la guérir aussi. C'est là mon espérance et mes remèdes... En haut, en haut! Eh! que trouvons-nous ici-bas? On ne sait que s'y faire souffrir.

Puis elle me demande un peu de poésie, et je vais lui en donner, j'accorde tout aux malades. C'est pour la mettre en musique : union d'âmes entre nous encore plus intime, le printemps et le rossignol, le musicien et le poëte! il en devrait être ainsi, ce me semble. Mais, hélas! il y a si longtemps que je n'ai rien fait; et ce n'est pas facile de bien faire, d'atteindre le beau, si haut, si loin de notre pauvre esprit! On sent que c'est fait pour nous, que nous avons été là, que cette grandeur était la nôtre et que nous ne sommes plus que les nains de l'intelligence. O chute, chute qui se retrouve partout! Je continuerais s'il ne me fallait pas aller mettre la table. Jeanne-Marie est à la foire, plus heureuse que...

Que retranché. Je ne sais ce que je voulais dire quand j'ai planté là mon cahier. J'y viens parler ce soir d'une lettre de Félicité qui me dit : « Maurice tousse encore. » Depuis, j'ai cette toux en moi, *j'ai mal à la poitrine de mon frère.* Oh! quand serai-je tranquille? quand le serai-je sur la chère santé et la chère âme malade aussi? L'une ne dépend pas de toi;

si fait l'autre, et tu me laisses toujours souffrir, toujours trembler pour ce qui m'intéresse. Adieu ; bon soir, méchant que j'aime.

Le 30. — Est-ce les bouquets qui ont attiré tant d'abeilles et fait de ma chambre une ruche? Depuis ce matin, ce n'est que bourdonnement, bruissement d'ailes qui ne me déplaît pas. J'aime les abeilles et les laisserais volontiers faire leur logement dans ma chambre, si ce n'était l'aiguillon qui gâte la poétique bête. Hier je fus piquée d'une bonne piqûre : ce qui me fait tenir à l'écart des abeilles, ce qui me fait dire aussi que ce qui fait du miel est souvent bien méchant.

Le 31. — C'est ce soir sur ma fenêtre, au chant du rossignol, en vue de mes acacias tout fleuris et tout embaumés, que je dis adieu au mois de mai, ce beau mois tout fleurs et verdure. Hélas! tout finit. Clôture aussi du mois de Marie, belle dévotion printanière.

Le 1ᵉʳ juin. — Passé la journée à Cahuzac. Trouvé au retour un cahier des *Annales de la Propagation de la Foi*. Événement que tout écrit venu au Cayla, celui-là surtout dont les pages sont recueillies par des saints dans toutes les parties du monde.

Le 2. — M. Jules de Villefranche est venu nous

voir; il m'a semblé grandi, fortifié, mieux que de coutume, avec sa douceur accoutumée. Toujours gai, causeur, nous demandant de tes nouvelles. Le bon petit jeune homme!

Caro, la chère, vient d'écrire à Mimi. Quel plaisir nous fait une lettre de Paris! Mais de voir que tu tousses, que chacun le dit, que c'est peut-être plus qu'on ne dit : que c'est triste! Puis tu ne m'écris pas, pas mot de tant de choses intimes que nous savons. Oh! nous voilà bien séparés! Je ne sais plus rien de toi. Dieu sait ce qu'il m'en coûte, et comme je mets ce silence au rang de mes peines. Pauvre cœur, tout construit pour les souffrances! Il y en loge! tout est plein dans ce moment. Toi seul n'en es pas cause; il en vient d'ailleurs dont personne ne se doute, douleurs de l'âme qui souffre parfois d'étranges choses. Dieu les envoie, les permet pour notre bien. C'est, disent les saints, le feu qui purifie, qui refond; je le crois, nous avons parfois besoin de repasser au creuset. Quelqu'un me disait : Dans ces moments-là, faites comme saint Jérôme, écrivez. Écrivons. La poésie est ce qui occupe le plus. Si j'en faisais?

Mon Dieu, mon Dieu, mon cœur vous adore et vous aime
Rien que dire : mon Dieu! m'est un bonheur suprême;
  C'est le ciel qui sur moi descend,
  Et jamais, sous le diadème,
Reine auprès de son roi n'eut un bonheur plus grand.

Vous êtes mon amour, vous êtes ma lumière;
Un coin pour vous prier me vaut la terre entière;

Sous votre regard nonpareil,
Mon âme s'ouvre heureuse et fière,
Comme la fleur des champs aux rayons du soleil.

Ah! que me dites-vous et que vous dit mon âme?
Que dit le ciel à l'aube et la flamme à la flamme?
Ah! que se disent deux torrents?
Qu'entendit la première femme
Quand vous apparaissiez aux jardins ravissants?

Oh! du céleste amour choses inénarrables!
Choses que les mondains peuvent traiter de fables,
Mais dont le divin Raphaël
Ferait des tableaux ineffables
Comme ceux qu'il a faits pour exposer au ciel.

Voyez Monique en pleurs et Thérèse en extase,
Thérèse devant Dieu versant, immense vase,
Versant un océan d'amour;
Et, dans le tablier de gaze,
L'aumône se changer en roses chaque jour.

Le 4. — Flageolet, hautbois, grosse caisse, rossignols, tourterelles, loriots, merles, pinsons, belle et grotesque symphonie du moment. C'est, en l'honneur de la fête votive, la bruyante musique d'Andillac qui retentit jusqu'ici et se mêle à celle des oiseaux. Au moins ne manquons-nous pas de concerts dans nos champs; tu aimes ceux de Paris sans pouvoir y aller toujours, et moi, sans y aller, je m'y trouve. C'est de tous côtés, de tous les arbres, des voix d'oiseaux, et mon charmant musicien, le rossignol de l'autre soir, chantant encore près du noyer du jardin. Ce sont pour moi des charmes, des plaisirs que je ne puis dire. Aussi quelqu'un me disait : « Vous êtes heureusement née pour habiter la campagne. » C'est vrai, je le sens, et que mon être s'harmonise avec les fleurs, les oiseaux, les bois, l'air, le ciel, tout ce qui vit dehors, grandes ou gracieuses œuvres de Dieu.

Le 5. — Mon Dieu, mon Dieu, ma pauvre Louise! On vient de me dire que son père était mourant ou mort. Érembert, qui était à Gaillac au reçu de cette nouvelle, a vu Charles partir en poste. Le bon ami que nous perdons! le digne homme! Je vais écrire à Louise.

Un nouveau livre envoyé par Louise, les *Méditations* du Père Judde pour des religieuses, ouvrage estimé. Je le désirais depuis longtemps.

Le 7. — La mort de M. de Bayne, certaine aujourd'hui. Une belle âme de plus au ciel. Il avait une foi débordante; il trempait tout de Dieu. Homme rare aussi pour les qualités du cœur; il savait être ami aux dépens de ses intérêts. Sa fortune s'est ressentie le son dévouement à plus d'une infortune.

Le 8. — Rousou! la servante de la pauvre Lili. Que cette visite me fait plaisir! Il y a des plaisirs tristes, comme celui de parler des morts, de voir ceux qu'ils ont aimés. Elle m'a apporté une lettre d'Euphrasie et une de Louise qui me dit : « Mon père va très-bien. » C'était presque la veille de sa mort. La mort vient vite.

« Je regarde votre enthousiasme[1] de la laideur comme un excès, dans quelque bonne disposition qu'il semble vous être venu. L'amour de la beauté nous est trop naturel pour passer tout à coup à aimer la laideur, à moins d'un miracle de conversion comme cela s'est vu dans des saints. Transformation sublime, dévoilement de la beauté divine qui ravit l'âme, lui fait oublier toute beauté créée, même haïr celle du corps comme occasion de péché. Quel épurement! quel détachement! Qui de nous, femmes, en est là? Moi qui ne suis pas jolie, je ne puis pas vouloir être laide. Voyez où j'en suis avec mes « sublimes contemplations, » elles n'ont pu me mettre au-dessus de la vanité. Oh! ne parlons pas de contempler; c'est l'état du ciel, des bienheureux. Nous, pauvres pécheurs, c'est beaucoup de savoir nous abaisser devant Dieu pour gémir de nos misères et lui confesser nos fautes. Il est beau de s'élever, mais regarder dans son cœur est bien utile. On voit ce qui se passe chez soi, connaissance indispensable à nos affaires spirituelles... Il y a dans la piété un côté idéal qui remplit la tête de ciel, d'anges, d'idées séraphiques sans rien laisser au cœur, sans le tourner à l'amour et à la pratique de la loi de Dieu. Sans cela, quand nous

---

[1]. Extrait d'une lettre à Mme A. de M...

parlerions le langage des anges, nous ne serons que *des airains sonnants et des cymbales retentissantes*. Ce passage d'une Épître m'a toujours frappée, m. fait craindre de parler de la piété sans en avoir assez dans l'âme. Mais vous m'assurez toujours que mes lettres vous font du bien, ce qui m'encourage, me fait penser que Dieu veut que je vous écrive, me rend heureuse de croire au bonheur que je vous fais.

« Le trône même a eu ses saints. On n'a qu'à penser à saint Louis pour croire au salut le plus difficile. Je lis surtout avec charme l'histoire de sa sœur, la bienheureuse Isabelle, si humble dans les grandeurs, si retirée des plaisirs, si innocente et si pénitente, donnant aux pauvres ce qu'elle recevait pour son luxe, les délices du roi son frère et de la cour par sa douceur et ses gracieuses qualités qui la firent pleurer de tous quand elle alla se recueillir dans sa maison de Sainte-Claire, à Longchamp, pour mourir. Hauts et touchants exemples de ce que peut la grâce dans les cœurs de bonne volonté, des triomphes de la foi sur le monde! En fait de salut, vouloir c'est pouvoir, suivant la devise de Jacotot. Qu'était-ce que ce Jacotot? Un homme sans doute comprenant la puissance de la volonté, ce levier qui peut soulever l'homme jusqu'au ciel.

« Vous avez raison de dire que je suis heureusement née pour habiter la campagne. C'est mon endroit; ailleurs, je serais moins heureuse peut-être. Je reconnais en ceci un soin de la Providence qui fait tout avec amour pour ses créatures, qui ne fait pas naître la violette dans les rues. Vous me voyez bien appuyée sur ma fenêtre, contemplant tout ce vallon de verdure où chante le rossignol; puis je vais soigner mes poulets, coudre, filer, broder dans la grande salle avec Marie. Ainsi, d'une chose à l'autre, le jour passe, et nous arrivons au soir sans ennui. »

Mon cher Maurice, à toi maintenant; hé! non, pas encore! quelqu'un entre. Que de fils rompus! La moitié de celui de là-haut est déjà bien loin; je ne renouerais pas, si ce n'était un brin de poésie que j'envoie et que je veux te laisser. Mais avant, la leçon à Lucie, ma filleule.

Depuis cette leçon, un chagrin. Mon cher petit chien, mon joli Bijou est malade, si malade que je crains qu'il n'en meure. Pauvre bête! comme il est oppressé, comme il gémit, me lèche les mains et me dit : « Soulagez-moi ! » Je ne sais que lui faire, il ne prend rien que quelques gouttes de sirop de gomme qu'il lèche sur mes doigts; c'est ainsi que je le nourris, moitié sucre, moitié caresses. Hélas! que sert d'aimer? je ne le sauverai pas. Cela me ferait pleurer, si je ne renvoyais mes larmes. Pleurer une bête, c'est bête, mais le cœur n'a pas d'esprit ni trop d'amour-propre souvent. Puis mon Bijou est si joli, si gracieux, si gentil, si précieux me venant de Lili! Un chien, c'est si riant, si caressant, si tendre, si à nous! Je crois que je pleurerai, mais ce sera ici dans ma chambrette où se passent mes secrets.

Une de mes amies demandait une fois des prières pour son chien malade; je me moquai d'elle et trouvai sa dévotion mal placée. Aujourd'hui j'en ferais comme elle, je ne trouve pas cette prière si étrange : tant le cœur change l'esprit! Je n'aimais pas Bijou alors; ma conscience ne s'offusque pas d'intéresser le bon Dieu à la conservation d'une bête. Y a-t-il rien d'indigne dans ses créatures, et ne peut-on pas lui demander la vie de celles que nous aimons? Je suis portée à le croire et qu'on peut, excepté le mal, tout demander à Dieu, au *bon Dieu*. Ce nom familier, ce nom populaire de la Divinité m'inspire toute sorte de confiance. Il y a loin de là à l'Être suprême, aussi loin que de Rose Dreuille à Voltaire. Mais à quoi servirait la foi des philosophes quand on est malheureux? Qu'attendre d'un être inaccessible, si loin, si loin de l'homme qu'on ne peut pas l'aimer en l'adorant, et le cœur, cependant, veut aimer ce qu'il adore et adorer ce qu'il aime; ce qui s'est fait quand Dieu s'est fait chair, quand il a habité parmi nous. De cette condescendance infinie nous est venue notre foi confiante. Si tu savais tout ce qu'on demande et qu'on obtient quelquefois! Les miracles le prouvent. Je crois aux miracles de guérison et à d'autres bien avérés, comme ceux dont parlent saint Augustin, Bossuet, ou ceux qu'on voit de nos jours. Il faut que je retourne auprès de mon pauvre Bijou qui, certes, m'a menée assez loin.

Le 1ᵉʳ juillet. — Il est mort, mon cher petit chien. Je suis triste et n'ai guère envie d'écrire.

Le 2. — Je viens de faire mettre Bijou dans la garenne des buis, parmi les fleurs et les oiseaux. Là je planterai un rosier qui s'appellera le *rosier du Chien*. J'ai gardé les deux petites pattes de devant si souvent posées sur ma main, sur mes pieds, sur mes genoux. Qu'il était gentil, gracieux dans ses poses de repos ou de caresses! Le matin, il venait au pied du lit me lécher les pieds en me levant, puis il allait en faire autant à papa. Nous étions ses deux préférés. Tout cela me revient à présent. Les objets passés vont au cœur; papa le regrette autant que moi. Il aurait donné, disait-il, dix moutons pour ce cher joli petit chien. Hélas! il faut que tout nous quitte, ou tout quitter.

Une lettre me vient à présent, qui me donne une autre peine. Les affections du cœur sont différentes comme leurs objets. Quelle différence du chagrin de Bijou à celui que me donne une âme qui se perd, ou du moins en danger! O mon Dieu, que cela pénètre et effraye dans les vues de la foi!

Le 6. — Toujours des lacunes, des empêchements d'écrire. Depuis trois jours, je n'ai pas quitté l'aiguille. C'était d'abord une robe d'enfant, que nous faisions, jolie petite robe rose que j'ai cousue de jolies pensées. C'est si gracieux l'enfance et sa parure! De si jolies boucles tomberont sur ce corsage, un bras si blanc, si rond remplira ces manches, une si jolie petite main en sortira, et l'enfant est si jolie et s'appelle Angèle ! C'est avec charme que j'ai travaillé pour elle.

Mais aujourd'hui raccommoder du vieux linge m'ennuyait; je n'avais pas le cœur ni l'esprit à l'aiguille, je pensais à toi tristement. Hélas ! nous avons reçu ta lettre de malheur. Ce vaisseau tant attendu n'apporte que des tristesses, des mécomptes. Caro doit être bien contrariée, bien affligée, voyant ainsi votre union mise en doute. Qui sait si vous aurez de quoi vous marier ? Cette question résout toute votre existence : aussi papa l'a pesée mûrement. Tu sauras ce qu'il pense dans sa lettre. Ici, je ne fais que de toi à moi. Tu ne saurais croire combien cette incertitude, cette hésitation de ton sort m'occupe, je ne dis pas m'accable, parce que je me repose sur la Providence. Combien de fois j'ai offert à Dieu tout mon bonheur pour le tien ! Si j'étais exaucée, si quelque jour tu me disais : « Je suis content ! » Je palpite à l'idée de cette félicité que je pourrais voir ; et quand je ne la verrais pas !...

Le 7. — Rien fait qu'entendre la messe ce matin et écrire tout le jour presque. C'est à toi, à Raynaud, à Caroline. Que de choses, de pensées sorties du cœur, et qu'il y en reste encore ! Ton avenir m'occupe tellement ! Je n'ai fait que vous voir vous entendre toute cette nuit, tous malheureux, gémissants d'une union rompue. Il n'en sera pas ainsi, j'espère. Caroline et sa tante ont écrit hier ; rien de bon, d'espérant. Des revers, rien que des revers dans leurs lettres. Que tout cela nous peine ! si tu le savais, mon ami ! Je t'ai écrit aussi aujourd'hui et te dis des choses inutiles à trouver ici. Quand tu liras ce cahier, tout sera décidé. Sera-ce heur ou malheur ? Dieu le sait. Rien d'humain ne se prononce en bien.

Le 9. — Premier jour des moissons. Rien n'est joli à la campagne comme ces champs de blé mûr, d'une dorure admirable. Pour peu que le vent souffle, ces épis coulant l'un sur l'autre font de loin l'effet des vagues ; le grand champ du nord est une mer jaune. A tout moment tu verrais papa à la fenêtre de la salle, contemplant sa belle récolte. Douce jouissance du cultivateur !

Le 10. — Filé ma quenouille et lu un sermon de Bossuet. Nous avons la suite ; mais tu n'es pas là pour m'aider à voir les beaux morceaux. Je recueille donc ce que je puis. Si tu m'écrivais, si j'étais moins en peine sur toi, je ferais tout avec bien plus de plaisir : une peine au cœur, c'est un levain qui fait tout monter en aigre, en quelque chose d'amer. Ainsi ma vie depuis que tu la tourmentes ; que je voudrais en être délivrée ! que de fois je dis à Dieu : « S'il est possible, éloignez de moi ce calice ! » Oui, mon ami, je l'éloigne et le reprends; je te vois tantôt heureux, tantôt malheureux, je veux et ne veux pas ton mariage. Que la volonté de Dieu se fasse! le vouloir humain doit se perdre en celui-ci; sans cela, point de repos, ni de lumière, ni de sûreté. Lucie, ma filleule, qui n'a pas ces soucis, est là attendant sa leçon.

Cela fait, il me vient une pensée du sermon *sur l'Honneur* que j'ai lu, que je veux laisser ici; il s'agit de la vanité humaine et de tout son train : « Tant de fois comte, tant de fois seigneur, possesseur de tant de richesses, maître de tant de personnes, ministre de tant de conseils et ainsi du reste; toutefois, qu'il se multiplie autant qu'il lui plaira, il ne faut toujours, pour l'abattre, qu'une seule mort. Mais il n'y pense pas, et dans cet accroissement infini que notre vanité s'imagine, il ne s'avise jamais de se mesurer à son cercueil, qui seul, néanmoins, le mesure au juste. » Quel homme! conduisant tout au cercueil. Nul, comme Bossuet, n'a su rendre la mort frappante et solennelle : il vous atterre.

Je m'en vais à la salle joindre papa. J'écrivais au chant de jeunes poulets qui piquent l'herbe sous ma fenêtre, au bruit joyeux des moissonneurs qui sont dans les chènevières. Heureuses gens qui suent et qui chantent!

Le 11. — Les gracieuses choses qui se voient dans les champs, que je viens de voir! Un beau champ de blé plein de moissonneurs et de gerbes, et parmi ces gerbes une seule debout faisant ombre à deux petits enfants, et leur grand'mère les faisant déjeuner avec du lait.

Le 12. — Qu'aurons-nous sur cette page aujourd'hui? Rien n'est venu que le chant des cigales. Attendons au soir.

Ce soir au crépuscule. — J'écris d'une main fraîche, revenant de laver ma robe au ruisseau. C'est joli de laver, de voir passer des poissons, des flots, des brins d'herbe, des feuilles, des fleurs tombées, de suivre cela et je ne sais quoi au fil de l'eau. Il vient tant de choses à la laveuse qui sait voir dans le cours de ce ruisseau! C'est la baignoire des oiseaux, le miroir du ciel, l'image de la vie, un *chemin courant,* le réservoir du baptême.

Le 16. — Un peu de calme enfin! Un peu d'espérance sur ton mariage. Mlle M. nous écrit des choses qui vont le décider. J'y vois un bien-être, une vie qui ne commencent pas mal; cela nous rend tous heureux. Aucun du Cayla qui ne fût triste depuis trois semaines. La douleur d'un membre passe à tout le corps. Comme je me sens le cœur tout autre! Je ne sais quoi d'amer s'en est allé qui me gâtait tout le plaisir de penser à toi, d'en parler. J'ai bien eu l'occasion de remarquer comme un nom prononcé, pensé, porte tristesse ou joie. Une cigale chante dans la salle; il y a aujourd'hui un peu de gaîté partout. Il faut que j'écrive à Antoinette. Misy m'a chargée de lui apprendre l'arrivée de la femme de Philibert. Pauvre cousine de l'Ile de France, elle est venue chercher asile chez ses parents. Son fils va t'être envoyé. Il me semble que son père est avec lui, nous le recommande. Je t'écrirai bientôt à l'occasion de ce cher petit enfant.

Ne croyez pas qu'il soit amusant d'écrire à un grand vicaire comme sur mon petit cahier ou à Louise, à Caro, à mes amies. Ces lettres de tendresse sortent toutes faites du cœur; mais l'autre, il m'a fallu la faire, et rien n'est ennuyeux comme ce travail d'esprit, une rédaction claire et nette de choses positives. Jamais rien ne m'a tant coûté. Je ne sais écrire que lorsque je ne sais ce que j'écrirai; je ne sais quoi vous inspire : la plume marque, et voilà tout. Mais les affaires de paroisse ne se traitent pas de la sorte. Enfin c'est fait, malgré moi. Cela m'apprend qu'un bon vouloir et la patience viennent à bout de tout. J'ai aussi épargné à papa une application fatigante; il s'agissait d'affaires entre Alos et Andillac.

Pour me délasser, je viens de me reposer la tête sur une gerbe là-bas dans le champ de Délern à Sept-Fonts, parmi des bergers et des vaches, le petit Estève jasillant. Il me parlait de son alphabet, car il va à l'école et se croit bien le plus savant. *Lous dui ssi toutés darré*[1]! Naïf orgueil de six ans qui va croître.

---

1. Je les laisse toùs derrière.

Cet enfant est, en effet, très-supérieur aux autres; mais que deviendra cette intelligence mal tournée? C'est la façon de le développer qui fait l'homme. Que de grands scélérats ont de quoi faire de grands hommes! Pauvre petit Toinou, qui deviendra mauvais su jet! Si je pouvais, je l'ôterais de chez son père.

Le 20. — Vie mélangée, *Marthe et Marie*. Après la messe que j'ai entendue pour l'anniversaire de notre grand'mère, je me suis mise à coudre des tabliers de cuisine, à raccommoder un pantalon d'Érembert, cela entremêlé de diverses lectures, histoire et poésie, cette poésie grecque d'André Chénier dont j'aime le *Mendiant* et le *Malade*. — Les bouquets de Caroline! J'entends cela à la salle. J'y vole.

Ils sont charmants, nos bouquets de la Vierge. Charmante Caro! que je la voudrais là pour l'embrasser! Une lettre de Marie, de Gabrielle et de M. Périaux en même temps. Que de choses pour un jour du Cayla! Aussi j'ai le cœur plein, tout plein de fleurs, d'amitiés, de pieuses choses pour ce bon curé de Normandie qui me parle d'une façon si saintement aimable. Il me parle aussi de Lili, et voilà la mort sur ce peu de joie! Me voilà pensant à cette pauvre cousine, qui pourtant est au ciel, comme M. Périaux dit qu'il faut l'espérer. Il le peut savoir, lui qui la dirigeait, lui qui avait la connaissance de ce lis intelligent.

Le 21. — Une grande lettre à Euphrasie, c'est mon premier plaisir de ce matin; maintenant, allons en attendre d'autres dans la salle. Que peut-il venir aujourd'hui? On ne sait, mais on espère; l'ignorance du bonheur en fait le charme; c'est si vrai, que Dieu nous a fait un mystère du paradis. Ils ne savent pas être heureux, ceux qui veulent tout comprendre.

Qu'est-il survenu? Rien que le bruit des fléaux tombant en cadence sur l'aire. Cette cadence au chant des coqs et des cigales fait quelque chose d'infiniment rustique que j'aime.

Le 22. — O bonheur, bonheur! une lettre de Raynaud qui décide ton mariage, qui demande à papa de me laisser venir à ta noce. Je ne pourrai pas, je crains bien, jouir de ce beau jour; mais pourvu qu'il vienne, que je sache ta félicité, quoique de loin, je suis contente, je bénis Dieu de toute mon âme. Je n'oublierai pas que c'est le jour de sainte Madeleine que cette espérance est venue; comme elle est douce après les amertumes passées! Maurice, cher frère, que je sens que je suis sœur dans ce moment et toujours! Ceci écrit, mon petit cahier s'en va dans le bureau sous ma table, et moi à *** demain matin. Je voudrais bien le prendre, mais où le tenir là-bas? — Je prendrai note au cœur, et puis nous mettrons ici: Adieu, au revoir, Maurice et papier. Vous quitter, quel dommage!

[Le 30.] — Me voici après huit jours, après une chute, après la mort qui m'a tenue et laissée au vouloir de Dieu. Oh! c'est bien Dieu qui m'a sauvée, qui m'a voulue encore sur la terre, ici, près de papa, dans ma chambrette à présent pour t'écrire et à bien d'autres, pour faire je ne sais quoi de bon, de doux, d'utile de ma vie, tout ce que je pourrai. Je t'ai conté mon aventure ce matin dans une lettre. A présent, je veux te dire mon bonheur de venir enfin à Paris, non pas à Paris, à ton mariage, c'est cela que je viens voir; j'ai cela bien avant dans le cœur.

Quel homme que Hugo! Je viens d'en lire quelque chose : il est divin, il est infernal, il est sage, il est fou, il est peuple, il est roi, il est homme, femme, peintre, poëte, sculpteur, il est tout; il a tout vu, tout fait, tout senti; il m'étonne, me repousse et m'enchante; à peine si je le connais pourtant que dans *Cromwell*, quelques préfaces, *Marie Tudor* et quelque peu de *Notre-Dame*. J'irai la voir cette Notre-Dame, à Paris. Que de choses à voir pour moi, au sortir de mon désert!

Le 8 [août]. — Françoise, la sœur de M. Limer, m'est venue voir dans ma solitude plus que solitaire, puisque Mimi n'y est pas; elle est à Gaillac, la chère sœur. En attendant son retour, je suis enchantée que Françoise soit venue remplir un peu de lacune; c'était notre compagne du dimanche, bien gracieuse, bien rieuse, bien gaie. Je l'ai trouvée un peu changée.

Le temps, oh! le temps! Il y a deux ans qu'elle nous a quittés, depuis elle a perdu son frère, qui s'est noyé; un cousin, beau et grand jeune homme, qu'elle a vu réduit à rien, tout consumé par la souffrance, qu'elle a veillé pendant trois mois nuit et jour. Pauvre bonne fille, c'est ce qui l'a vieillie. A présent, elle va offrir sa vie à un couvent, sa vie éprouvée, désembellie, sans plaisir au monde. C'est ainsi que les femmes se consolent, heureuses, bien heureuses que Dieu leur ait fait un bonheur en lui. Je viens de lui écrire une longue lettre pour son affaire. Voilà comme en m'occupant pour les autres de ces retraites, je reviens à y penser, à me dire qu'elles s'en iront vers Dieu et moi dans le monde, comme disait le petit frère de saint Bernard à ses frères partant pour Cîteaux. Déjà bon nombre de nos connaissances s'en sont allées de cette façon. A présent je vais écrire, pour ne pas l'oublier, une inspiration de nuit que j'ai trouvée bien le jour.

En entrant dans ma chambrette ce soir à dix heures, je suis frappée de la blanche lumière de la lune qui se lève ronde derrière un groupe de chênes aux Mérix, la voilà plus haut, plus haut, toujours plus haut, chaque fois que je regarde. Elle va plus vite dans le ciel que ma plume sur ce papier, mais je puis la suivre des yeux; merveilleuse faculté de *voir*, si élevée, si étendue, si jouissante! On jouit du ciel quand on veut; la nuit même, de sur mon chevet, j'aperçois, par la fente d'un contrevent, une petite étoile qui s'encadre là vers les onze heures et me rayonne assez longtemps pour que je m'endorme avant qu'elle soit passée; je l'appelle aussi l'étoile du sommeil, et je l'aime. La pourrai-je voir à Paris? Je pense que mes nuits et mes jours seront changés, et je n'y puis penser sans peine. Me tirer d'ici, c'est tirer Paule de sa grotte; il faut bien que ce soit pour toi que je quitte mon désert, toi pour qui Dieu sait que j'irais au bout du monde. Adieu au clair de lune, au chant des grillons, au *glouglou* du ruisseau; j'avais de plus le rossignol naguère; mais toujours quelque charme manque à nos charmes. A présent, plus rien qu'à Dieu, ma prière et le sommeil.

Le 9. — Dirais-tu ce qui me fait souffrir à présent en moi? C'est cette petite reine Jeanne Gray, décapitée si jeune, si douce, si charmante, à qui je pense.

Le 10. — Une compagne dans ma chambrette, une perdrix blessée à l'aile, mais bien leste encore, bien vive, bien gentille; elle se coule comme un rat dans tous les coins de sa prison et se prive, s'accoutume à me voir, si bien qu'elle mange et boit à mes côtés. Je voudrais la porter à Charles.

Un peu de malaise m'a fait jeter sur ton lit, ce lit où tu as couché six mois dans la fièvre, où je t'ai vu si pâle, défait, mourant, d'où le bon Dieu t'a tiré par prodige. Tout cela s'est mis avec moi sur ce lit, j'ai vu, revu, pensé, béni, puis un petit sommeil et un rêve où je me trouvais seule dans un désert entre un serpent et un lion ; la frayeur m'a réveillée. Jamais je n'ai vu de lion que celui-là, mais c'en était bien un. Comment nous arrangeons-nous pour créer ainsi en dormant, nous qui ne pouvons produire un atome? est-ce un reflet de la puissance divine qui passe alors en notre âme? Je me couche après une lettre écrite et deux reçues de Louise, ma pauvre Louise, si aimante, si aimable, si triste depuis la mort de son père : « Je ne suis pas de ceux qui se consolent bientôt, me dit-elle, plus je pleure et plus je veux pleurer ; mais je vous mêle a mes larmes. » Chère Louise ! Mimi m'écrit aussi de Gaillac qu'elle a vu le tableau, que l'enfant Jésus est bien, très-bien ; on trouve à la Vierge les yeux curieux et le coloris trop vif ; on n'observe pas que c'est fait pour un lieu élevé et sombre.

Le 12. — Oh! la Vierge, la Vierge ! Elle est dans la salle, exposée sur le buffet ; toute la maison là : Jean, Jeannot, Paul, le berger et autres adorateurs, comme ceux de Bethléem. Aussi, l'enfant Jésus leur sourit, divinement appuyé sur le cou de sa mère. Oh ! il est beau, ce petit Jésus, délicat, gracieux, céleste ; je me charme à le regarder, tantôt de près, tantôt de loin, sous tous les points, sous tous les jours. Je ne crois pas que ce doive être exposé au clair d'un salon ; ces saintes figures sont faites pour le jour mystérieux d'une église.

Le 13. — Joie sur joie; une autre lettre de Caroline : encore des tendresses, des amitiés sans fin à papa, à Éran, à Mimi, à tous; une caisse de choses pour nous. Bonne, bonne, bonne sœur, que Dieu lui rende en bénédictions tout ce qu'elle fait pour nous, tout ce que je me sens au cœur pour elle! Mon ami, comme je l'aimerai, cette charmante sœur, comme je l'aime! que je voudrais la tenir dans mes bras!

Le 14. — Rien qu'un mot, parce que je suis fatiguée, qu'il me faut dormir, que je ne dormirais pas si j'écrivais; et puis, corps et âme, tout est brisé. Des lettres de Caroline, de Louise, d'Irène, de Mimi. **Le cœur plein. Bonsoir.**

Le 15. — J'ai cru mourir cette nuit : un affaissement, un engourdissement, une palpitation de cœur sur le premier sommeil. Je me suis secouée, j'ai couru à la fenêtre, à l'air, à la fraîche nuit qui m'a remise. Cela m'a valu de jouir un moment du beau ciel, de ces belles étoiles que j'ai été au moment d'aller voir là-haut; puis je suis rentrée dans mon lit avec de sérieuses pensées de mort, cette mort qui vient on ne sait à quelle heure. Tenons-nous prêts.

Le 16. — La jolie bénédiction que... (Sans encre!)

Le 17. — De l'encre, enfin! je puis écrire; de l'encre! bonheur et vie. J'étais morte depuis trois jours que la circulation de ce sang me manquait, morte pour mon cahier, pour toi, pour l'intime. Mon ami, j'ai le cœur plein de toi, de Caro, de votre bonheur, de cette caisse, de ces robes, de ces capotes à fleurs, de ces gants blancs, de ces petits souliers, de ces bas à jour, de cette robe de dessous toute brodée. Oh! tout ça, je le vois, je le touche, je le porte, je m'en habille le cœur cent fois depuis une heure que c'est arrivé. Oh! bonne, bonne et charmante sœur! que l'Inde avait là un beau trésor que Dieu te donne! quelle bonté d'âme, quel plaisir de faire plaisir! Jamais cadeau de noce ne fut donné avec plus de joie ni reçu avec plus de reconnaissance; elle me déborde et je ne puis en parler; ce sont choses que Dieu voit et sait. Je lui demande, à l'auteur de tout bien, tous les biens, le bonheur éternel pour elle. Je vais me trouver bien heureuse dans mes parures, quoique les parures ne fassent pas mon bonheur; mais dans celles-ci il y a quelque chose de plus doux, de plus beau que l'apparence, quelque chose de plus que pour la vanité, c'est le cadeau de ta fiancée, c'est une robe de sœur qu'elle me donne. Je lui ai écrit dès avoir vu sans plus tarder. J'ai le cœur pressé pour elle; je veux qu'elle sache tout de suite le plaisir qu'elle m'a fait et fait à tous avec ses fleurs d'autel, sa nappe, sa Vierge, ses robes et tant de belles et gracieuses choses. Que je l'aime! que Dieu la bénisse, Dieu qui ne laisse pas un peu d'eau donnée sans récompense!

Voilà ce qui nous est venu de Gaillac avec l'encre, une lettre de Mimi, du poivre et de l'huile, c'est te dire tout. J'ajoute encore qu'Éran a tué un lièvre et une perdrix et m'a rapporté deux cailles vivantes et souffrantes. Le souffrant est pour moi et l'a toujours été. Étant enfant, je m'emparais de tous les poulets boiteux ; faire du bien, soulager est une jouissance intime, la moelle du cœur d'une femme.

Je finis par où j'ai commencé, par cette bénédiction des bestiaux le jour de saint Roch, cérémonie si religieuse, si grande à qui sait y voir Dieu entourant l'homme de tant de créatures bénites pour son service; vraie image de la création que ce rassemblement de bestiaux : tout, jusqu'au cochon. Je pensais à Bijou que j'aurais bien fait bénir.

[Sans date.] — Hier dimanche, passé la journée à l'église ou dans les chemins, et, chemin faisant, je pensais au solitaire et à l'ange comptant ses pas, histoire qui m'est demeurée des lectures de mon enfance et qui me revient dans mes promeners solitaires. Dans la Garenne-au-Buis, à Sept-Fonts, où nous avons été ensemble, je me retrouve ce compagnon céleste.

Le 20. — Mimi, Lucie, Amélie, sa cousine, Fontenilles, tout ce monde entrant à la fois dans la salle, me tire d'ici. Il faut aller à la cuisine, au salon, à de petits poulets naissants qui m'occupent; voilà plus qu'il n'en faut pour m'empêcher d'écrire. J'enferme mon cahier dans le placard.

A dix heures du soir. — C'est trop joli ce que je vois pour ne pas te le dire : nos demoiselles, là-bas, le long du ruisseau, chantant, riant, se montrant çà et là sous des touffes d'arbres comme des nymphes de nuit, à la clarté d'un feu d'allumettes que fait Jeannot, leur fanal courant : c'est la pêche aux écrevisses, plaisir qu'Érembert a voulu donner à ces jeunes filles que tout amuse. J'ai mieux aimé être ici à les voir faire et te le dire. Je les entends rire et toujours rire; cet âge est une joie permanente. Pour moi, j'ai besoin de repos, de me coucher au lieu d'errer sur le frais gazon d'un ruisseau. Adieu, Maurice; nous avons bien parlé de toi en montrant les cadeaux de noce. Je ne voudrais pas te quitter, mais de force. Il y aurait de quoi passer la nuit ici à décrire ce qui se voit, s'entend, dans ma délicieuse chambrette, ce qui vient m'y visiter, de petits insectes, noirs comme la nuit, de petits papillons mouchetés, tailladés, volant comme des fous autour de ma lampe. En voilà un qui brûle, en voilà un qui part, en voilà un qui vient, qui revient, et sur la table quelque chose comme un grain de poussière qui marche. Que d'habitants dans ce peu d'espace! Un mot, un regard à chacun, une question sur leur famille, leur vie, leur contrée, nous mènerait à l'infini ; il vaut mieux faire ma prière ici devant ma fenêtre, devant l'infinité du ciel.

Le 22. — Mme et M. de Faramond, une lettre de Louise, hier une d'Antoinette, plaisir et bonheur. Demain, je pars avec ces demoiselles. Adieu, cahier; mais je le prendrai peut-être pour me trouver avec toi.

Le 25. — Oh! les vieux châteaux, avec leurs grandes salles, leurs meubles antiques, leurs larges fenêtres d'où l'on voit tout le ciel, les portraits de belles dames et de grands seigneurs, cela fait je ne sais quel plaisir à voir, à s'y voir errant de chambre en chambre. Oh! j'aime les vieux châteaux, et je me complais depuis un jour dans cette jouissance. C'est de Montels que je t'écris, dans une chambre écartée où j'ai, par bonheur, trouvé de l'encre; j'avais oublié d'en prendre, et c'était grande privation de ne pouvoir rien tracer de tout ce qui se peint en moi dans cette demeure de mon goût. Je m'y plairais toujours d'autant qu'à chaque endroit ce sont des souvenirs d'enfance, et tu sais comme ce passé fait plaisir. J'avais neuf ans quand je vins à Montels. En arrivant j'ai reconnu l'église sous son grand ormeau où j'allais sauter à l'ombre, puis la grande cour et puis la petite avec son puits, la porte à vitres du salon, et dans ce salon, les grandes belles dames que j'aimais tant à voir; une à côté d'un capucin en méditation qui fait contraste, chose que je n'avais pas tant remarquée qu'à présent. Dans l'enfance, les effets de réflexion touchent peu. Nous sortons, nous courons, nous errons deçà, delà, dans les bois, les allées de marronniers superbes, dans des prairies immenses. Charmante vie de campagne si nous étions moins seules; nous sommes ici Mme de Paulo, sa fille, Louise de Thézac et moi; le petit Henri par-dessus pour nous divertir. Un enfant fait au moins du bruit, et le dedans des vieux châteaux en a besoin, sans quoi les peurs, les revenants, les sorciers. Il y a plus d'une légende dans ce genre sur ce château. Jadis, certaine religieuse...

On me prit l'encrier, ce qui m'a fait manquer mon histoire d'apparition; mais voici une légende qui vaut bien :

LA BALLADE DES MONTAGNARDS

Chères sœurs, un *De profundis* :
La cloche sonne pour ma mie ;
Elle a quitté sans moi la vie,
Pour s'envoler au paradis.
Le paradis vaut bien la terre
Où l'on n'éprouve que chagrin :
Cloche, sonne pour ma bergère,
Tu sonneras pour moi demain.

J'ai vu rouler le météore ;
Ma pastourelle, était-ce toi ?
Serais-tu condamnée encore
A souffrir à cause de moi ?
J'ai vu le soir sur la fougère
Danser, aux tremblantes clartés

De la céleste messagère,
La plus légère des beautés.

Lise, j'ai cru te reconnaître.
Hélas ! à cette heure peut-être
Tu payais d'un affreux tourment
Des jouissances d'un moment !
Cloche, sonne pour ma bergère,
Du ciel ouvre-lui le chemin.
Appelle, appelle à la prière
Tous ceux à qui Lise fut chère
Et pour terminer ma misère,
Cloche, sonne pour moi demain.

Si malgré ma douleur amère,
Lise, je ne te suivis pas,
C'est que tu n'avais pas de mère
Pour prier après ton trépas ;
Mais aussitôt que de la terre
Ton âme aura pris son essor,
A l'instant où le grand saint Pierre
T'ouvrira son royaume d'or,
Venez, venez à la prière,
Redira la cloche au passant.
Vous priiez hier pour la bergère,
Aujourd'hui priez pour l'amant.

Il disait, et l'heure dernière
Vint le guérir de son chagrin.
Et j'entendis sa pauvre mère
Dire à son tour dans sa misère :
Cloche, sonne pour moi demain.

Charles, Charles arrivant de Paris ! Tout le monde

court. Je vais savoir de tes nouvelles. Point de lettre, tu es bien méchant de ne pas m'écrire, à moi qui t'écris de partout.

Le 30. — Des nouvelles, des lettres : Mimi, papa qui m'écrivent, mon amie de Maistre ; Étienne portant tout cela et m'emmenant ce soir à Rayssac. La chère Louise sera étonnée et heureuse de me voir.

Le 4 septembre. — A Rayssac depuis quatre jours, dans tout le charme de l'amitié et des montagnes. Causer avec Louise, nous promener deçà, delà, m'ont si bien pris tous mes moments que je n'ai pas écrit pour toi. J'ai répondu seulement à Marie, cette autre amie qui me fait voir un autre Rayssac aux Coques. Je trouve bien des rapports entre Louise et Marie : même caractère ardent et élevé, même dévouement, même grande et haute intelligence, même affection pour moi. Être aimée d'elles, oh! d'où me vient ce bonheur?

Une course, un pèlerinage, mi-chevauchant, mi-à pied, à Saint-Jean de Jannes, petite église cachée sous des monts comme une cellule au Liban. Nous y avons trouvé une jolie statue de la Vierge et un tableau de saint Jean plein d'expression et de naturel. Il n'est pas commun d'en trouver d'un si beau travail dans les campagnes. Ici les maisons sont pauvres et les églises riches ; la foi fait comprendre à ces populations éminemment croyantes que mieux valait orner la maison de Dieu que celle de l'homme, la demeure éternelle que la demeure d'un jour. Dans ces monts et vallées où l'imagination se plaît tant, j'ai rencontré aussi des souvenirs de cœur, des chemins où tu as passé il y a trois ou quatre ans. Que de pas aits depuis!

[Le 5.] — N'écrivez pas la nuit si vous voulez qu'on vous lise. Je m'aperçois ce matin de mon griffonnage d'hier soir, mais entre nous tout passe. Tu me passeras cette mauvaise écriture comme je te passe de ne pas m'écrire, bien pire chose à mon avis. En lisant une *France pittoresque*, j'ai trouvé que le Nivernais était habité du temps de César par les Vadicasses et les Roji, que les habitants de la Nièvre sont hospitaliers, que, parmi les antiques, on a remarqué une statue de reine au pied d'oie et, dans une carrière de marbre, à Clamecy, une main de femme dont les os étaient convertis en turquoises. Puis le poëte Adam Billaut, de Nevers. Me voilà campée sur le pays de Marie, je pourrai lui en parler la première. C'est pour cela que j'ai pris ces notes. Toujours quelque intérêt de cœur dans ce qu'on fait et dit.

Sans Louise qui me tombe sur cette feuille comme un papillon sur la fleur, j'aurais continué d'écrire je ne sais quoi, mais qui n'aurait pas valu pour moi ce que nous avons dit avec mon amie, ces choses intimes, à voix basse, du cœur au cœur, d'un si grand prix d'amitié. C'est à toi maintenant que je pense, à toi malade, pâle, mourant, dévoré de fièvre et guéri, ressuscité à pareil jour, 8 septembre, comme par miracle, vrai miracle de guérison dont je vais rebénir l'anniversaire à l'église.

Une chose à faire pitié, une pauvre folle venue comme un tourbillon à l'église, se précipitant à genoux devant le tabernacle où elle a chanté un cantique à l'Eucharistie. C'était touchant cette sainte folie, cette exaltation délirante pour Dieu, seul amour de la pauvre folle. Au moins elle sera contente un jour, quand la raison lui reviendra au ciel et lui fera voir que le comble de la sagesse sera d'aimer ce qu'elle aimait follement. Tant d'autres insensés ne seront pas si heureux. Ceci mènerait loin, il me faut aller faire connaissance avec Mme de Bayne et sa suite qui arrivent de Toulouse.

C'est une douce et bonne petite femme, mais silencieuse et timide, faisant deviner les qualités de son cœur et de son esprit, et des talents agréables. Elle peint, dessine, fait de la musique, brode beaucoup et charme ainsi la rusticité des montagnes, séjour nouveau pour elle et un peu étrange du monde au désert, si elle n'avait de quoi en adoucir le brusque passage. Ce sont du moins les réflexions qui me viennent sur la position de cette jeune femme, venant presque de la cour, car elle arrive d'Autriche, près des princes que M. de Montbel ne quitte plus. Ce contraste du passé et du présent m'a frappée

Louise me dit qu'où les autres ne voient rien

je trouve beaucoup à dire. « Tenez, me disait-elle, vous diriez cent choses sur cela. » C'était un loquet de porte qu'elle tirait en s'en allant. Assurément, on aurait de quoi dire et penser sur ce morceau de fer que tant de mains ont touché, qui s'est levé sous tant d'émotions diverses, sous tant de regards, sous tant d'hommes, de jours, d'années. Oh! l'histoire d'un loquet serait longue!

Je pars demain. Pauvre Louise, que de regrets à présent! La fin de tout, c'est la peine. C'était toute joie il y a huit jours. Toute joie, non, car une pensée de deuil s'y mêlait; à chaque instant nous pensions à son pauvre père, nous en parlions; j'ai bien trouvé qu'il manquait à Rayssac, ce bon M. de Bayne, causeur, bon et doux. Je me suis approchée de cette maison comme d'un cimetière, avec tristesse et regret. Puis du monde, des promenades, des causeries ont fait distraction. Les teintes de l'âme sont changeantes et s'effacent l'une sous l'autre comme celles du ciel.

Le 12. — A sept heures je l'ai embrassée et laissée tout en larmes dans son lit. Que d'amitié dans cet adieu, ce serrement de main, ce *revenez*, ce plus rien de la voix que font les larmes! Pauvre et chère Louise, j'ai eu le courage de la quitter, de ne pas pleurer du tout. Je ne conçois rien à moi-même, ce moi qui ne me paraît pas trop dur ne s'attendrit pas dans ces occasions. Mais qu'importe? j'aime autant qu'une autre; autant vaut ce qui vient du cœur que ce qui sort des paupières. Mais cette tendre Louise aime et pleure. C'est qu'elle me regrettait fort, parce qu'elle a besoin d'une amie, qu'elle me contait ses peines, son avenir, ses projets, peut-être ses illusions. Toujours les femmes en ont quelqu'une.

[Sans date.] — Visites, bruit de chasse au Cayla, et nous travaillant avec Euphrasie dans l'embrasure d'une fenêtre de la salle. J'aime fort cet à-part et d'entendre causer plus loin, et de dire un mot de temps en temps qui vous lie à la causerie. Je suis si occupée à mon petit trousseau de voyage, qu'il n'y a pas moyen d'écrire ni de lire. Mais aussi je viens à Paris dans quinze jours!

Le 19. — Il est venu aujourd'hui au Cayla une jeune enfant bien intéressante, remplie de grâces, de souvenirs et de malheurs, la plus jeune fille de notre cousin de l'Ile de France. Je ne puis la voir sans une émotion profonde, tant elle remue en moi d'affections et de regrets. Je pense à son pauvre père si aimable, si distingué, qui m'aimait tant, me dit sa fille. Pauvre chère petite, qu'elle est gentille avec sa vivacité, son esprit, ses grâces de quatorze ans et quelque chose d'étranger dans la figure et l'accent qui ajoute un charme à ses charmes! Son petit frère est aussi bien gentil et tout content dans son collége. Il n'a que neuf ans et sent le prix de l'éducation. Tous deux sont ignorants comme des créoles : « Là-bas, disent-ils, nous ne faisions que jouer, mais en France il faut savoir bien des choses, autrement on se moquerait de nous. » Mon cousin, tant qu'il a vécu, les envoyait aux écoles; depuis sa mort, sa femme les a retirés, faute de fonds sans doute. Mais voilà qu'ils trouvent tout ce qu'il leur faut en France, chez leurs parents de Lagardelle et les frères de leur père. Ainsi la Providence vient au secours d'un chacun.

Oh! j'en suis bien la preuve encore, moi qui vais pouvoir faire ce voyage, ce beau voyage de Paris. Je t'ai dit comment. Aurions-nous cru, l'an dernier, en venir là? Dieu soit béni! bien béni! Papa vient d'aller à Andillac faire viser mon passe-port au maire. Signe que nous allons nous voir. Écrire à Marie de Gaillac, à Marie des Coques, ici un peu, causer et nous promener avec Félicie, c'est ma journée. Adieu; il y en a eu de plus malheureuses. A pareille époque, l'an dernier, nous t'avions si malade.

Le 24. — Point d'écriture ni de retrait ici depuis plusieurs jours; du monde, du monde, tout le pays à recevoir. Nous étions douze à table aujourd'hui, demain nous serons quinze, visites d'automne, de dames et de chasseurs, quelques curés parmi comme pour bénir la foule : la vie de château du bon vieux temps. Ce serait assez joli sans le tracas du ménage qu'il faut faire. Ah! j'ai eu aussi la visite attendue du paladin de Rayssac, qui est venu en messager extraordinaire m'apporter une lettre et des nouvelles de bonheur, un commencement d'espérance, l'assentiment de quelqu'un de très-influent dans cette affaire. Cela m'a fait bien plaisir pour mon amie et pour lui. Je ne sais lequel m'intéresse le plus, tous deux aimables, d'un caractère élevé, d'un bon et noble cœur, et s'unissant en moi par leur confiance. Oh! s'il n'était pas si tard, que je dirais de choses sur ces deux jours de mystérieuse visite, de promenades, de mots semés dans les bois, sous les feuilles des vignes!

Le 28. — Rien, rien depuis ce jour, pas mot d'écriture ni moyen de dire ce qui s'est fait, vu et dit, au Cayla et en moi. Que de personnes et de choses, de visites, de rires, de jeux, d'adieux, de bon voyage souhaité à moi qui vais partir! Un jour douze à table, le lendemain quinze, il venait du monde deçà, delà. On aurait dit qu'on s'était entendu de tous côtés pour s'abattre en nombreuse volée au Cayla. Grande compagnie dans la grande salle; c'était en harmonie, et folle joie venait de tant de jeunesse. Sept demoiselles et autant de chasseurs, moitié à cheval, moitié à pied. Bon nombre des convives sont partis le soir, emmenant la jeune créole, celle que je voyais s'en aller avec le plus de peine. Je l'aime et ne sais quand je la reverrai. Le messager des montagnes nous avait quittés le matin, me promettant pour moyen de correspondance une lettre de sa sœur dans laquelle il mettrait un signe, s'il espérait bonheur de ses parents, sinon rien Le rien me fait peur.

Ce soir. — J'arrive des Cabanes; Érembert, de Gaillac, m'apportant la lettre attendue. Point de signe. Pauvre jeune homme! pauvre amie! ils vont être bien malheureux. Caroline et toi, nous avez écrit aussi; c'est bien de quoi occuper cœur et plume, mais je n'ai pas un moment à moi. Il y a une douce joie pour moi de toi dans ta lettre à papa. Oh! Dieu finit toujours par nous exaucer. Chère chambrette! il faut te quitter pour ce soir et bientôt pour longtemps.

Le 29. — Adieu ma chambrette, adieu mon Cayla, adieu mon cahier, quoique je le prenne avec moi, mais il voyagera dans ma malle.

Je reviens d'une messe de bon voyage que le bon pasteur m'a dite. J'ai reçu tous les adieux et serrements de mains d'Andillac[1].

---

1. Ce septième cahier s'arrête le 29 septembre 1838, au moment où Mlle E. de Guérin quittait le Cayla pour aller assister au mariage de son frère Maurice. Le huitième, imprimé déjà par nous (*Reliquiœ*, Caen, 1855), fut commencé à Nevers le 10 avril 1839. On verra plus loin que, dans l'intervalle, pour complaire à Maurice, Mlle E. de Guérin avait tenu aussi le journal des cinq mois qu'ils passèrent ensemble à Paris; mais ce cahier, ainsi que le premier de la série, a échappé à nos recherches.

VIII

> Vous m'êtes témoin, Seigneur, que je ne trouve nulle part de consolation, de repos en nulle créature.
> *L'Imitation.*

10 avril [1839], à Nevers.

Huit jours, huit mois, huit ans, huit siècles, je ne sais quoi de long, de sans fin dans l'ennui, depuis que je t'ai quitté, mon ami, mon pauvre malade! Est-il bien? est-il mieux? est-il mal? Questions de toujours et de toujours sans réponse. Ignorance pénible, difficile à porter, ignorance du cœur, la seule qui fait souffrir ou qui fait souffrir davantage. Il fait beau, on sent partout le soleil et un air de fleurs qui te feront du bien. Le printemps, la chaleur vont te guérir mieux que tous les remèdes. Je te dis ceci en espérance, seule dans une chambre d'ermite, avec chaise, croix et petite table sous petite fenêtre où j'écris. De temps en temps, je vois le ciel et entends les cloches et quelques passants des rues de Nevers, la triste. Est-ce Paris qui me gâte, me rapetisse, m'assombrit tout? Jamais ville plus déserte, plus noire, plus ennuyeuse, malgré *les charmes qui l'habitent*, Marie et son aimable famille. Il n'est point de charme contre certaine influence. O l'ennui ! la plus maligne, la plus tenace, la plus emmaisonnée, qui rentre par une porte quand on l'a chassée par l'autre, qui donne tant d'exercice pour ne pas la laisser maîtresse du logis. J'ai de tout essayé, jusqu'à tirer ma quenouille du fond de son étui où je l'avais depuis mon départ du Cayla. Cela m'a rappelé l'histoire de ce berger qui, parvenu à la cour, y conservait le coffre où était sa houlette, et l'ouvrait quelquefois pour trouver du plaisir. J'ai aussi trouvé du plaisir à revoir ma quenouille et à filer un peu. Mais je filais tant d'autres choses ! Voyage enfin aux îles Pelew, ouvrage aussi intéressant que des étoupes. Je n'en ai pu rien tirer en contre-ennui. Qu'il demeure, cet inexorable ennui, ce *fond de la vie humaine*. Supporter et se supporter, c'est la plus sage des choses.

Une lettre, enfin ! Une lettre où tu es mieux, une lettre de ton ami qui t'a vu, qui t'a parlé, qui t'a trouvé presque en gaieté. *O res mirabilis!* de la gaieté ! pourvu que ce ne soit pas factice, que tu ne veuilles pas nous tromper ! Les malades jouent de ces tours quelquefois. Pourquoi ne pas croire aussi ? Le doute ne vaut rien pour rien. Ce qui me fait tant estimer ton ami, c'est que je n'en doute pas, que je le crois immuable en amitié et en parole, un homme de vérité. Ce qui me fait aimer et vouloir ses lettres encore, c'est qu'il est le plus près de toi par l'intelligence et le cœur, et que je te vois en lui.

Le 14. — Lettre de toi, de notre ami, le général, l'aimable et gracieux visiteur, qui m'écrit ses regrets d'être venu trop tard me faire ses adieux. J'étais partie l'instant d'avant. J'avais perdu de le voir, hélas! et tant d'autres choses. Ce départ, cette séparation si imprévue, si douloureuse par tant d'endroits, me fait comme un martyre au cœur, à l'esprit, aux yeux qui se tournent toujours vers Paris. Mais ta lettre m'a fait du bien; c'est toi que j'entends encore, c'est de toi que j'entends que tu dors un peu, que l'appétit va se réveillant, que ta gorge s'adoucit. Oh! Dieu veuille que tout soit vrai! Combien je demande, désire et prie pour cette chère santé, tant de l'âme que du corps! Je ne sais si ce sont de bonnes prières, que celles qu'on fait avec tant d'affection humaine, tant de vouloir sur le vouloir de Dieu. Je veux que mon frère guérisse; c'est là mon fond, mais un fond de confiance et de foi et de résignation, ce me semble. La prière est un désir soumis. *Donnez-nous notre pain, délivrez-nous du mal, que votre volonté soit faite.* Le Sauveur, au jardin des Olives, ne fit que cela, ne pas vouloir et accepter. Dans cette acceptation, dans cette libre union de la volonté humaine à la volonté divine est l'acte le plus sublime d'une pauvre créature, le complément de la foi, la plus intime participation à la grâce qui coule ainsi de Dieu à l'homme et opère des prodiges. De là les miracles de guérison, qui font partie de la puissance des saints qui ne font qu'un avec Dieu, *consommés dans l'unité,* comme dit saint Paul. Voilà pourquoi Marie, croyante et aimante, fait faire pour toi une neuvaine à Nevers. Elle a chargé son père de ce soin, son père, le saint qui doit s'unir à nous, sœur et amie. Touchante marque d'intérêt et de faire trouver une âme d'homme parmi des femmes affligées ! J'admire comme cette famille est intelligemment chrétienne, et le bien qui en résulte. Que la société serait belle, si elle se composait de ce que je vois ici, intelligence et bonté !

Aux Coques. — Désert, calme, solitude, vie de mon goût qui recommence. Nevers m'ennuyait avec son petit monde, ses petites femmes, ses grands dîners, toilettes, visites et autres ennuis sans compensation. Après Paris où plaisir et peine au moins se rencontrent, terre et ciel, le reste est vide. La campagne, rien que la campagne ne peut me convenir.

Notre caravane est partie de Nevers lundi à midi, l'heure où il fait bon marcher au soleil d'avril, le plus doux, le plus resplendissant. Je regardais avec charme la verdure des blés, les arbres qui bourgeonnent, le long des fossés qui se tapissent d'herbes et de fleurettes comme ceux du Cayla. Puis des violettes dans un tertre, et une alouette qui chantait en montant et s'en allant comme le musicien de la troupe.

Le 18. — Dans ma chambre de cet hiver, d'où je vois ciel et eau, la Loire, la blanche et longue Loire qui nous horizonne. Cela plaît mieux à voir que les toits de Nevers. Mon goût des champs se trouve à l'aise ici dans l'immensité : plaisir des yeux seulement. Je ne sors pas, et c'est l'imagination qui fait l'oiseau et s'envole de tous côtés. Je parcours le Bourbonnais, le Berry; je m'arrête avec charme aux montagnes d'Auvergne, si neigeuses au sommet, si fraîches, si fleuries, si vertes et abondantes dans leurs pentes. Je cherche Montaigu, d'où nous sommes venus, d'où tant de chevaliers sont partis pour les combats de Terre-Sainte et autres lieux; d'où l'évêque de Senlis s'en alla ordonner Bouvines (l'ordonnance de la bataille fut due à Guérin, évêque de Senlis, dit je ne sais quel narrateur de l'époque). Je parcours les domaines et terres des seigneurs nos aïeux. Comme alors, j'y vois des bergeries de vaches et de moutons, j'y vois couler les ruisseaux qui coulaient, verdoyer les bois qui verdoyaient, chanter les oiseaux qui chantaient : j'y vois tout ce qui s'y voyait, hormis les maîtres, pauvres diables tirant au Cayla le diable par le queue. On a vu des rois maîtres d'école. Les revers sont de toute date, de toute famille, et ces malheurs de fortune ne sont pas les plus pesants quand on sait les porter.

Le soir. — Un malaise, un sans appétit qui m'ôte envie de dîner, me vaut le plaisir de me tenir ici pendant qu'on dîne, plaisir de solitude avec Dieu, mes livres et toi. Fait mes prières et placé dans mon secrétaire une jolie petite valise que m'a donnée Valentine, aimante et donnante comme sa mère. Cette enfant tient beaucoup d'elle pour le caractère, l'esprit, et je crains pour la santé, et je crains pour le cœur, ces deux choses trop tendres de Marie. Cette cassette me fera toujours plaisir par le souvenir du temps, du lieu, de tant de choses, et par le titre de cadeau d'enfant. Tout ce que touche ou donne leur petite main a tant de charme!

Mon esprit s'est tourné vers toi tout le jour. J'ai butiné roses, pavots et soucis dans ton enclos indien; j'ai suivi riantes et tristes pensées, mon bien-aimé malade. Oh! la distance, les distances! Que je souffre de me voir si loin de toi, disait un ami à un ami qu'il avait au ciel. Et moi qui te sais dans ton lit malade...

Le 19. — Fini une lecture que je croyais plus intéressante, un roman pris sur son titre : *La Chambre des Poisons*, qui m'annonçait la Brinvilliers, Louis XIV et son siècle. Au lieu de cela, sorcière, crapauds privés, d'horribles choses dans de petits lieux, parmi des princes et princesses; Louis le Grand rapetissé, petit vieillard sous la main d'une vieille femme, et puis les jésuites et autres choses malavisées; le duc d'Orléans, le cardinal Dubois, personnages saillants de l'époque, qui devaient ressortir le plus dans le tableau, dont on esquisse à peine le bout du nez. Les poisons ne me plaisent pas. Passons à la *Physiologie des Passions*, du docteur Alibert.

Pas de *Physiologie*, pas de clef à la bibliothèque : nous l'avons cherchée partout comme la clef d'or. Et, en vérité, c'est bien de l'or pour moi qu'un livre, une chose de prix dans notre désert et besoin d'âme. Inconcevables que nous sommes! rien ne peut donc nous contenter! Vivre avec Marie, à la campagne, être avec elle, me semblait un bonheur fini, et j'ai besoin d'autre chose; Marie, ce livre oriental aux feuilles de roses, écrit de perles, me laisse sans plaisir. *On trouve au fond de tout le vide et le néant.* Que de fois j'entends ce mot de Bossuet! Et celui-ci plus difficile : « Mettez vos joies plus haut que les créatures. » C'est toujours là qu'on les pose, pauvres oiseaux, sur des branches cassées, ou si pliantes qu'elles portent jusqu'à terre.

> Oh! qu'est-ce que la vie? Exil, ennui, souffrance,
>   Un holocauste à l'espérance,
> Un long acte de foi chaque jour répété!
> Tandis que l'insensé buvait à plein calice,
> Tu versais à tes pieds ta coupe en sacrifice,
> Et tu disais : J'ai soif, mais d'immortalité!

Promenade avec Marie dans le jardin, autour du petit bois. Lu le journal en rentrant, dansé avec Valentine, chanté *Ay rencountrat ma mio dilus*, que Marie accompagnait au piano. Journée finie, bonsoir à tout, *adiou à tu.*

Le 20. — Pas de lecture, donc écriture, quelque chose qui fixe, captive, occupe. Je n'ai pas assez du travail des mains; mes doigts ne sont pas ces fées habiles qui enchantent certaines femmes de broderies, dentelles et découpures, ces dix fées logées sous dix feuilles de rose, comme disait quelqu'un à de jolis doigts aux ongles vermeils. Je n'ai ni rose, ni rien dans mes mains, qu'un *bas* qui m'échappe. Marie fait de la musique dans le salon sous mes pieds, et je sens quelque chose qui lui répond dans ma tête. *Oh! oui, j'ai quelque chose là.* Que faut-il faire? mon Dieu! Un tout petit ouvrage, où j'encadrerais mes pensées, mes points de vue, mes sentiments sur un objet, me servirait peut-être. J'y jetterais ma vie, le trop-plein de mon âme, qui s'en irait de ce côté. Si tu étais là, je te consulterais, tu me dirais si je dois faire et ce qu'il faudrait faire. Ensuite nous vendrions cela, et j'aurais de l'argent pour te revenir voir à Paris. *Oh! voilà qui me tente encor plus que la gloire.* La gloire ne serait pour rien, je te jure, et mon nom resterait en blanc. Nous réussirions peut-être. J'ai pour appui de ma confiance M. Andryane, M. Xavier de Maistre, qui ont dit des choses à faire partir ma plume de joie comme une flèche. Mais où viser? Un but, un but! Vienne cela, et je serai tranquille, et je me reposerai là dedans.

L'oiseau qui cherche sa branche, l'abeille qui cherche sa fleur, le fleuve qui cherche sa mer, volent, courent jusqu'au repos. Ainsi mon âme, ainsi mon intelligence, mon Dieu, jusqu'à ce qu'elle ait trouvé sa fleur, sa branche, son embouchure. Tout cela est au ciel, et dans un ordre infiniment parfait; au ciel, lieu de l'intelligence, seront comblés les besoins intellectuels. Oh! je le crois, je l'espère. Sans cela, je ne comprendrais pas l'existence; car, en ce monde, ombre de l'autre, on ne voit que l'ombre de la félicité.

Le 21. — Dimanche, partie pour la messe avec l'espoir d'une lettre au retour. Le retour et pas de lettre! et tout m'est lettre d'ici à Paris. Je vis entre deux feuilles de papier. Hors de là, rien ne m'intéresse aujourd'hui. Le soleil que j'aime, le rossignol que j'ai entendu pour la première fois ce printemps, ni ce monsieur de Chouland qui m'avait paru si aimable cet hiver, qui est venu, qui est bien le même, ne m'ont fait plaisir : il y a des moments où l'âme est morte civilement, ne prenant part à rien de ce qui se fait autour d'elle. Que Dieu me soutienne dans ma lutte d'abattement! Du courage, du courage! Trente fois par jour je le dis, et le fais? je ne sais.

Le 22, au lever. — Que viendra-t-il sous cette date? Je la marque seulement, en attendant facteur, peine ou plaisir, sombre ou soleil, ce qui fait un jour.

Au soir. — Pas de lettre! pensée qui me suit au lit avec tant d'autres toutes tristes. *Ne rien savoir*, cela se grave au cœur avec une lame. Que fais-tu, mon pauvre Maurice? Dix-neuf jours de silence, et tu n'étais qu'un peu mieux, et le mal revient et il va vite! Que je suis aise de voir que sainte Thérèse, dont je lis l'*Esprit* dans mon lit, avait un frère qu'elle aimait beaucoup, auquel elle écrivait longuement et tendrement, lui parlant de toutes sortes de choses, d'elle et de lui. Mélange de vie, de sentiments, d'idées qui font voir que les cœurs des saints ressemblent aux nôtres, et que de plus Dieu les dirige. Me voilà loin du couvent d'Avila, et d'Espagne à Paris, et de Thérèse à une autre femme, et par l'effet d'un mot, rien que d'un mot, d'un *obligez-moi* que j'ai rencontré dans ces lettres et qui m'a fait penser à celui que j'ai entendu si souvent dans la maison indienne. Je l'entends ce désobligeant *obligez-moi*, et tout un ordre d'idées, de souvenirs, de regrets, de craintes le suivent. Oh! puissance d'un mot, d'un son qui change tout à coup notre âme. Ainsi d'une vue, d'une odeur. Je ne puis sentir l'eau de Cologne sans penser à la mort de ma mère, parce qu'au moment où elle expirait on en répandait sur son lit, tout près du mien. On me réveilla dans cette odeur et dans cette agonie.

Le 23. — Oh! si j'étais plus près, je saurais bien pourquoi je n'ai pas de nouvelles. J'irais, je monterais à la maison indienne, j'entrerais dans ta chambre j'ouvrirais tes rideaux et je verrais dans cette alcôve... Que verrais-je? Ah! Dieu le sait. Pâle, sans sommeil, sans voix, sans vie presque. Ainsi je te fais, ainsi je te vois, ainsi tu me suis, ainsi je te trouve dans ma chambre où je suis seule. Maurice, mon ami, Caro, ma petite sœur, et vous tous qui deviez m'écrire, pourquoi ne m'écrire pas? Peut-être es-tu trop souffrant, Caro trop occupée ; mais ton ami, ton frère d'Aurevilly, qu'est-ce qui lui fait garder silence? Vous entendez-vous pour me désoler? Oh! non; plutôt on ne veut pas me dire, on attend pour me dire mieux, ou ton ami est malade, et toi, paresseux, tu ne penses à rien. En effet, il souffrait de violents maux de tête, me disait-il dernièrement, et cela pourrait bien s'être changé en maladie. Je crains, j'ai plus que crainte qu'il soit malade. Double peine à présent. Pauvre cœur, n'auras-tu pas trop de poids? Oh! le mot, encore un mot de sainte Thérèse : « Ou souffrir ou mourir ! »

Le 24. — Que tout est riant, que le soleil a de vie, que l'air m'est doux et léger! Une lettre, des nouvelles, du mieux, cher malade, et tout est changé en moi, dedans, dehors. *Je suis heureuse aujourd'hui.* Mot si rare que je souligne. Enfin, enfin cette lettre est venue! Je l'ai là sous les yeux, sous la main, au cœur, partout. Je suis toute dans une lettre toujours, tantôt triste, tantôt gaie. Dieu soit béni d'aujourd'hui, de ce que j'apprends de ton sommeil, de ton appétit, de cette promenade aux Champs-Élysées avec Caro, ton ange conducteur! Le cher et bon ami me mande cela avec un détail d'amitié bien touchant. C'est trop aimable de se mettre ainsi entre frère et sœur séparés pour leur correspondance intime, pour servir mes sollicitudes, pour couper la longue distance qui s'arrête où je le rencontre. Toujours, toujours j'aurai obligation, reconnaissance infinie de ce service, de cet affectueux dévouement du plus aimable des amis.

Causé longtemps avec Marie de cette lettre et de choses infinies qui s'y sont rattachées. Les enchaînements se font si bien de chose à autre, qu'on noue le monde par un cheveu quelquefois. Ainsi avons-nous tiré le passé, le passé de l'éternité où il est tombé, pour le revoir entre nous, entre Elle et moi, moi venue si extraordinairement auprès d'Elle.

La belle vision, l'admirable figure de Christ que j'aperçois sur la tapisserie vis-à-vis de mon lit! C'est fait pour l'œil d'un peintre. Jamais je n'ai vu tête plus sublime, plus divinement douloureuse avec les traits qu'on donne au Sauveur. J'en suis frappée, et j'admire ce que fait ma chandelle derrière une anse de pot à l'eau dont l'ombre encadre trois fleurs sur la tapisserie qui font ce tableau. Ainsi les plus petites choses font les grandes. Des enfants découvrirent les lunettes d'approche, un verre par hasard rapprocha les astres, une mauvaise lumière et un peu d'ombre sur un papier me font un tableau de Rubens ou de Raphaël. Le beau n'est pas ce qu'on cherche, mais ce qu'on rencontre. Il est vraiment beau, plus beau que rien de ce que j'ai vu en ce genre à l'Exposition. Quelque ange l'a-t-il exposée pour moi dans ma chambre solitaire, cette image de Jésus, *car Jésus est doux à l'âme, et avec lui rien ne lui manque et rien ne lui paraît difficile.* Eh bien! donc, que cette image me soit utile, me soit en aide dans la pensée qui m'occupe. Demain, je vais pour toi faire un pèlerinage qui me coûte, non pour les pas, c'est pour autre chose qui demande courage d'âme, force de foi. Je l'aurai, Dieu aidant. Ne va pas croire à un martyre; il ne s'agit que d'aller me confesser à un prêtre auquel je n'ai pas confiance, mais c'est le seul de l'endroit, et j'ai besoin de me confesser pour la neuvaine que nous faisons faire. Dans cet acte de religion, il faut toujours séparer l'homme du prêtre et quelquefois l'anéantir.

Adieu; je vais dormir avec ces pensées, avec ton souvenir et tant d'autres.

Le 26. — Est-ce possible? est-ce *disable?* Qu'importe? ici tout se met, tout se dit; c'est mon *dépositoire.* Je laisse ici rire et penser. Je ris à présent d'un soulier, soulier magique, plus magique que la pantoufle de Cendrillon, plus enchanteur que le bijou de pied de la Esmeralda, puisque le plaisir de le tenir dans mes mains l'a emporté sur le plaisir d'écrire à M. Xavier de Maistre.

> Ce n'était pas qu'il fût joli,
> Qu'il fût brodé, qu'il fût mignon.

Il est vieux, déformé, sans bordure, et j'ai cousu un ruban autour, trouvant à cela un charme étonnant. Pauvre soulier! je l'aurai rajeuni et remis en état de paraître encore, de reprendre son rang aux pieds qu'il chaussait si élégamment naguère, qui l'on porté sur délicats tapis, des beaux salons aux cathédrales, des Tuileries aux champs du Nivernais. O mon soulier! ton histoire serait longue, et de tes pas faits à Paris, jamais pages, tant que j'écrirai, n'auraient l'intérêt et ne me diraient rien de joli comme ce que j'ai lu sur tes légères semelles.

J'écrirai demain à monsieur Xavier.

Le 27. — Il fut un temps, il y a quelques années, où la pensée d'écrire à un poëte, à un grand nom, m'aurait ravie. Si, quand je lisais *Prascovie* ou *le Lépreux*, l'espoir d'en voir l'auteur ou de lui parler m'était venu, j'en aurais eu des enthousiasmes de bonheur. O jeunesse! Et maintenant j'ai vu, écrit et parlé sans émotion, de sang-froid et sans plaisir, ou que bien peu, celui de la curiosité[1], le moindre, le dernier dans l'échelle des sensations. Curiosité encore, il faut le dire, un peu décharnée, étonnée seulement de ne voir rien d'étonnant. Un grand homme ressemble tant aux autres hommes! Aurais-je cru cela, et qu'un Lamartine, un de Maistre, n'eussent pas quelque chose de plus qu'humain! J'avais cru ainsi dans ma naïveté au Cayla, mais Paris m'a ôté cette illusion et bien d'autres. Voilà le mal de voir et de vivre, c'est de laisser toutes les plus jolies choses derrière. On

---

1. *Erreur:* (Ms

se prendrait aux regrets sans un peu de raison chrétienne, qui console de tout; raison chrétienne, entends bien, car la raison seule est trop sotte et n'est pas ma philosophie.

Lettre de toi, lettre de convalescence, de printemps, d'espérance, de quelque chose qui me fait bonheur, d'une vie qui reverdoie. O mon ami, que je te remercie !

Visite d'une dame et de sa petite-fille, jeune plante un peu flétrie, pâle, inclinée sous une fièvre lente, sous le développement de la vie qui la fait souffrir. Elle est blanc d'albâtre, ***, à peine rosée aux lèvres, veloutée de violet sous les yeux, air abattu et complet de langueur intéressante. Que sa grand'mère a vu de choses! Ces aïeules sont des collections d'antiques en tout genre.

Le 28. — *Heureux ceux qui croient sans avoir vu.* Heureux donc les croyants à la poudre homœopathique ! heureux donc mon estomac qui vient d'en prendre sur l'ordonnance de Marie ! J'ai plutôt foi au médecin qu'au remède, il faut le dire, ce qui revient au même pour l'effet. Quoique je t'aie pressé de consulter cette nouvelle méthode de guérison, c'était plutôt pour le régime doux et long, et par cela d'un bon effet, que pour les infiniment petits qui doivent produire infiniment peu de chose. Que peut contenir d'agissant un atome de poudre quelconque, fût-elle de feu? J'ai donc pris sans conviction, et pour complaire à la tendre amie, pleine de soins pour ma santé. Mon remède est de rien faire, de laisser faire dame Nature qui s'en tire seule, à moins de cas aigus. La santé est comme les enfants, on la gâte par trop de soins. Bien des femmes sont victimes de cet amour trop attentif à de petites douleurs, et demeurent tourmentées de souffrances pour les avoir caressées. Les dérangements de santé qui ne sont d'abord que petits maux, deviennent grandes maladies souvent, comme on voit les défauts dans l'âme devenir passions quand on les flatte. Je ne veux donc pas flatter mon malaise d'à présent, et, quoique gémissent cœur et nerfs, lire, écrire et faire comme de coutume en tout. C'est bien puissant le *je veux* de la volonté, le mot du maître, et j'aime fort le proverbe de Jacotot : *Pouvoir, c'est vouloir*. En effet, quel levier ! L'homme qui s'en sert peut soulever le monde et se porter lui-même jusqu'au ciel. Noble et sainte faculté qui fait les grands génies, les saints, les héros des deux mondes, les intelligences supérieures.

Lu *les Précieuses Ridicules* et *les Savantes*. Quel homme, ce Molière ! Je veux le lire.

Le 1ᵉʳ mai. — C'est au bel air de mai, au soleil levant, au jour radieux et balsamique, que ma plume trotte sur ce papier. Il fait bon courir dans cette nature enchanteuse, parmi fleurs, oiseaux et verdure, sous ce ciel large et bleu du Nivernais. J'en aime fort la gracieuse coupe et ces petits nuages blancs çà et là comme des coussins de coton, suspendus pour le repos de l'œil dans cette immensité. Notre âme s'étend sur ce qu'elle voit ; elle change comme les horizons, elle en prend la forme, et je croirais assez que l'homme en petit lieu a petites idées, comme aussi riantes ou tristes, sévères ou gracieuses, suivant la nature qui l'environne. Chaque plante tient du sol, chaque fleur tient de son vase, chaque homme de son pays. Le Cayla, notre bel enclos, m'a tenue longtemps sous sa verdure, et je me sens différente d'alors. Marie craint que ce soit malheur, mais je ne crois pas : il me reste assez de ce que j'étais pour reprendre à la même vie. Seulement il y aura nouvelle branche et deux plantes sur même tronc, comme ces arbres greffés de plusieurs sortes où l'on voit des fleurs différentes.

A pareil jour, peut-être à pareil [instant], Mimi la sainte est à genoux devant le petit autel du mois de Marie dans la chambrette. Chère sœur ! je me joins à elle et trouve aussi ma chapelle aux Coques. On m'a donné pour cela une chambre que Valentine a remplie de fleurs. Là j'irai me faire une église, et Marie, ses petites filles, valets et bergers et toute la maison s'y réuniront tous les soirs devant la sainte Vierge. Ils y viennent d'abord comme pour voir seulement. Jamais mois de Marie ne leur est venu. Il pourra résulter quelque bien de cette dévotion curieuse, ne fût-ce qu'une idée, une seule idée de leurs devoirs de chrétiens, que ces pauvres gens connaissent peu, que nous leur lirons en les amusant. Ces dévotions populaires me plaisent en ce qu'elles sont attrayantes dans leurs formes et offrent en cela de faciles moyens d'instruction. On drape le dessous de bonnes vérités qui ressortent toutes riantes et gagnent les cœurs au nom de la Vierge et de ses douces vertus. J'aime le mois de Marie et autres petites dévotions aimables que l'Église permet, qu'elle bénit, qui naissent aux pieds de la foi comme les fleurs aux pieds du chêne.

Le 2. — Écrit à papa, à une mère sur la mort de sa fille. Lu Andryane. Promenade avec Marie. Parlé de nos frères, ri d'un méchant auteur et rentrées par un orage; tonnerre, pluie et bruit. A présent c'est un jour.

Le 3. — Pas écrit ni envie d'écrire, même à toi, bien-aimé malade. Si ceci te faisait du bien, si je pouvais te l'adresser, te le mettre en main tous les jours, oh! alors rien ne m'empêcherait d'écrire. Mais pour l'avenir, pour jamais peut-être, cela décourage et coupe tout élan. Que me serviront des pensées que je t'adressais quand tu ne pourras pas les lire, quand je ne sais quoi me séparera de Maurice? car je crains fort de m'en retourner seule au Cayla. Je ne veux pas de cette pensée qui me revient toujours sur ta santé et tant d'autres obstacles. Ce cher voyage me paraît si incertain que je n'y compte plus. Et Dieu sait alors quand nous nous reverrons! Mon ami, faudra-t-il que nous vivions séparés, que ce mariage que je bâtissais comme un nid pour toi, où je viendrais te joindre, nous laisse plus loin que jamais! Je souffre beaucoup de cela maintenant et dans l'avenir. Mes besoins, mes penchants se portent vers toi plus qu'à tout autre de ma famille ; j'ai le malheur de t'aimer plus que qui que ce soit au monde, et mon cœur s'était fait son vieux bonheur près de toi. Sans jeunesse, à fin de vie, je m'en allais avec Maurice. A tout âge, il y a bonheur dans une grande affection ; l'âme s'y réfugie tout entière. Oh! tant douce jouissance qui ne sera pas pour ta sœur! Je n'aurai d'ouverture que du côté de Dieu pour aimer comme je l'entends, comme je le sens. Amour des saints si désirable, si consolant, si beau, à donner envie d'aller au ciel pour arracher son cœur à Thérèse, l'amante de Jésus!

Je sors d'ici ; je vais lire et prendre un calme apparent. Mon Dieu!

Le 4. — Ces Mémoires d'Andryane, qu'on m'a faits si intéressants, ne m'intéressent pas encore au second volume. Peut-être est-ce ma faute, et suis-je difficile à l'impression. Je trouve ces récits de prison languissants, ces chaînes beaucoup trop traînantes; mais 'irai au bout. Dans tout livre il y a quelque chose de bon ; c'est une poudre d'or semée partout, suivant ton expression, mieux appliquée peut-être qu'à présent. Je l'ai vu cet Andryane, l'Adonis des républicains; je l'ai lu et ne lui ai trouvé encore rien de plus beau que son visage.

Je passe presque tout mon temps à lire, quand nous ne causons pas avec Marie ; mais même en causant et s'aimant beaucoup, la solitude est trop déserte, trop vide à deux femmes seules. Les livres donc, les livres. Ils rendent service, ils sont utiles ; quoi que dise ton ami, je ne voudrais pas les brûler. Ceci me rappelle le soir du fanatisme, hélas! si loin.

Heureuse enfant! Voilà Valentine qui entre ravie de me porter un hanneton. Ce sont cris et transports de joie à faire plaisir, à me faire penser à cet âge, à ces bonheurs perdus. Que d'élans faits pour un grillon, pour un brin d'herbe!

Le 8. — Ce qu'il y a de bon dans les Mémoires d'Andryane, c'est le triomphe de l'âme sur l'adversité ; ce sont ces chaînes portées noblement, c'est le chrétien au cachot, puisant en Dieu dignité et force ; profession de foi développée avec esprit et sentiment ; puis le journal de sa sœur plein d'intérêt, plein de larmes. Il y a dans ce livre de quoi attacher et faire du bien.

Attente de lettres, et point de lettres, ni pour Marie ni pour moi ; ce qui fait nuage au cœur des deux amies, qui voient tout ensemble. Écrit à toi, commencé une robe et lu les premières pages de la *Physiologie des passions* ; début qui me plaît.

Le 9. — Écrit à Mgr de Nevers : lettre qui m'ennuyait d'abord et dont j'ai plaisir à présent, parce que j'ai fait plaisir à quelqu'un. L'Ascension aujourd'hui, une de ces fêtes radieuses de l'Église qui soulèvent l'âme chrétienne vers un monde de joies inconnues, vers le lieu où saint Paul a vu ce que l'œil n'a point vu. Mon ami, y serons-nous un jour, toi, moi, tous ceux que nous aimons? Grande et terrible question! Et si cela n'est pas, nous aurons tout perdu, et la vie n'aura été qu'une illusion! Malheur dont Dieu nous préserve!

Une lettre de Caro, la chère sœur, qui me parle de toi; mais pas assez, mais sans détails, sans intime, sans cela qui fait voir ce qu'on ne voit pas, et que fait M. d'Aurevilly. De toutes les lettres aussi les siennes sont les préférées, pleines de toi, et d'un dire qui les rend charmantes.

Le 10. — La lettre de Caro m'a laissé des soucis, des inquiétudes sur cette faiblesse qui t'empêchait un matin de te soulever, de te chausser. Que c'est de mauvaise note, mon Dieu, et qu'il me tarde que notre ami m'envoie son bulletin! Je saurai alors ce qui en est de cette chère santé. Le bien, le mal me sont rendus avec détail et précision. Je te vois jusque dans tes veines. Reconnaissance à lui, à l'ami dévoué à mes inquiétudes!

Le 11. — Si je pouvais croire au bonheur, a dit M. de Chateaubriand, je le placerais dans l'habitude, *l'uniforme habitude qui lie au jour le jour* et rend presque insensible la transition d'une heure à l'autre, d'une chose à une autre chose, qui se fait voir venir de loin et arrive sans choc pour l'âme. Il y a repos dans cette vie mesurée, dans cet arrangement, dans cet enchaînement de devoirs, d'études, de chants, de prières, de délassements que s'imposent les religieux, qui leur reviennent successivement comme les anneaux d'une chaîne tournante. Ils n'attendent pas ou ils savent ce qu'ils attendent, ces hommes d'habitude, et voilà l'inquiétude, l'agitation, le *chercher* de moins pour ces âmes. Bonheur sans doute de M. Chateaubriand, et de celui qui disait avec trop de mollesse : « Il me semble que, sur le duvet de mes habitudes, je n'ai pas le besoin de me donner la peine de vivre. » De tout cela je conclus qu'il est bon de savoir ce que l'on veut faire. Marie, à imagination flottante, papillonnante, n'aime pas l'uniformité et ne comprend pas que je l'aime. C'est cependant vrai, et j'éprouve contradiction, malaise de ne pas faire les choses suivant leur temps et leur ordre. C'est que sans ordre la vie est un pêle-mêle d'où ne sort rien de beau, tant au-dedans qu'au dehors. L'harmonie a tant de charmes ! et ce n'est que l'accord de choses qui s'appellent et se suivent.

La Bulle de Savon, conte oriental, qui m'est venu pour Valentine.

Le 13. — « *La Reine est une perfection de bonté.* Dans cet hommage de reconnaissance, dans ces mots écrits en un livre, et, ce me semble, aussi sur votre trône, est un doux encouragement, un attrait d'espérance en Votre Majesté.

« Chaque Français a la sienne, et pour moi, Madame, ce serait d'obtenir quelques dons pour ma paroisse, pour notre église en dénûment.

« Mission de quêteuse m'a été donnée, en venant à Paris, et puis-je mieux la remplir qu'en manifestant nos besoins à qui les comprend tous?

« En voyant vos riches cathédrales, le pompeux Saint-Roch, où vous étiez, j'ai pensé tristement à notre pauvre petite église, et me suis promis de demander en son nom à notre pieuse reine.

« Cette inspiration venue de Dieu, sans doute, je la suis, je vous l'adresse, Madame, comme à une providence, comme à la protectrice de la foi et du culte religieux en France.

« Royale aumône serait pour nous de grand prix, et graverait en grains d'encens le nom de Votre Majesté dans l'église et dans le souvenir des paroissiens d'Andillac.

« C'est avec leur prière que je dépose à vos pieds les sentiments aussi de leur interprète, de celle qui a l'honneur d'être, Madame, de Votre Majesté, la très-respectueuse et fidèle, etc., etc. »

Le 16. — Émeute, sang, bruit de canons, bruit de mort. Nouvelle venue comme un coup de foudre dans notre désert et calme journée. Maurice, Caro, amis de Paris, je suis en peine, je vous vois sur le volcan. Mon Dieu! Je viens d'écrire à Caro et commence un mot à M. d'Aurevilly, mon second frère en intérêt.

Le 18. — Point de lettre hier ni d'écriture ici. Je n'ai fait qu'attendre, attendre un mécompte. Triste fin d'une journée d'espérance, qui revient encore aujourd'hui; rien ne peut l'éloigner du cœur, cette trompeuse.

Je vais lire : que lirai-je? Le choix des livres, malaisé comme celui des hommes : peu de vrais et d'aimables.

Le 19. — Une lettre de Louise, pleine d'intérêt pour toi : rien que cœur, esprit, charme d'un bout à l'autre, façon de dire qui ne se dit nulle part que dans ces rochers de Rayssac. La solitude fait cela; il y vient des idées qui ne ressemblent à rien du monde, inconnues, jolies comme des fleurs ou des mousses. Charmante Louise, que je l'aime! Je la trouve cette fois d'un calme, d'un désabusé qui m'étonne, elle si illusionnée d'ordinaire. Je vais joindre l'autre Louise, qui ressemble tant à celle-ci, ne trouves-tu pas? et qui prie aussi et fait prier pour ta guérison. « L'autre jour, m'écrit-elle (Louise de Rayssac), j'étais à la Platée, paroisse de ma tante; je m'approchai d'une sainte fille qui habite cette église depuis le matin jusqu'au soir. et qui est en grande vénération de sainteté. Je soulevai un coin de son voile noir et lui dis bien bas : « Pardon, mademoi-« selle, je voudrais vous demander des prières pour « un jeune homme malade, frère de la personne que « j'aime le plus au monde. » — « Eh bien ! je prierai, « me dit-elle, avec cet air de modestie qui donne « encore plus de confiance à ma recommandation. » — Je ne l'ai pas revue. »

N'est-ce pas un joli trait pieux, mon ami, cette jeune fille quêtant pour toi des prières avec un air d'intérêt céleste? Elle est charmante. Les anges lui auraient donné.

Le 21. — Mon bonheur, mon charme, mes délices, écrire au soleil, écouter les oiseaux.

Ce n'a pas été long ce beau jour de ce matin. Hélas! mon ami, une lettre de Caro m'est venue parler si tristement de ta santé que j'en suis accablée. Il tousse, il tousse encore! Ces mots retentissent partout depuis, une pensée désolante me poursuit, passe et repasse dedans, dehors, et va tomber sur un cimetière; je ne puis voir une feuille verte sans penser qu'elle tombera bientôt et qu'alors les poitrinaires meurent. Mon Dieu, détournez ces pressentiments, guérissez-moi ce pauvre frère! Que me faudrait-il faire pour lui? Impuissante affection! Tout se réduit pour moi à souffrir pour toi.

Le 22. — Si jamais tu lis ceci, mon ami, tu auras

l'idée d'une affection permanente, ce quelque chose pour quelqu'un qui vous occupe au coucher, au lever, dans le jour et toujours, qui fait tristesse ou joie mobile et centre de l'âme. — En lisant un livre de géologie, j'ai rencontré un éléphant fossile découvert dans la Laponie, et une pirogue déterrée dans l'île des Cygnes, en creusant les fondations du pont des Invalides. Me voilà sur l'éléphant, me voilà dans la pirogue, faisant le tour des mers du Nord et de l'île des Cygnes, voyant ces lieux du temps de ces choses : la Laponie chaude, verdoyante et peuplée, non de nains, mais d'hommes beaux et grands, de femmes s'en allant en promenade sur un éléphant, dans ces forêts, sous ces monts pétrifiés aujourd'hui; et l'île des Cygnes, blanche de fleurs, et de leur duvet, oh! que je la trouve belle! Et ses habitants, qui sont-ils? que font-ils dans ce coin du globe? Descendants comme nous de l'exilé d'Éden, connaissent-ils sa naissance, sa vie, sa chute, sa lamentable et merveilleuse histoire; cette Ève pour laquelle il a perdu le ciel, tant de malheur et de bonheur ensemble, tant d'espérances dans la foi, tant de larmes sur leurs enfants, tant et tant de choses que nous savons, que savait peut-être avant nous ce peuple dont il ne reste qu'une planche? Naufrages de l'humanité que Dieu seul connaît, dont il a caché les débris dans les profondeurs de la terre, comme pour les dérober à notre curiosité! S'il en laisse voir quelque chose, c'est pour nous apprendre que ce globe est un abîme de malheurs, et que ce qu'on gagne à remuer ses entrailles, c'est de découvrir des inscriptions funéraires, des cimetières. La mort est au fond de tout, et on creuse toujours comme qui cherche l'immortalité.

Une lettre de Félicité, qui ne m'apprend rien de meilleur de toi. Quand écriront-ils, ceux qui en savent davantage? Si on voyait battre un cœur de femme, on en aurait plus de pitié. Pourquoi sommes-nous ainsi, qu'un désir nous consume, qu'une crainte nous brise, qu'une attente nous obsède, qu'une pensée nous remplisse et que tout ce qui nous touche nous fasse tressaillir? Souvenir de lettres, heure de la poste, vue d'un papier, Dieu sait ce que j'en éprouve! Le désert des Coques aura vu bien des choses pour toi. Ma douce amie, ma sœur de peines et d'affections est là, pour mon bonheur, d'un côté, pour m'attrister, de l'autre, quand je la vois souffrir, et qu'il me faut lui cacher mes souffrances pour ménager sa sensibilité.

Le 24. — Inquiétudes, alarmes croissantes, lettre de M. de Frégeville qui t'a trouvé plus mal. Mon Dieu! faut-il apprendre comme par hasard que je puis te perdre? Personne de plus près qu'un étranger ne me parlera pas de toi, ne me dira pas qu'il t'a vu pour moi! Dans l'éloignement, rien n'est accablant comme le silence. C'est la mort avancée. Mon ami, mon frère, mon cher Maurice, je ne sais que penser, que dire, que sentir. Après Dieu, je ne vis qu'en toi comme une martyre, en souffrant. Et qu'est-ce que cela, si je pouvais l'offrir pour te racheter? quand je plongerais dans une mer de douleur pour te sauver du naufrage. Toute rédemption se fait par la souffrance : acceptez la mienne, mon Dieu, unissez-la à celle des sœurs de Lazare, unissez-la à celle de Marie, au glaive qui perça son âme auprès de Jésus mourant; acceptez, mon Dieu, coupez, tranchez en moi, mais qu'il se fasse une résurrection !

Le 25. — Courrier passé sans me rien laisser. Mêmes doutes et incertitudes, mêmes craintes envahissantes. Savoir et ne pas savoir! État d'indicibles angoisses. Et voilà la fin de ce cahier : mon Dieu! qui le lira[1] ?

1. Qui devait le lire? Ainsi qu'Eugénie de Guérin le pressentait ce ne fut pas Maurice, qui, ramené par elle, et non sans peine, au Cayla, s'y éteignit moins de deux mois après la date de cette page, le 19 juillet 1839. On trouvera dans un des cahiers qui suivent le touchant récit des derniers instants d'un frère si tendrement aimé

IX

ENCORE A LUI

A MAURICE MORT, A MAURICE AU CIEL

IL ÉTAIT LA GLOIRE ET LA JOIE DE MON CŒUR.

OH! QUE C'EST UN DOUX NOM ET PLEIN DE DILECTION QUE LE NOM DE FRÈRE!

Vendredi 19 juillet, à 11 heures 1/2, date éternelle!

Le 21 juillet [1839]. — Non, mon ami, la mort ne nous séparera pas, ne t'ôtera pas de ma pensée : la mort ne sépare que le corps; l'âme, au lieu d'être là, est au ciel, et ce changement de demeure n'ôte rien à ses affections. Bien loin de là, j'espère; on aime mieux au ciel où tout se divinise. O mon ami, Maurice, Maurice, es-tu loin de moi, m'entends-tu? Qu'est-ce que les lieux où tu es maintenant? qu'est-ce que Dieu si beau, si puissant, si bon, qui te rend heureux par sa vue ineffable en te dévoilant l'éternité? Tu vois ce que j'attends, tu possèdes ce que j'espère, tu sais ce que je crois. Mystères de l'autre vie, que vous êtes profonds, que vous êtes terribles, que quelquefois vous êtes doux! oui, bien doux, quand je pense que le ciel est le lieu du bonheur. Pauvre ami, tu n'en as eu guère ici-bas, de bonheur; ta vie si courte n'a pas eu le temps du repos. O Dieu! soutenez-moi, établissez mon cœur dans la foi. Hélas! je n'ai pas assez de cet appui. Que nous t'avons gardé et caressé et baisé, ta femme et nous tes sœurs, mort dans ton lit, la tête appuyée sur un oreiller comme si tu dormais! Puis nous t'avons suivi dans le cimetière, dans la tombe, ton dernier lit, prié et pleuré, et nous voici, moi t'écrivant comme dans une absence, comme quand tu étais à Paris. Mon ami, est-il vrai, ne te reverrons-nous plus nulle part sur la terre? Oh! moi je ne veux pas te quitter; quelque chose de doux de toi me fait présence, me calme, fait que je ne pleure pas. Quelquefois larmes à torrents, puis l'âme sèche. Est-ce que je ne le regretterais pas? Toute ma vie sera de deuil, le cœur veuf, sans intime union. J'aime beaucoup Marie et le frère qui me reste, mais ce n'est pas avec notre sympathie. Reçu une lettre de ton ami d'Aurevilly pour toi. Déchirante lettre arrivée sur ton cercueil. Que cela m'a fait sentir ton absence! Il faut que je quitte ceci, ma tête n'y tient pas, parfois je me sens des ébranlements de cerveau. Que n'ai-je des larmes! J'y noierais tout.

Le 22. — Sainte Madeleine aujourd'hui, celle à qui il a été beaucoup pardonné parce qu'elle a beaucoup aimé. Que cette pensée, qui m'est venue pendant la messe que nous avons entendue pour toi, m'a consolée sur ton âme! Oh! cette âme aura été pardonnée, mon Dieu, je me souviens de tout un temps de foi et d'amour qui n'aura pas été perdu devant vous.

  Où l'éternité réside
 On retrouve jusqu'au passé.

Le passé de la vertu surtout, qui doit couvrir les faiblesses, les erreurs présentes. Oh! que ce monde, cet autre-monde où tu es m'occupe. Mon ami, tu m'élèves en haut, mon âme se détache de plus en plus de la terre; la mort, je crois, me ferait plaisir.

—Eh! que ferions-nous de l'éternité en ce monde? Visites de ma tante Fontenilles, d'Eliza, de M. Limer, d'Hippolyte, de Thérèse, tout monde, hélas! qui devait venir en joie de noces, et qui sont là pour un enterrement. Ainsi changent les choses. Ainsi Dieu le veut. Bonsoir, mon ami. Oh! que nous avons prié ce matin sur ta tombe, ta femme, ton père et tes sœurs!

Des visites, toujours des visites. Oh! qu'il est triste de voir des vivants, d'entrer en conversation, de revoir le cours ordinaire des choses, quand tout est changé au cœur! Mon pauvre ami, quel vide tu me fais! Partout ta place sans t'y voir... Ces jeunes filles, ces jeunes gens, nos parents, nos voisins, qui remplissent en ce moment le salon, qui sont autour de toi mort, t'entoureraient vivant et joyeux, car tu te plaisais avec eux, et leur jeune gaieté t'égayait.

Lettre touchante de l'abbé de Rivières, qui te pleure en ami; pareille lettre de sa mère pour moi. Expression la plus tendre de regret, douleur de mère mêlée à la mienne. Oh! elle savait que tu étais le fils de mon cœur.

Au retour de...

Sans date. — Je ne sais ce que j'allais dire hier à cet endroit interrompu. Toujours larmes et regrets. Cela ne passe pas, au contraire : les douleurs profondes sont comme la mer, avancent, creusent toujours davantage. Huit soirs ce soir que tu reposes là-bas, à Andillac, dans ton lit de terre. O Dieu, mon Dieu! consolez-moi! Faites-moi voir et espérer au delà de la tombe, plus haut que n'est tombé ce corps. Le ciel, le ciel! oh! que mon âme monte au ciel!

Aujourd'hui grande venue de lettres que je n'ai pas lues. Que lire là dedans? Des mots qui ne disent rien. Toute consolation humaine est vide. Que j'éprouve cruellement la vérité de ces paroles de l'*Imitation!* Ta berceuse est venue, la pauvre femme, toute larmes, et portant gâteaux et figues que tu aurais mangés. Quel chagrin m'ont donné ces figues! Le plus petit plaisir que je te vois venir me semble immense. Et le ciel si beau, et les cigales, le bruit des champs, la cadence des fléaux sur l'aire, tout cela qui te charmerait me désole. Dans tout je vois la mort. Cette femme, cette berceuse qui t'a veillé et tenu un an malade sur ses genoux, m'a porté plus de douleur que n'eût fait un drap mortuaire. Déchirante apparition du passé : berceau et tombe. Je passerais la nuit ici avec toi sur ce papier; mais l'âme veut prier, l'âme te fera plus de bien que le cœur.

Chaque fois que je pose la plume ici, une lame me passe au cœur. Je ne sais si je continuerai d'écrire. A quoi sert ce Journal? Pour qui? hélas! Et cependant je l'aime, comme on aime une boîte funèbre, un reliquaire où se trouve un cœur mort, tout embaumé de sainteté et d'amour. Ainsi ce papier où je te conserve, ami tant aimé, où je te garde un parlant souvenir, où je te retrouverai dans ma vieillesse... si je vieillis. Oh oui! viendront les jours où je n'aurai de vie que dans le passé, le passé avec toi, près de toi jeune, intelligent, aimable, sensibilisant tout ce qui t'approchait, tel que je te vois, tel que tu nous as quittés. Maintenant je ne sais ce qu'est ma vie, si je vis. Tout est changé au dedans, au dehors. O mon Dieu! que ces lettres sont déchirantes, ces lettres du bon marquis et de ton ami surtout. Oh! celles-ci, qu'elles m'ont fait pleurer! Il y a là dedans tant de larmes pour mes larmes! Cet intime ami me touche comme ferait te voir. Mon cher Maurice, tout ce que tu as aimé m'est cher, me semble une portion de toi-même. Frère et sœur nous serons avec M. d'Aurevilly ; il se dit mon frère.

Lu les *Confessions* de saint Augustin à l'endroit de

la mort de son ami. Trouvé un charme de vérité, une saillante expression de douleur à cette lecture qui m'a fait du bien. Les saints savent toujours mêler quelque chose de consolant à leurs larmes.

Le 28. — Rien n'est poignant comme le retour des mêmes personnes dans des jours tout différents, revoir en deuil qui vous avait porté la joie. Sa tante, la tante de Caroline, celle qui, il y a deux ans, nous amenait ta fiancée, est arrivée, est ici où tu n'es pas...

Le 4 août. — A pareil jour vint au monde un frère que je devais bien aimer, bien pleurer, hélas! ce qui va souvent ensemble. J'ai vu son cercueil dans la même chambre, à la même place où, toute petite, je me souviens d'avoir vu son berceau, quand on m'amena de Gaillac où j'étais, pour son baptême. Ce baptême fut pompeux, plein de fête, plus qu'aucun autre de nous, marqué de distinction. Je jouai beaucoup et je repartis le lendemain, aimant fort ce petit enfant qui venait de naître. J'avais cinq ans. Deux ans après je revins, lui portant une robe que je lui avais faite. Je lui mis sa robe et le menai par la main le long de la garenne du nord, où il fit quelques pas tout seul, les premiers, ce que j'allai annoncer en grande joie à ma mère : « Maurice, Maurice a marché seul ! » Souvenir qui me vient tout mouillé de larmes.

Le 6. — Journée de prières et de pieuse consolation : pèlerinage de ton ami, le saint abbé de Rivières, à Andillac, où il a dit la messe, où il est venu prier avec tes sœurs près de ta tombe. Oh! que cela m'a touchée; que j'ai béni dans mon cœur ce pieux ami agenouillé sur tes restes, dont l'âme, par delà ce monde, soulageait la tienne souffrante, si elle souffre! Maurice, je te crois au ciel. Oh! j'ai cette confiance, que tes sentiments religieux me donnent, que la miséricorde de Dieu m'inspire. Dieu si bon, si compatissant, si aimant, si Père, n'aurait-il pas eu pitié et tendresse pour un fils revenu à lui? Oh! il y a trois ans qui m'affligent; je voudrais les effacer de mes larmes. Mon Dieu, tant de supplications ont été faites! Mon Dieu, vous les avez entendues, vous les aurez exaucées. O mon âme, pourquoi es-tu triste et pourquoi me troubles-tu?

Le 13. — Besoin d'écrire, besoin de penser, besoin d'être seule, non pas seule, avec Dieu et toi. Je me trouve isolée au milieu de tous. O solitude vivante, que tu seras longue!

Le 17. — Commencé à lire les *Saints désirs de la mort*, lecture de mon goût. Mon âme vit dans un cercueil. Oh! oui, enterrée, ensevelie en toi, mon ami; de même que je vivais en ta vie, je suis morte en ta mort. Morte à tout bonheur, à toute espérance ici-bas. J'avais tout mis en toi, comme une mère en son fils; j'étais moins sœur que mère. Te souviens-tu que je me comparais à Monique pleurant son Augustin, quand nous parlions de mes afflictions pour ton âme, cette chère âme dans l'erreur? Que j'ai demandé à Dieu son salut, prié, supplié! Un saint prêtre me dit : « Votre frère reviendra. » Oh! il est revenu, et puis m'a quittée pour le ciel, pour le ciel, j'espère. Il y a eu des signes évidents de grâce, de miséricorde dans cette mort. Mon Dieu, j'ai plus à vous bénir qu'à me plaindre. Vous en avez fait un élu par les souffrances qui rachètent, par l'acceptation et résignation qui méritent, par la foi qui sanctifie. Oh! oui, cette foi lui était revenue vive et profonde; cela s'est vu dans des actes religieux, des prières, des lectures, et dans ce baiser à la croix fait avec tant d'âme et d'amour un peu avant de mourir! Oh! moi qui le voyais faire, qui le regardais tant dans ses dernières actions, j'ai dit, mon Dieu, j'ai dit qu'il s'en allait en paradis. Ainsi finissent ceux qui s'en vont dans la vie meilleure.

Maurice, mon ami, qu'est-ce que le ciel, ce lieu des amis? Jamais ne me donneras-tu signe de là? Ne t'entendrai-je pas, comme on dit que quelquefois on entend les morts? Oh! si tu le pouvais, s'il existe quelque communication entre ce monde et l'autre, reviens! Je n'aurai pas peur un soir de voir une apparition, quelque chose de toi à moi qui étions si unis. Toi au ciel et moi sur la terre, oh! que la mort nous sépare! J'écris ceci à la chambrette, cette chambrette tant aimée où nous avons tant causé ensemble, rien que nous deux. Voilà ta place et là la mienne. Ici était ton portefeuille si plein de secrets de cœur et d'intelligence, si plein de toi et de choses qui ont décidé de ta vie. Je le crois, je crois que les événements ont influé sur ton existence. Si tu étais demeuré ici, tu ne serais pas mort. *Mort!* terrible et unique pensée de ta sœur.

Le 20. — Hier allée à Cahuzac entendre la messe pour toi en union de celle que le prince de Hohenlohe offrait en Allemagne pour demander à Dieu ta guérison, hélas! demandée trop tard. Quinze jours après ta mort, la réponse est venue m'apporter douleurs au lieu d'espérance. Que de regrets de n'avoir pas pensé plus tôt à ce moyen de salut, qui en a sauvé tant d'autres! C'est sur des faits bien établis que j'avais eu recours au saint thaumaturge, et je croyais tant au miracle! Mon Dieu, j'y crois encore, j'y crois en pleurant. Maurice, un torrent de tristesse m'a passé sur l'âme aujourd'hui. Chaque jour agrandit ta perte, agrandit mon cœur pour les regrets. Seule dans le bois avec mon père, nous nous sommes assis à l'ombre, parlant de toi. Je regardais l'endroit où tu vins t'asseoir il y a deux ans, le premier jour, je crois, où tu fis quelques pas dehors. Oh! quel souvenir de maladie et de guérison! Je suis triste à la mort. Je voudrais te voir. Je prie Dieu à tout moment de me faire cette grâce. Ce ciel, ce ciel des âmes, est-il si loin de nous, le ciel du temps de celui de l'éternité? O profondeur! ô mystères de l'autre vie qui nous sépare! Moi qui étais si en peine sur lui, qui cherchais tant à tout savoir, où qu'il soit maintenant, c'est fini. Je le suis dans les trois demeures, je m'arrête aux délices, je passe aux souffrances, aux gouffres de feu. Mon Dieu, mon Dieu, non! Que mon frère ne soit pas là, qu'il n'y soit pas! Il n'y est pas; son âme, l'âme de Maurice parmi les réprouvés... Horrible crainte, non! Mais au purgatoire où l'on souffre, où s'expient les faiblesses du cœur, les doutes de l'âme, les demi-volontés au mal. Peut-être mon frère est là qui souffre et nous appelle dans les gémissements comme il faisait dans les souffrances du corps : « Soulagez-moi, vous qui m'aimez. » Oui, mon ami, par la prière. Je vais prier; je l'ai tant fait et le ferai toujours. Des prières, oh! des prières pour les morts, c'est la rosée du purgatoire.

Sophie m'a écrit, cette Sophie, amie de Marie, qui m'aime en elle et vient me consoler. Mais rien d'humain ne console. Je voudrais aller en Afrique porter ma vie à quelqu'un, m'employer au salut des Arabes dans l'établissement de Mme Vialar. Mes jours ne me sembleraient pas vides, inutiles comme ils sont. Cette idée de cloître qui s'en était allée, qui s'était retirée devant toi, me revient.

Le rosier, le petit rosier des Coques, a fleuri. Que de tristesses, de craintes, de souvenirs épanouis avec ces fleurs, renfermés dans ce vase donné par Marie, emporté dans notre voyage, avec nous dans la voiture de Tours à Bordeaux, de là ici ! Ce rosier te faisait plaisir ; tu te plaisais à le voir, à penser d'où il venait. Je voyais cela et comme étaient jolis ces petits boutons et cette petite verdure.

Le 22. — Mis au doigt la bague antique que tu avais prise et mise ici il y a deux ans, cette bague qui nous avait tant de fois fait rire quand je te disais : « Et la bague ? » Oh ! qu'elle m'est triste à voir et que je l'aime ! Mon ami, tout m'est relique de toi.

La mort nous revêtira de toute chose. Consolante parole que je viens de méditer, qui me revêt le cœur d'espérance, ce pauvre cœur dépouillé.

Comme j'aime ses lettres, ces lettres qui ne viennent pas ! Mon Dieu, recevez ce que j'en souffre et toutes les douleurs de cette affection. Voilà que cette âme m'attriste, que son salut m'inquiète, que je souffrirais le martyre pour lui mériter le ciel. Exaucez, mon Dieu, mes prières : éclairez, attirez, touchez cette âme si faite pour vous connaître et vous servir ! Oh ! quelle douleur de voir s'égarer de si belles intelligences, de si nobles créatures, des êtres formés avec tant de faveur, où Dieu semble avoir mis toutes ses complaisances comme en des fils bien-aimés, les mieux faits à son image ! Ah ! qu'ils sont à plaindre ! que mon âme souvent les pleure avec Jésus venu pour les sauver ! Je voudrais le salut de tous, que tous profitent de la rédemption qui s'étend à tout le genre humain. Mais le cœur a ses élus, et pour ceux-là on a cent fois plus de désirs et de crainte. Cela n'est pas défendu. Jésus, n'aviez-vous pas votre Jean bien-aimé, dont les apôtres disaient que, par amour, vous feriez qu'il ne mourrait pas? Faites qu'ils vivent toujours, ceux que j'aime, qu'ils vivent de la vie éternelle! Oh! c'est pour cela, pas pour ici que je les aime. A peine, hélas! si l'on s'y voit. Je n'ai fait que l'apercevoir; mais l'âme reste dans l'âme.

Le 25. — Tristesse et communion; pleuré en Dieu; écrit à ton ami; lu Pascal, l'étonnant penseur. J'ai recueilli cette pensée sur l'amour de Dieu, qu'on aime sans le connaître : *Le cœur a ses raisons que la raison ne comprend pas.* Bien souvent j'ai senti cela.

Le 26. — Quelques gouttes de pluie sur la terre ardente. Peut-être orage ce soir, ramassé par ces vapeurs. Qu'il tonne, qu'il passe des torrents d'eau et de vent! je voudrais du bruit, des secousses, tout ce qui n'est pas ce calme affaissant. — Si j'écrivais sa vie, cette vie si jeune, si riche, si rare, si rattachée à tant d'événements, à tant d'intérêts, à tant de cœurs! peu de vies semblables.

Le 27. — Je ne sais, sans mon père, j'irais peut-être joindre les sœurs de Saint-Joseph, à Alger. Au moins ma vie serait utile. Qu'en faire à présent? Je l'avais mise en toi, pauvre frère! Tu me disais de ne pas te quitter. En effet, je suis bien demeurée près de toi pour te voir mourir. *Un ecce homo*, l'homme de douleur, tous les autres derrière celui-là. Souffrances de Jésus, saints désirs de la mort, uniques pensées et méditations. Écrit à Louise comme à Marie ; il fait bon écrire à celle-là. Et lui, pourquoi ne pas écrire, ton frère? Serait-il mort aussi? Mon Dieu, que le silence m'effraye à présent : pardonnez-moi tout ce qui me fait peur. L'âme qui vous est unie, qu'a-t-elle à craindre? Ne vous aimerais-je pas, mon Dieu, unique et véritable et éternel amour? Il me semble que je vous aime, comme disait le timide Pierre, mais pas comme Jean, qui s'endormait sur votre cœur. Divin repos qui me manque! Que vais-je chercher dans les créatures? Me faire un oreiller d'une poitrine humaine, hélas! j'ai vu comme la mort nous l'ôte. Plutôt m'appuyer, Jésus, sur votre couronne d'épines.

Le 28. — Saint Augustin aujourd'hui, ce saint qui pleurait si tendrement son ami et d'avoir aimé Dieu si tard. Que je n'aie pas ces deux regrets : oh! que je n'aie pas cette douleur à deux tranchants, qui me fendrait l'âme à la mort! Mourir sans amour, c'est mourir en enfer. Amour divin, seul véritable. Les autres ne sont que des ombres.

Accablement, poids de douleurs ; essayons de soulever ce mont de tristesse. Que faire? Oh, que l'âme est ignorante! Il faut s'attacher à Dieu, à celui qui soulève et le vaisseau et la mer. Pauvre nacelle, que je suis sur un océan de larmes !

Recueillir chaque jour une pensée. Voici celle d'aujourd'hui : « C'est une chose horrible de sentir continuellement s'écouler ce qu'on possède et qu'on puisse s'y attacher, sans avoir envie de chercher s'il n'y a point quelque chose de permanent. » — Beaucoup lu, soigné de petits oiseaux qu'on a apportés, sans goût, par pitié, toutes mes affections mortes; toutes, hormis celle que la mort m'a prise.

Le 29. — *L'homme est un roseau pensant.*

Le 30. — Qu'il faisait bon ce matin dans la vigne, cette vigne aux raisins-chasselas que tu aimais ! En m'y voyant, en mettant le pied où tu l'avais mis, la tristesse m'a rempli l'âme. Je me suis assise à l'ombre d'un cerisier, et là, pensant au passé, j'ai pleuré. Tout était vert, frais, doré de soleil, admirable à voir. Ces approches d'automne sont belles, la température adoucie, le ciel plus nuagé, des teintes de deuil qui commencent. Tout cela, je l'aime, je m'en savoure l'œil, m'en pénètre jusqu'au cœur, qui tourne aux larmes. *Vu seule*, c'est si triste ! Toi, tu vois le ciel ! Oh ! je ne te plains pas. L'âme doit goûter d'ineffables ravissements,

> Se plongeant dans l'extase où fut l'aveugle-né
> Quand le jour apparut à son œil étonné.

Le 31. — Quelle différence de ce que je dis à ce que je dirais s'il vivait! Mon Dieu, tout est changé en moi et hors de moi : la mort étend quelque chose de noir sur toutes choses. — Écrit à Misy sur la mort de son oncle Jules de Roquefeuil, disparu tout jeune de ce monde. De tous côtés, des tombes s'ouvrent.

« Cet étrange secret dans lequel Dieu s'est retiré, impénétrable à la vue de l'homme, est une grande leçon pour nous porter à la solitude loin de la vue des hommes. »

« L'homme est ainsi fait qu'à force de lui dire qu'il est un sot, il le croit; et à force de se le dire à soi-même, on le croit... »

« ... Dieu a créé l'homme avec deux amours : l'un pour Dieu, l'autre pour soi-même... Le péché étant arrivé, l'homme a perdu le premier de ces amours, et l'amour pour soi-même étant resté seul dans cette grande âme capable d'un amour infini, cet amour-propre s'est étendu et débordé dans le vide que l'amour de Dieu a laissé[1]. »

Il pleut; cette pluie, qui reverdit prés et bois, tombe sur la terre qui te couvre et dissout tes restes au cimetière, là-bas, à Andillac. Qu'on est heureux de penser qu'il y a dans l'homme quelque chose que n'atteint pas la destruction !

« Il est des créatures que vous retirez de ce monde pour de légères faiblesses; c'est par amour et pour

[1]. Pascal, *Pensées;* Lettres sur la mort de son père.

leur sauver de nouvelles chutes. » — Si on ne savait
que cette pensée est de Shakspeare, on la croirait de
Fénelon. Oh! je sais à qui je l'applique.

Le 5 septembre. — Une lettre de Marie, la triste
Marie, qui récite tous les jours l'office des morts.
Ainsi le cœur de la femme : même en se tournant vers
Dieu, il regarde ses affections.

Le 9. — Le découragement me prend pour tout
dans la vie. Je ne continuerai pas d'écrire. A quoi bon
ce mémorandum? Pourquoi? puisque ce ne peut être
pour lui! Quand il vivait, j'avais en lui mon soutien;
j'avais mon plaisir dans la pensée de lui faire plaisir. — Cela ôté, que reste-t-il à ces distractions humaines, lectures, pensées, poésie? rien que leur valeur, qui n'est rien.

Écrit à Marie, autre poésie vivante encore. Je lui
dis : « Croyez que vous êtes aimée du cœur le plus
mort. »

Le 25. — Encore à Marie.

Le 30. — A mon frère de Paris, le frère de celui
de la tombe.

Plus d'écriture ici, plus de pensées; l'illusion n'est
plus possible; à chaque mot, à chaque ligne, je vois
qu'il ne me lira pas. Mon Dieu, j'avais tant l'habitude
de lui tout dire; je l'aimais tant! » Le plus grand

malheur de la vie, c'est d'en rompre les relations. »
Oh! que j'éprouve la vérité de ces mots, qui m'avaient
frappée dans un livre aux Coques.

J'ai besoin du Ciel.

Ce n'est pas pour rien que nous nous serons rencontrés dans la vie. Je tâcherai, mon Dieu, de les tourner vers vous.

> Je voudrais que le ciel fût tout tendu de noir,
> Et qu'un bois de cyprès vînt à couvrir la terre;
> Que le jour ne fût plus qu'un soir.

> Une gazelle errante
> S'abrite en cette tour,
> Et l'hirondelle y chante,
> Y chante nuit et jour.

Le 3 octobre. — Écrit à Paris. Oh! quel jour anniversaire de mon départ l'an dernier! — Dirai-je ici tous les souvenirs qui me viennent, larmes, regrets, passé perdu, sitôt changé en deuil? — Mon cœur est plein, il veut pleurer. — Maurice, Maurice, n'est-ce pas vrai, les pressentiments? Quand je pense à ceux qui me tourmentaient dans la route et à Paris et le jour de la noce, et qui se sont accomplis! Je rêvais mort; je ne voyais que draperies mortuaires dans ce salon où l'on dansait, où je dansais dans ma tristesse, car je voulais écarter ces pensées.

N'est-ce pas temps perdu que de rappeler ces choses, mon Dieu! Je suis seule devant vous : je pourrais mieux faire que de m'affliger. N'êtes-vous pas là pour mon espérance, pour ma consolation, pour me faire voir un monde meilleur où est mon frère?

Le 4. — Je voulais envoyer à son ami deux grenades du grenadier dont il a travaillé le pied quelques jours avant sa mort. Ce fut son dernier mouvement sur la terre.

Le 6. — A l'heure qu'il est, midi, premier dimanche d'octobre, j'étais à Paris, j'étais dans ses bras, place Notre-Dame-des-Victoires. Un an passé, mon Dieu! — Que je fus frappée de sa maigreur, de sa toux, moi qui l'avais rêvé mort dans la route! — Nous allâmes ensemble à Saint-Sulpice à la messe à une heure. Aujourd'hui à Lentin, dans la pluie, les poignants souvenirs et la solitude... Mais, mon âme, apaise-toi avec ton Dieu que tu as reçu dans cette petite église. C'est ton frère, ton ami, le bien-aimé souverain que tu ne verras pas mourir, qui ne te manquera jamais ni en cette vie ni en l'autre. Consolons-nous dans cette espérance, et qu'en Dieu on retrouve tout ce qu'on a perdu. Si je pouvais m'en aller en haut; si je trouvais dans ma poitrine ce souffle qui vient le dernier, ce souffle des mourants qui porte l'âme au ciel, oh! je n'aurais pas beaucoup de regrets à la vie. Mais la vie c'est une épreuve, et la mienne est-elle assez longue; ai-je assez souffert? Quand on se porte au Calvaire, on voit ce que coûte le ciel. Oh! bien des larmes, des déchirements, des épines, du fiel et du vinaigre. Ai-je goûté de tout cela? Mon Dieu, ôtez-moi la plainte, soutenez-moi dans le silence et la résignation au pied de la Croix, avec Marie et les femmes qui vous aimèrent.

Le 19. — Trois mois aujourd'hui de cette mort, de cette séparation. Oh! la douloureuse date, que néanmoins je veux écrire chaque fois qu'elle reviendra. Il y a pour moi une si attachante tristesse dans ce retour du 19, que je ne puis le voir sans le marquer dans ma vie, puisque je note ma vie. Eh! qu'y mettrais-je maintenant, si je n'y mettais mes larmes, mes souvenirs, mes regrets de ce que j'ai le plus aimé? C'est tout ce qui vous viendra, ô vous qui voulez que je continue ces cahiers, *mon tous les jours au Cayla*. J'allais cesser de le faire, il y avait trop d'amertume à lui parler dans la tombe; mais puisque vous êtes là, frère vivant, et avez plaisir de m'entendre, je continue ma causerie intime; je rattache à vous ce qui restait là, tombé brisé par la mort. *J'écrirai pour vous comme j'écrivais pour lui*. Vous êtes mon frère d'adoption, mon frère de cœur. Il y a là-dedans illusion et réalité, consolation et tristesse : Maurice partout. C'est donc aujourd'hui 19 octobre que je date pour vous et que je marque ce jour comme une époque dans ma vie, ma vie d'isolement, de solitude, d'inconnue qui s'en va vers quelqu'un du monde, vers vous à Paris, comme à peu près, je vous l'ai dit, je crois, si Eustoquie, de son désert de Bethléem, eût écrit à quelque élégant chevalier romain. Le contraste est piquant, mais ne m'étonne pas. Quelqu'un, une femme, me disait qu'à ma place elle serait bien embarrassée pour vous écrire. Moi, je ne comprends pas pourquoi je le serais. Rien ne me gêne avec vous. En vérité, pas plus qu'avec Maurice, vous m'êtes lui au cœur et à l'intelligence. C'est à ce point de vue que se met notre intimité.

Le 20. — La belle matinée d'automne! Un air transparent, un lever du jour radieusement calme, des nuages en monceaux, du nord au midi, des nuages d'un éclat, d'une couleur molle et vive, du coton d'or sur un ciel bleu. C'était beau, c'était beau! Je regrettais d'être seule à le voir. J'ai pensé à notre peintre et ami, M. Augier, lui qui sent si bien et prend sitôt le beau dans son âme d'artiste. Et puis Maurice et puis vous, je vous aurais voulu voir tous sous mon ciel du Cayla; mais devons-nous nous rencontrer jamais plus sur la terre!

En allant au Pausadou, j'ai voulu prendre une fleur très-jolie. Je l'ai laissée pour le retour, et j'ai passé par un autre chemin. Adieu ma fleur. Quand j'y reviendrais, où serait-elle? Une autre fois je ne laisserai pas mes fleurs en chemin. Que de fois cependant cela n'arrive-t-il pas dans la vie?

Dimanche aujourd'hui. Revu à Andillac cette tombe toute verdoyante d'herbe. Comme c'est venu vite, ces plantes! Comme la vie se hâte sur la mort, et que c'est triste à notre vue! Que ce serait désolant, sans la foi qui nous dit que nous devons renaître, sortir de ces cimetières où nous semblons disparus!

Le 21. — Tonnerre, orage, tempête au dehors, mais calme au dedans, ce calme d'une mer morte, qui a sa souffrance aussi bien que l'agitation. Le repos n'est bon qu'en Dieu, ce repos des âmes saintes qui, avant la mort, sont sorties de la vie. Heureux dégagement! Je meurs d'envie de tout ce qui est céleste : c'est qu'ici-bas tout est vil et porte un poids de terre.

Lu quelques pages d'un voyage en Espagne. Singulier peuple de brigands et de moines. Les moines sont tombés, que reste-t-il maintenant? Nous le voyons, des égorgeurs, Don Carlos à Bourges, l'héritier de Ferdinand le Catholique mis hors du trône et du royaume, prisonnier en France. Cette lecture m'intéresse. C'est l'élégant journal d'un voyageur aimable, qui cause en courant, et peint, avec le bon ton et la grâce d'esprit d'un homme du monde, tout ce qu'il rencontre. Les lourdes descriptions m'assomment. J'aime aussi M. de Custine, qui m'amuse, quoiqu'il soit parfois un peu long; mais c'est comme la longueur d'un bal. Puis il vient si peu de livres au Cayla, que, pour peu qu'ils puissent plaire, ils plaisent beaucoup.

Le 22. — Une lettre de Marie, de Marie ma sœur,

qui m'a quittée pour quelques jours avec Érembert. Me voici seule avec mon père. Que notre famille est réduite, et je tremble en pensant que le cercle peut encore se rétrécir!

Lu quelques passages des *Saints Désirs de la Mort*, livre pieusement spirituel que j'aime, lecture qui porte au ciel. J'en ai besoin pour mon âme qui tombe, qui s'affaisse sous le poids de la vie. On peut se distraire dans le monde, mais les choses seules de la foi soutiennent. Que je plains les âmes tristes qui ne savent pas cela, ou ne le veulent pas croire! J'en ai tant parlé à Maurice; j'en parle à tout ce que j'aime, des choses de l'éternité; car, voyez-vous, je n'aime pas pour ce monde, ce n'est pas la peine : c'est le ciel le lieu de l'amour.

Le 24. — Lecture, ni écriture, ni prière ne peuvent empêcher les larmes aujourd'hui. Mon pauvre Maurice! Je me suis mise à penser à tout ce qu'il a souffert, physiquement et dans l'âme, les derniers temps de sa vie. Que cette vue est déchirante! Mon Dieu, ne l'aurez-vous pas soutenu?

[Le 27.] — Nulle envie d'écrire depuis deux jours. Si je reprends la plume aujourd'hui, c'est qu'en ouvrant mon portefeuille vert, j'ai vu ce cahier et j'y mets que mon père vient de me remettre un paquet de lettres de son cher Maurice, et de ses cheveux, pour les renfermer, ces précieux restes, avec les autres que j'ai. O enterrement! Écrirai-je ce que je sens, ce que je pense, ce que je souffre? Je n'écris pas : je ne parlerais que du ciel et d'une tombe, de ces choses qui ne doivent se dire qu'à Dieu.

Le 1er novembre. — Quel anniversaire! J'étais à Paris, assise seule dans le salon devant une table, pensant, comme à présent, à cette fête des Saints. Il vint, Maurice, me trouver, causer un peu d'âme et de cœur, et me donna un cahier de papier avec un « Je veux que tu m'écrives là ton tous les jours à Paris. » Oh! pauvre ami! je l'ai bien écrit, mais il ne l'a pas lu[1]! Il a été enlevé si subitement, si rapidement, avant d'avoir le temps de rien faire, ce jeune homme né pour tant de choses, ce semblait. Mais Dieu en a disposé autrement que nous ne pensions. Il est de belles âmes dont nous ne devons voir ici que les apparences, et dont l'entière réalisation s'achève ailleurs, dans l'autre vie. Ce monde n'est qu'un lieu de transition, comme les saints l'ont cru, comme l'âme qui pressent le *quelque autre part* le croit aussi. Eh, quel bonheur que tout ne soit pas ici! Impossible, impossible! Si nous finissions à la tombe, le bon Dieu serait méchant; oui, méchant, de créer pour quelques jours des créatures malheureuses : horrible à penser. Rien que les larmes font croire à l'immortalité. Maurice a fini son temps de souffrance, j'es-

---

1. Ce cahier a échappé aussi à nos recherches.

père, et aujourd'hui je le vois à tout moment parmi les bienheureux ; je me dis qu'il doit y être, qu'il plaint ceux qu'il voit sur la terre, qu'il me désire où il est, comme il me désirait à Paris. Ah ! mon Dieu, ceci me rappelle que nous étions ensemble à pareil jour l'an dernier ; que j'avais un frère, un ami que je ne puis plus ni voir ni entendre. Plus de rapports après tant d'intimité ! C'est en ceci que la mort est désolante. Pour le retrouver, cet être aimé et tant uni au cœur, il faut plonger dans la tombe et dans l'éternité. Qui n'a pas Dieu avec soi en cet effroi, que devenir ? Que devenez-vous, vous, ami tant atterré par sa mort, quand votre douleur se tourne vers l'autre monde ? Oh ! la foi ne vous manque pas, sans doute ; mais avez-vous une foi consolante, la foi pieuse ? Pensant que trop que vous ne l'avez pas, je me prends à vous plaindre amèrement. Les sollicitudes que j'avais à cet égard pour son âme de frère, se sont toutes portées sur la vôtre, presque aussi chère. Je ne puis pas dire à quel degré je l'aimais, ni auquel je l'aime : c'est quelque chose qui monte vers l'infini, vers Dieu. Là je m'arrête ; à cette pensée s'attache un million de pensées mortes et vives, mais surtout mortes, mon mémorandum, commencé pour lui, continué pour vous au même jour, daté de quelque joie l'an dernier et maintenant tout de larmes.

Mon pauvre Maurice, *j'ai été délaissée en une terre où il y a larmes continuelles et continuelles angoisses.*

Le jour des Morts. —

> Voilà les feuilles sans sève
> Qui tombent sur le gazon;
> Voilà le vent qui s'élève
> Et gémit dans le vallon.
>
> . . . .
>
> C'est la saison où tout tombe,
> Aux coups redoublés des vents :
> Un vent qui vient de la tombe
> Moissonne aussi les vivants.

Il y a peu d'années nous disions cela; nous récitions ces vers, Maurice et moi, errant sur des feuilles sèches, le jour des Morts. Mon Dieu, le voilà tombé lui aussi, lui si jeune, le dernier né de la famille, que je comptais bien laisser en ce monde, entouré d'enfants qui m'auraient pleurée comme leur mère! Au lieu de cela, c'est moi qui pleure; c'est moi qui vois une tombe, où est renfermé tout ce que j'ai eu d'espérance, de bonheur en affection humaine. Oh! que cela déprend de toutes choses et porte l'âme affligée loin de cette vie, vers le lieu où n'est pas la mort. Prié, pleuré, écrit, rien autre chose aujourd'hui. O terrible fête des morts!

Le 3 novembre. — Je vous ai écrit hier, ami de Maurice, toute triste que j'étais. Il n'y a qu'à vous que je puisse parler dans les larmes, comme je l'ai fait dans ma lettre. A Marie, cela ferait mal, à d'autres sans intérêt, et puis la douleur ne se laisse voir qu'aux intimes.

Le 5. — Posé mon front sur les mains de mon père posées sur ses genoux. Oh! le doux oreiller! Tout mon cœur s'était porté à ma tête dans ce repos pour en jouir. Mon père est bon, d'une bonté tendre, ardente et pour ainsi dire amoureuse, comme on dit de la bonté divine dont les pères tiennent, et il se fait aimer avec abandon. Je ne lui cache que ce qui pourrait le peiner. Les lettres de Marie, les vôtres, je lui fais tout voir. J'hésite pourtant encore à lui montrer mes cahiers, à cause de ce fond de vie quelquefois triste qui s'y trouve.

Une visite, un curé du voisinage qui m'a fait plaisir. La vue d'un prêtre, quand il est bon, est bonne aux affligés, et celui-ci est de ceux à qui les saints tireraient leur chapeau. Il nous a parlé de sa petite église, de sa petite paroisse, de ses petites croix, et, de l'un à l'autre, nous a menés à une heure de conversation que j'ai trouvée courte. En trouve-t-on autant dans le monde? Plus d'une fois, dans un salon, il m'est arrivé de bâiller dans mon mouchoir. Ce n'est pas tant l'esprit ni ce qu'on dit qui attache, qu'une certaine façon de dire.

Le facteur! des lettres! Oh! sait-on ce que c'est que des lettres à la campagne? Ces chers absents qui vous reviennent en cœur et en âme. Que ne peut-on écrire au ciel!

Le 6. — Un enfant est venu m'apporter un oiseau mort qu'il avait pris sous une pierre. Pauvre oiseau!

Je suis à penser comme cette jolie petite vie d'indépendance, de chants, tout aérienne, a été atteinte comme une autre, est tombée sous ce trébuchet de la mort où tout tombe.

Je n'ai pas écrit hier et n'écrirai pas de suite. Que feriez-vous de trois cent soixante-six de mes jours presque uniformes, à voir, un an durant, passer des flots pareils? La diversion fait l'intérêt des yeux et de l'esprit, car nous ne nous plaisons qu'en curiosité. Où il n'y a pas de nouveau, on s'ennuie. Il y a eu tels jours d'immobilité où j'ai souhaité la foudre. Que serait donc pour vous mon calme perpétuel? car, excepté ce qui me vient du cœur ou monte à la tête, rien ne fait mouvement dans ma vie.

Dans ce moment, je rentre d'une petite promenade au soleil, et rien ne bouge autour de moi, que quelques mouches qui bourdonnent à l'air chaud. Seule au grand monastère désert. Ce profond et complet isolement me fait vivre une heure comme ont vécu des années les ermites, hommes et femmes, ces âmes retirées du monde. Sans soins matériels, sans parole qu'intérieure, sans sentiments que d'intelligence, sans vie que celle de l'âme : il y a dans ce dégagement une liberté pleine de jouissances, un bonheur inconnu, que je crois bien que pour faire durer on puisse aller cacher à cent lieues du désert. Aussi en était-il qui quittaient la cour pour cela, comme saint Arsène et tant d'autres qui, ayant goûté des deux, ne voulurent pas retourner au monde. C'est que le monde ne contente pas l'âme; il l'amuse et ne la fait pas vivre : c'est ce qu'on sent pour peu qu'on avance en âge, quand le cœur se déprend des illusions comme il s'y était pris de lui-même. On se trouve tout étonné et triste près du vide que font les plaisirs en se retirant. Que devenir alors? La foi l'enseigne, le chrétien le sait. Mon pauvre Maurice! que de fois je lui parlais ainsi, lui demandant s'il le trouvait vrai, et il ne me disait pas non. Je ne hais pas le monde néanmoins; je sais y vivre et m'en passer, et je plains ceux qui sont ou ses esclaves ou ses fidèles, ses malheureux ou ses fous.

Voilà certes ce que je ne pensais pas écrire en revenant du soleil; mais voilà où la solitude me mène, à l'aimer et à en parler, et cela avec vous, ami du monde. Il faut bien que vous vous soyez fait mon frère. A un frère on dit tout ce qui vient en pensée. Je ne sais si vous vous plairez aux miennes. J'ai parfois douté si je n'ennuyais pas Maurice; mais écartant bientôt le doute (que pour rien je ne puis souffrir), j'écrivais en pleine foi lettres et cahiers qu'il aimait. Je l'ai su, bien su, ce qui lui venait de son amitié pour moi. Cher ami! que je pense à lui aujourd'hui; que ce matin dans la prière je me sentais portée vers l'autre vie où il est, où il m'attend comme il m'attendait à Paris! Eh! que nous verrons là d'autres merveilles que dans ces villes sur la boue! Depuis cette mort, je n'estime rien la terre; Dieu m'en avait avant appris le prix; mais le comprendre, le peu qu'est ce monde,

il faut que le cœur ait sa leçon, et le mien l'a eue!
Maintenant je vais m'occuper d'autre chose que
d'écrire ici. Avec ou sans plaisir, tant que l'âme est
ici, tant qu'on a charge de vie, il faut en remplir les
obligations.

Le 8. — Louise, Marie des Coques me sont arrivées ce soir par lettre : aimable rencontre des plus aimables femmes et amies que je connaisse. Ressemblant beaucoup l'une à l'autre. Marie plus développée dans le monde. Causé longuement à leur sujet avec mon père et des affections du cœur. Je l'ai consulté à cette occasion et sur un chapitre de l'*Imitation* qui m'avait troublée. Il m'a calmée et fait voir que je prenais les choses dans un sens trop exclusif, que ma lecture pieuse s'appliquait aux personnes des cloîtres et non à celles qui sont dans le monde. Grâce à mon père, je puis donc garder sans crainte toutes mes affections; car, après des élans de cœur, je me retire effrayée, craignant d'aimer trop. Si le cœur s'employait ici, il n'y en aurait pas pour le ciel. Je veux porter ce qui aime dans l'autre vie.

Le 10. — Caroline nous a écrit après un assez long silence, assez long pour me donner le temps de croire à un oubli. J'en avais de la peine; je voudrais un avenir sinon d'amitié, du moins de bienveillance avec cette jeune femme, cette femme de mon frère. Ce titre l'attache tant à mon cœur! Je serais sensiblement affectée si je la voyais se détacher entièrement. Sa lettre est bonne, marquée d'intérêt; j'en suis contente. Pauvre chère veuve, que je voudrais pouvoir l'embrasser en ce moment! Je la regarde comme une sœur, comme une sœur qui se trompe. Il ne faut pas lui en vouloir, elle ne croit pas se tromper.

Demain matin, après l'aurore, je m'achemine chez des parents à deux lieues d'ici. Journée perdue pour écrire et pour ma vie d'habitude; mais je reviendrai peut-être avec quelque chose de neuf, comme font les touristes, qui ont tous vu de l'extraordinaire où qu'ils aillent.

Le 12. — Il fut un temps où je décrivais avec charme les moindres petites choses. Quatre pas dehors, une course au soleil à travers champs ou dans les bois, me laissait beaucoup à dire. Est-ce parce que je disais à Lui, et que le cœur fournit abondamment? Je ne sais, mais n'ayant plus le plaisir de lui faire plaisir, ce que je vois n'offre pas l'intérêt que j'y trouvais jadis. Cependant rien au dehors n'est changé, c'est donc moi au dedans. Tout me devient d'une même couleur triste, toutes mes pensées tournent à la mort. Ni envie ni pouvoir d'écrire. Qu'écrirai-je d'ailleurs qui vous fût bon, à vous à qui je voudrais tant de bien, à qui il est difficile d'en faire?

Trouvé dans un livre une feuille de rose flétrie, qui sait depuis quand? Je me le demande en revenant sur les printemps passés, sur les jours et les lieux où cette rose a fleuri; mais rien ne revient de ces choses perdues. Ce n'est pas un malheur d'être une fleur sans date. Tout ce qui prend mystère a du charme. Cette feuille dans ce livre m'intéresse plus qu'elle n'eût pu faire sur sa rose et son rosier. J'en ai quitté de lire. Pour peu qu'on ait l'âme réfléchissante, il y a de quoi s'arrêter à chaque instant et se mettre en pensée sur ce qui se présente dans la vie.

> Le front sur une fleur, je pensais à la tombe.

La pensée de la mort, de Dieu et de ceux que j'aime ne me quitte pas.

Le 14. — Revenue encore a ma solitude complète. Mon père est allé chercher quelques livres dans une bibliothèque voisine. Je ne sais ce qu'il apportera. J'ai demandé *Notre-Dame de Paris*, que jusqu'ici je n'avais pas voulu lire. Pourquoi le lirai-je à présent? C'est que je me sens le cœur assez mort pour que rien ne lui puisse nuire; qu'on dit qu'il y a des beautés là-dedans que j'ai envie de connaître, et qu'un homme de Dieu qui a du crédit sur moi m'a dit que je pouvais faire cette lecture, et que le mal est annulé par la façon de le voir. Le diable même, quand il déplaît, que peut-il? Le rencontrer n'est pas le prendre. Peut-être serait-il mieux de rester dans l'ignorance de tout livre et de toute chose; mais je ne me soucie pas non plus de savoir. Ce n'est pas pour m'instruire, c'est pour m'élever que je lis ; tout m'est échelle pour le ciel, même ce petit cahier que j'attache à une pensée céleste. Dieu la connaît. Quand Dieu ne verrait pas tout, je lui ferais tout voir. Je ne saurais me passer de l'approbation divine en ma vie et mes affections, mais peu m'enquiers de celle des hommes, encore moins des femmes.

Le 15. — Mon Dieu, mon Dieu, quel jour ! le jour de son mariage. A pareille heure, un an passé, nous étions à l'Abbaye-aux-Bois, lui, vous, moi, moi à côté de lui. Je viens d'une église aussi, et d'auprès de lui sur sa tombe.

Le 16. — Plus rien mis hier après ces lignes. Il est des sentiments qui dépassent toute expression. Dieu sait dans quel abîme j'étais plongée et accablée des souvenances de noces. C'était lui et sa belle fiancée agenouillés devant l'autel, le Père Buquet les bénissant et leur parlant d'avenir, la foule assistante, le chant de l'orgue, cette quête pour les pauvres où j'avais quelque embarras, la signature à la sacristie, tant de témoins de ce brillant contrat avec la mort.— La rencontre dehors d'un char funèbre ; le déjeuner à côté de vous où vous me disiez : « Que votre frère est beau ! » où nous parlâmes tant de sa vie ;—la soirée, le bal où je dansai pour la première et dernière fois. Je dois à Maurice des choses uniques. Le plaisir de lui voir l'air content, d'être à sa fête, et au fond de cette joie des serrements de cœur, et cette horrible vision des cercueils autour du salon, — posés sur ces tabourets longs et drapés à franges d'argent. Oh! que je fus glacée au sortir de leur chambre, en toilette avec des fleurs pour le bal, que cela me vînt! J'en fermai les yeux. Journée, soirée si diversement mémorables, date de tant de douleurs, je n'en puis ôter mon âme. Je m'enfonce en toutes ces choses, et quand je songe à tout ce que j'avais mis de bonheur dans un être qui n'est plus maintenant qu'en souvenir, j'en éprouve une inénarrable tristesse, et j'en apprends à ne faire fond sur aucune vie ni sur rien. Il y a un cercueil entre le monde et moi; c'est fini du peu qui m'y pouvait plaire. J'ai des liens de cœur, plus aucun de bonheur, de fête. Maurice et moi nous nous tenions intérieurement par des rubans roses. Tout m'était riant en lui, tout me plaisait, jusqu'aux peines : mon Dieu! mon Dieu! avoir perdu cela! que voulez-vous que j'aime à présent?

Le 17. — Belle journée radieuse, chaleureuse, un plein air de soleil. Cela ravive, fait du bien, tant à sentir qu'à jouir, qu'à admirer. Quoiqu'à présent je m'informe beaucoup moins de l'état du ciel qu'hélas! il y a quelques mois, du temps du malade, je vois avec plaisir un beau jour, la seule jolie chose à voir à la campagne en novembre.

Ah! hier au soir, belle surprise aussi de votre lettre. Je ne l'attendais pas sitôt, ni presque si aimable, quoique ce ne soit pas surprenant; mais toute distinction qui me touche me surprend toujours un peu. Je ne sais à quoi cela tient. Puis j'ai trouvé dans cette lettre des choses qui m'ont affligée, de ces chagrins chrétiens de l'âme pour une pauvre âme de frère, pour quelqu'un qui dit : *Je ne prie pas.* Dieu sait là-dessus ce que je pense, ce que je souffre. J'ai l'intérêt de la vie future de ceux que j'aime, et qui n'y croient pas, tant en croyance et tant à cœur, que pour le leur procurer, je souffrirais avec joie le martyre. Ceci n'est pas une exagération, mais bien pris dans toute la raison et le sentiment de la foi. — Érembert, Marie qui arrivent!

Le 28. — Laissé enfermé depuis quinze jours. Que de choses dans cette lacune qui ne seront nulle part, pas même ici!... Repris pour noter une lettre de Marie, ma belle amie, qui tremble de me croire malade. Hélas! non, je ne souffre pas dans mon corps. Oh! que je trouve inutile d'écrire!

Le 10 décembre. — Enfin pourrai-je écrire? Que de fois j'ai pris la plume depuis huit jours, et la plume m'est tombée des doigts sans rien faire! Il y a eu tant de tristesse dans mon âme, tant de secousses dans mon être! O Dieu! je semblais toucher à ma fin, à une sorte d'anéantissement moral. Que cet état est terrible! Rien n'apaise, rien ne soutient : travail, repos, livres, hommes, tout est à dégoût. On voudrait mourir. Dans cette lutte, l'âme sans foi serait perdue, oh! perdue, si Dieu ne se montre; mais il ne manque pas, mais quelque chose d'inattendu vient d'en haut.

J'ai trouvé dans les paroles d'un prêtre (encore un ami de Maurice!) un secours inespéré, un apaisement, un calme, un baume religieux qui me fait sentir la foi dans ce qu'elle a de plus doux et de plus fort, la puissance de consolation. De moi-même souvent je ne puis pas y atteindre. Ce sont des efforts qui me fatiguent, me brisent. Nous sommes trop petits pour les choses du ciel. Le besoin d'un médiateur se fait sentir en nous-mêmes. Entre Dieu et l'homme, Jésus-Christ. Entre Jésus-Christ et nous, le prêtre, celui qui met l'Évangile à la portée d'un chacun. Aux uns il faut les menaces, aux autres les espérances : à moi, il me faut l'amour, l'amour de Dieu, l'unique véritable. Dès qu'on me remet là, dès que j'y suis en plein, je cesse de souffrir de souffrances désespérées. Que béni soit le saint prêtre, l'ami du frère qui a consolé la sœur! C'est parce qu'il a connu Maurice que je suis allée le trouver, que j'ai pensé qu'il me connaîtrait plutôt qu'un autre. Je ne me suis pas trompée; en effet, il m'a comprise. Il a connaissance du cœur et des agonies de l'âme et des tristesses jusqu'à la mort, et il vous soutient, cet ange...

Qui m'eût dit, il y a dix ans, quand ils étaient au collége, que cet enfant saurait mes douleurs, que je les lui confierais, qu'il les apaiserait par des paroles comme je n'en ai pas entendu, paroles divines que j'irai de temps en temps écouter quoique ce soit un peu loin d'ici? Quand je souffrirai trop, je ferai ce pèlerinage. Frère de cœur, vous me voyez toute ici jusqu'à l'intime, au fond de l'être, comme voyait Maurice. Peut-être ne lirez-vous ceci qu'après ma mort, et alors vous trouverez moins incomprenable, moins étrange pour vous, ce qui se passait en cette pauvre anachorète pendant sa vie, ce qu'elle vous contait de son âme.

Le 13. — Avant de sortir d'ici, de ma chambre, je veux dire à ce cher mémorandum que vous me priez de continuer, que je viens de lire une de vos lettres, lettre de frère et d'ami, toute franche d'affection et d'épanchement, où ces mots surtout m'ont touchée : *Je veux que vous ayez le fil de mon âme, je veux que vous puissiez vous dire ma sœur de prédestination autant que d'adoption volontaire et réfléchie...* Je me saisis de cela, et j'en forme de vous à moi, de ce *fil de votre âme*, un nœud qui ne se détachera pas. Prié pour Paula. Pauvre âme de jeune fille, où est-elle? Cette mort qui vous l'a prise, où 'aura-t-elle portée? Il est plusieurs demeures dans l'autre monde, et moi je tremble pour ceux qui partent, qui meurent dans la jeunesse si passionnée, si fautive. Je ne connaissais pas Paula, mais un mot de vous me fait craindre; et puis qui sait comment elle vous était liée, cette enfant qui vous était attachée plus qu'âme vivante ? Mais laissons-la, aussi bien est-il de ne penser pas à mal sur personne.

Le 14. — Lettre à Marie pour ce que vous me demandez d'elle. Ni lu ni rien fait qu'écrire. La pensée renaît et coule, source arrêtée par un cercueil, mais le flot a passé dessus. Je reprendrai ici mon cours, tantôt torrent, tantôt filet d'eau, suivant ce qui vient à l'âme. La nuit me sort d'ici et de ma chambrette, où j'ai passé tout un jour en calme et en solitude. C'est singulier comme je l'aime, cet à part de tout.

Le 15. — En revenant de la messe (il est dimanche), j'ai fait chemin avec une femme qui me contait ses souffrances. Pauvre meunière ! entourée de huit enfants, toute dévorée d'affections, et qui néanmoins en pleure une, pleure toujours sa mère qui lui manque. « Je la cherche partout, me disait-elle, et la nuit j'en rêve et je sens qu'elle me caresse. » Il y a dans cette douleur et dans cette façon de sentir une tendresse infinie, une expression du cœur de la femme qui plaît tant au naturel, ce qui ne se voit peut-être pas si bien dans le monde que dans ces pauvres femmes des champs. Ici telles qu'on est; ailleurs, comme on se fait sous les façonneries de l'éducation, des coutumes, de la vanité. Tout est superficie dans le monde. En vérité; et dans peu de temps j'ai vu bien des comédies de salon. On me l'avait dit, mais je n'aurais pas cru Paris ce qu'il est, car c'est à Paris seulement qu'on voit la société en grand, en corps. Nous n'en avons en province que des bouts de doigts, des fragments, qui ne peuvent donner des idées complètes. Ma pauvre meunière m'a fait voir entièrement ce qu'il y a pour moi de plus doux, un cœur de femme dans sa sensibilité naturelle.

Le 16. — Marie, Marie, vous m'écrivez trop de choses, vous m'avez trop remuée. Personne n'a eu comme cette femme tant d'influence sur ma vie, depuis deux ans que date notre liaison. Tout ce qui la remue m'agite.

Le 19. — Depuis deux jours au silence ; mais le retour de cette date de mort ne se passe pas sans parole, sans le *memento* du trépassé. Comme la meunière, je puis dire que toujours j'y pense et le cherche, et que je souffre de cette affection qui me manque. Cette nuit j'ai achevé un cantique pour lui, que j'ai mis sur le compte de sainte Thérèse pour un frère qu'elle avait. Vous verrez cela, vous, à qui va de moi tout ce qui allait à Maurice. Ah! faut-il que tout passe par son cercueil maintenant! Cette pensée, vous le dirai-je? m'assombrit tellement l'âme qu'aucune chose ne me fait plaisir, que ce cahier même que j'aurais écrit toute jubilante pour lui et que j'aime à faire pour vous, je le fais avec peine et tristement comme qui bâtit sur un cimetière.

Écrit ceci aux splendeurs du soleil, sous le ciel le plus gai, le plus bleu, le plus printanier en décembre. Par cela je pense à celui de Paris, ce *gris de fer* que vous voyez, qui vous déplaît et vous fait tant de mal à l'âme. C'est bien fort pour un homme fort comme vous, pour un être fort comme l'homme, d'être abattu par un peu d'air. Ce temps *si démoralisant*, dites-vous : n'y a-t-il pas moyen d'échapper à ces influences d'atmosphère ou de les écarter du moins? Trop grande question pour être traitée au Cayla, où, pour se préserver du temps, on pense à l'éternité comme les pauvres ermites. Je ne saurais vous dire l'influence heureuse qu'ont sur moi les hautes pensées de la foi. Bienheureuse d'avoir cette assistance bénigne! car souvent aussi un peu d'air me fait mal.

Deux visites : je les note parce que c'est rare à présent dans notre désert, et qu'il s'y trouvait un homme admirablement laid, un Pélisson, un visage marqueté, gravé, tout difforme et dont l'âme efface les traits. Au premier regard il choque, au second il plaît, au troisième il attire. Que l'intelligence fait plaisir et relève cette face de chair de l'homme!

Le 20. — Lettre de Caroline avec un dessin de Maurice mort, pas ressemblant du tout. Sa mémoire l'a mal servie, la pauvre veuve, ou plutôt je crois que son crayon n'est pas capable de rendre son souvenir, de saisir d'une prise assez forte cette grande image dans son âme. Que n'ai-je aussi un crayon! Je ne ferais pas mieux peut-être, mais du moins j'essayerais. Celle qui dessina son ami sur un mur, cette femme qui inventa, dit-on, la peinture, n'avait sans doute d'autre talent que son amour. Que de fois je vois une ombre que je voudrais fixer quelque part! *Quoi! tout entier perdu!* Je vous écrirai demain.

Le 22. — De la mort à la vie, de l'un à l'autre frère. J'écrivais une poésie funéraire. Du temps que la feuille sèche, n'ayant pas de poudre, je passe ici, j'y viens marquer un jour des plus doucement calmes que j'aie passés de longtemps. Oh! le grand bien que la paix au dehors, au dedans! La paix, ce grand vœu du pauvre Maurice dans ses derniers jours troublés. « O paix, le cher objet de mon cœur! O Dieu, qui êtes ma paix, qui nous mettez en paix avec nous-mêmes, avec tout le monde, qui par ce moyen pacifiez le ciel et la terre! Quand sera-ce, mon Dieu, quand sera-ce que, par la tranquillité de ma conscience, par une douce confiance en votre faveur, par un entier acquiescement ou plutôt un attachement, une complaisance pour vos éternelles volontés dans tous les événements de la vie, je posséderai cette paix qui est en vous, qui vient de vous, et que vous êtes vous-même? »

J'ai toujours trouvé cette exclamation, cette prière fort belle. Oh! ces choses religieuses, j'y suis toujours. Ce sont les seules que je crois et presque que j'aime. Hors cela, tout m'attriste toujours à la mort.

Un coup d'œil au ciel me ranime, me rattache à ce qui se délaisse en moi.

> Oh! laissez-moi ma foi pieuse
> Et l'espérance radieuse.

Le 24. — Écrit sans fin hier, aujourd'hui : maintenant rentrons, toi, mon cahier, dans ton portefeuille, toi, mon âme, en toi-même ou plutôt en Dieu, aux doux mystères du Sauveur. C'est la veille de Noël. J'entends les cloches de tous nos clochers qui sonnent *nadalet*, chant joyeux que quinze jours avant la fête on entend dans l'air du pays, le soir, à trois heures et à neuf.

Le 28. — C'est étonnant le beau ciel que nous avons cet hiver! J'en jouis en me promenant, en respirant au soleil un air qui fait ouvrir les fleurs. Les amandiers bourgeonnent, mon lilas de la terrasse est tout couvert de boutons. Tant de printemps fait bien plaisir en hiver; mais tout en m'y plaisant, j'y trouve une tristesse, un regret de n'avoir pas eu cette douceur de temps l'an dernier pour notre pauvre malade. Peut-être il aurait vécu davantage, se serait guéri dans cette douce chaleur, car l'air fait la vie. L'air de Paris l'a tué, je le crois, je le savais et je ne pouvais pas le tirer de là. Ç'a été une de mes plus profondes souffrances de ce passé dont j'ai tant souffert. Pauvre frère, tout m'est pente pour tomber à lui, tout m'y ramène. Voyez, je voulais parler du soleil, mais le voilà bien éclipsé de noir. Ainsi tout tourne au deuil quoi que je touche, même votre souvenir si fort lié à une tombe. C'est ce qui me le rend si différent de tout ce qui me va au cœur; il prend quelque chose des reliques. Vous êtes à part en moi. Quand je considère notre liaison et ce qui l'a amenée, tant d'événements, tant de choses pour me sortir du désert, et notre rencontre en Babylone, dans ce Paris dont j'étais si loin; quand je m'y vois si étrangère et sitôt connue, sitôt comprise et sœur de vous, homme du monde, de vous prenant sœur à vos antipodes, trouvant amie de choix, lien de vie dans la vie la plus opposée à la vôtre : oh! je dis qu'il y a merveilleuse chose en cela, mystère de providence dans cet attachement qui ne ressemble à aucun. Je tiens à vous par quelque chose du ciel, par prédestination, comme vous avez dit. Dieu sait pourquoi et dans quel dessein il nous a unis d'amitié. Oh! que je veux votre bonheur, à commencer par celui du ciel. Je doute d'y pouvoir grand'chose, car je vous crois difficile en bonheur. Et que peut être pour vous une pauvre femme mi-sortie de ce monde, mi-morte, qui ne sent plus rien que par le côté religieux? Vous ne l'êtes pas, mon ami. Cette différence qui m'afflige pourrait bien vous ennuyer, dans nos rapports, et alors les voilà changés, délaissés. Peut-être je vous juge mal.

Trouvé dans le bois une fleur que j'ai prise et mise ici en souvenir du printemps de décembre. C'est une marguerite des bois, qui plaisait à ma mère et que j'aime pour cela. Nos affections naissent l'une de l'autre.

Le 31 décembre. — Ce dernier jour de l'an ne se passera pas comme un autre : il est trop plein, trop solennel et touchant comme tout ce qui prend fin, trop près de l'éternité pour ne pas m'affecter l'âme, oh! bien profondément. Quel jour, en effet, quelle année, qui me laisse, en s'en allant, tant d'événements, tant de séparations, tant de pertes, tant de larmes et un cercueil sur le cœur! Un de moins parmi nous, un vide dans le cercle de famille, dans celui de mes affections. Voilà ce que le temps nous fait voir. *Ainsi finit une année!* Hélas! hélas! la vie s'avance comme l'eau, comme ce ruisseau que j'entends couler sous ma fenêtre, qui s'élargit à mesure que ses bords tombent. Que de bords tombés dans mes jours étendus! Ma première perte fut ma mère, dont la mort me vint entre l'enfance et la jeunesse et mit ainsi des larmes entre les deux âges. De vive et rieuse que j'étais, je devins pensive, recueillie, ma vie changea tout à coup, ce fut une fleur renversée dans un cercueil. De cette époque date un développement dans la foi, un élan religieux, un amour de Dieu qui me ravissait par delà toutes choses et qui m'a laissé ce qui me soutient à présent, un espoir en Dieu qui m'a consolée de bonne heure. Puis je vis mourir un cousin, un ami tendrement aimé, le charme de mon enfance, qui me prenait sur ses genoux, m'enseignait à lire sans me faire pleurer, me disait des contes. Plus grande, je m'en fis un frère aîné; je lui confiai Maurice quand il s'en fut à Paris. Mon cousin était garde du corps. Il est dit que j'aurai toujours des frères à Paris et que toujours ils y mourront. Celui-ci s'en alla au cimetière de Versailles en 1829. Je n'étais plus enfant, je m'enfonçai dans les tombes : deux ou trois ans durant je ne pensai qu'à la mort et presque à mourir. Mon pauvre Victor auquel ressemblait Maurice! Oh! j'avais bien craint qu'ils se ressembleraient jusqu'au bout. Tous deux si jeunes, tous deux morts, tous deux tués à Paris! Mon Dieu! ce sont terribles choses et poignants souvenirs que ces morts l'une sur l'autre. Voilà de quoi je me souviens aujourd'hui en foule. Je ne vois que des trépassés : ma mère, Victor, Philibert de l'île de France, Marie de Bretagne, Lili d'Alby, Laure de Boisset, toutes affections plus ou moins près du cœur, et maintenant celle qui les couvrait toutes, le cœur du cœur, Maurice, mort aussi ! Quels passagers rapides nous sommes, mon Dieu! Oh! que ce monde est court! La terre n'est qu'un pas de transition. Ils m'attendent là-haut. C'est dans ces funérailles que je finis ma journée, ma dernière écriture, mes dernières pensées que je vous laisse comme je les laissais à pareil jour et moment, l'an dernier, à ce pauvre frère. Je lui écrivais de Nevers, encore assez près de Paris et de lui. Oh! que la mort nous sépare! Que lui adresser où il est, que des prières ? C'est à cela que je vais penser. La prière, c'est la rosée en purgatoire. Si sa pauvre [âme] y souffrait ! Bonsoir à vous qui le remplacez sur la terre. Je ne puis vous rien dire de plus en amitié. Je vous le dis devant Dieu et devant lui, qu'il me semble voir à mon côté, souriant à cette adoption de son frère.

Le 1er janvier [1840].— Que m'arrivera-t-il, ô mon Dieu, cette année ? Je n'en sais rien, et, quand je le pourrais, je ne voudrais pas soulever le rideau de l'avenir. Ce qui s'y cache serait peut-être trop effrayant : pour soutenir la vue des choses futures, il faut être saint ou prophète. Je regarde comme un bienfait de providence de ne voir pas plus loin qu'un jour, que l'instant qu'on touche. Si nous n'étions pas ainsi bornés par le présent, où ne s'en irait pas l'âme en appréhensions, en douleurs tant pour soi que pour ce qu'on aime ? Que ne fait point sentir et souffrir le seul pressentiment, cette ombre de l'avenir, quand elle nous passe sur l'âme ! Dans ce moment, je suis sans crainte, sans émotion pour personne ; mon année se commence en confiance pour ceux que j'aime. Mon père est bien portant, Érembert se relève, Marie a toujours ses joues de pomme vermeille, et l'autre Marie, l'amie de mes larmes, la femme de douleurs, se soutient avec plus de forces. De tout cela, grâces à Dieu, que je prie de bénir et conserver ceux que j'aime. Les chrétiens vont chercher leurs étrennes au ciel, et je me tourne pour vous de ce côté, tandis que vous allez dans le monde, dans les beaux salons de Paris, offrir dragées et compliments. Si j'étais là, peut-être j'aurais les miennes ; peut-être aurai-je une pensée, un souvenir de ce frère à qui Maurice m'a laissée pour sœur. Que le ciel est beau, ce ciel d'hiver !

Une lettre de Louise, douce étrenne de cœur, mais rien ne me fait plus grand plaisir, rien de ce qui me vient ne peut me consoler de ce qui me manque. En embrassant mon père ce matin, ce pauvre père qui, pour la première fois, à la première année, n'embrassait pas tous ses enfants, j'étais bien triste. J'ai cru voir Jacob quand il lui manqua Joseph.

Ici mes premières pensées écrites, ma première date de 1840, qui se lie par un crêpe à 1839 et à vous.

Le 2. — Je me sauve ici de l'ennui des lettres de premier de l'an que j'ai à faire. L'ennuyeuse coutume de se faire des compliments tout un jour, d'en envoyer au loin ! Mon paresseux d'esprit, qui aime mieux rêvailler que travailler, ne s'empresse guère à ces compositions louangeuses. Au demeurant, on le fait parce qu'il faut le faire, mais en raccourci, avec seulement quelques mots d'époque, de vœux au commencement ou à la fin. Le monde, ceux du monde sont habiles en cela, en parler flatteur et joli ; non pas moi, je ne me sens aucune facilité de parole dorée, brillante, de ce clinquant de bouche qui se voit dans le monde. *Dans le désert on n'apprend qu'à penser.* Je disais à Maurice, quand il me parlait de Paris, que je n'en comprendrais pas la langue. Et cependant il y en a que j'ai entendus. Certaines âmes de tous les lieux se comprennent. Cela me fait croire ce qu'on dit des saints, qui communiquent avec les anges, quoique de nature différente. L'une monte, l'autre s'incline, et ainsi se fait la rencontre, ainsi le Fils de Dieu est descendu parmi nous. Voilà qui me rappelle ce passage de l'abbé Gerbet dans un de ses livres que j'aime : *On dirait que la création repose sur un plan incliné, de telle sorte que tous les êtres se penchent vers ceux qui sont au-dessous d'eux pour les aimer et en être aimés.* Maurice m'avait fait remarquer cette pensée que nous trouvions charmante. Cher ami, qui sait s'il ne se penche pas vers moi maintenant, vers vous, vers ceux qu'il aimait, pour les attirer à ce haut rang où il est, pour nous soulever de terre au ciel ! N'est-il pas croyable que ceux qui nous devancent dans les splendeurs de la vie nous prennent en pitié et nous envoient par amour quelque attrait vert l'autre monde, quelque lueur de foi, quelque éclat de lumière qui n'avait pas lui dans l'âme ? Si je demeurais près d'un roi et que vous fussiez en prison, assurément je vous enverrais tout ce que je pourrais de la cour. Ainsi dans l'ordre céleste, où nos affections nous suivent, sans doute, et se divinisent et participent de l'amour de Dieu pour les hommes.

Le 4. — Du monde au salon que je laisse pour venir un moment devant Dieu et ici me reposer. Oh! quelle lassitude aujourd'hui dans l'âme, mais je ne me lasse pas de la porter ici. Ce m'est comme une église où l'on entre avec calme. Des lettres! des lettres, et pas une qui aille au portefeuille vert où vont celles que j'aime, celles qui sont miennes par l'intime. Marie ne peut pas tarder. Je l'ai tant pressée pour l'affaire de Mme de Vaux. Quand je dois obliger, j'aime de le faire vite. Deux lettres sont donc parties, pour vous, pour les Coques, du temps... — Il faut que je sorte d'ici.

Le 6. — ... Du temps qu'il semblait que je demeurais pour vous au silence. Je reprends mon fil coupé d'hier, qui se liait à cette boîte aux lettres d'Andillac qui vous a gardé en quarantaine de deux jours la dernière que je vous ai adressée. Dans ce temps vous l'auriez eue à ce Port-Mahon où vous sont débarqués sans doute d'autres souvenirs moins pressés d'arriver que les miens. Que cette boîte d'Andillac sait peu ce qu'elle renferme! Elle est placée près de l'église, à côté du cimetière, et je trouve qu'il est bien là, ce reposoir du cœur ou d'affaires humaines, de tant de choses qui ne prennent cours qu'après s'être arrêtées près de Dieu. Ce peut avoir de très-heureux effets, et telle main portant de mauvais papiers se retirer à la pensée de ce lieu pieux. Qui oserait faire le mal à la porte d'une église, pour peu qu'il ait de foi? Cette boîte au mur béni pourrait donc en retenir plusieurs de mal intentionnés en écriture, comme c'est assez commun, même dans nos campagnes où le savoir écrire est venu. Du petit au grand, le choix moral en toutes choses aurait plus de portée qu'on ne pense. Quant à moi, lorsque je jette là mes chères correspondances, je sens qu'il me faut pouvoir dire : « A la garde de Dieu ! » J'écris à beaucoup de monde, ayant, je ne sais comment, des relations très-étendues. Il s'est élevé autour de nous une plantation de cousines, jeunes filles toutes aimantes et causantes, toutes liées à nous de cœur et d'esprit, de sorte qu'il me faut répondre à toutes ces causeries. Puis Louise, la voix du cœur, Marie que Dieu m'a donnée, Félicité qui m'aime, qui avait pris soin de Maurice, Caroline, ma sœur, la femme de Maurice, et d'autres encore, sans fin; et dans tout cela, parmi tant de lettres, il y en a trois qui les effacent, deux de femmes et une grosse écriture qui se fait fine pour moi.

Le 7. — Lettre de Marie, mort de Mgr l'archevêque de Paris. — Notes du soir d'une journée bien pleine. Les événements se succèdent dans la vie avec une rapidité qui permet à peine de les saisir. — Ainsi je le vois dans mon désert, où si peu de chose passe en comparaison du monde.

Le 9. — Que m'arrivera-t-il aujourd'hui? Un bonheur, quelque chose de Marie, ses étrennes qu'elle m'annonce, une boîte mystérieuse que m'apporte la diligence. Il me tarde de la tenir et de l'ouvrir et de voir ce que m'envoie mon amie. Elle me dit après quelques mots intimes à cette occasion : « Vous comprendrez quand vous aurez vu la boîte. » Ce vous comprendrez me met l'esprit en cherche. Qu'est-ce que ce peut-être ? Livres, musique, objet de toilette ? De toilette, non ; Marie sait mieux ce qu'il me faut, et que j'aurai plus de plaisir aux moindres choses du cœur qu'à toutes les parures du monde. J'ai assez de mes robes de Paris, tandis que l'âme n'a jamais trop de vêture. J'aimerais des livres, quelque chose où je m'envelopperais la pensée toute transie au froid de ce monde, quand je sors de mes prières, de mes pieuses méditations. Cela ne peut pas durer tout le jour, et je souffre n'ayant nulle lecture où me réfugier. *Notre-Dame de Paris* que j'avais demandée ne m'est pas venue. On m'a porté la *Cité de Dieu*, de saint Augustin, ouvrage trop savant pour moi. Ce n'est pas que partout on ne puisse glaner quelque chose, mais sur ces hauteurs de théologie n'est pas mon fait. J'aime d'errer en plaine ou en pente douce de quelque auteur parlant à l'âme, à ma portée, comme, par exemple, M. Sainte-Beuve, dont je faisais mes délices l'hiver dernier à Paris et dont s'amusait fort votre gravité railleuse. C'était vous pourtant ou quelqu'un de vous qui étiez cause que je lisais cette *Volupté*, parce que Maurice m'avait dit ce que c'était ce qui avait converti votre frère et jeté dans son séminaire. Le singulier livre, pensai-je, pour produire de tels effets ! Il faut le voir, et ma curiosité n'a pas été mécontente. Il y a des détail charmants, de délicieuses miniatures, des vérités d cœur.

X

Le 9 janvier [1840]. — La fin de mon dernier cahier a coupé net M. Sainte-Beuve; je reprends par vous et pour vous causerie et écriture, ce journal de sœur qui se continue au continuateur de Maurice, *avec mes croyances, mes convictions, mes réflexions, qui en sont la conséquence, ma manière d'être et de sentir*, ce de moi à vous *et que vous ne voudriez pas autre*, comme vous venez de me le dire, et comme je viens de le lire au soleil dans le bois de Sept-Fonts, à la place où j'allais m'asseoir avec Maurice. C'est là aussi que j'ai lu souvent de ses lettres, comme je viens de lire la vôtre, seule devant Dieu. Suivant la lecture et l'état de ces pauvres frères, je le prie ou bénis, et m'en retourne, repliant dans ma poche et en mon cœur cette bien-aimée écriture. La vôtre aujourd'hui ne m'a pas fait trop de mal; vous paraissez moins abattu que de coutume, et ce mot : *Je suis quelquefois religieux par raison*, m'a fait plaisir. Espérons! la foi au cœur peut venir, la croyance par sentiment, vous l'aurez peut-être. C'est un effet de la grâce, et on la demande pour vous; à deux cents lieues de Paris, dans un désert, il est une âme qui demande à Dieu le salut d'une âme. Les affections qui nous tombent du ciel et y remontent sont bien fortes. C'est la charité qui soulèverait le monde pour un élu. Vous me comprendrez. Maurice m'occupait une grande partie du cœur; lui ôté, Dieu s'avance dans cette place restée vide, et bientôt tout sera envahi, et tout en moi porté là-dessus, comme l'arche sur les eaux, tout ce qui s'est sauvé du déluge.

Le 10. — Presque résolue de ne pas écrire, jour de privations; mais la vue de ce papier blanc me tente la main qui se laisse aller doucement là-dessus, et y marque une pose rare dans le calme. Lu la vie de saint Paul ermite, qui, après cent ans de solitude, demandait ce qui se passait dans le monde. Quelque jour, mais pas si tard apparemment, je pourrai faire la même question; car je ne pense plus sortir d'ici, du fond de ce Cayla où Dieu m'a mise, où je me trouve bien, où je ne désire rien, où tout ce qu'il me faut m'arrive comme à Paul par le corbeau merveilleux, par quelque moyen inattendu et de providence. N'est-ce pas vrai tant pour la vie du cœur que pour l'autre? J'ai toujours eu besoin d'amitié, et il m'en est venu comme du ciel de rares, d'introuvables, qu'on ne peut ni faire ni imaginer, et tout d'abord dans mon frère, ce cher Maurice que j'ai perdu. Louise datait d'avant. Celle-ci est pour moi d'un différent goût : fruit d'une autre saison. Je l'ai rencontrée à dix-sept ans. Son charme est à part, comme l'âge où nous nous sommes liées; quoi qu'il soit survenu de triste, nous nous voyons à travers des fleurs. Rayssac, charmant paysage où je vois en bas la jeunesse; à cela, Paris, les Coques contrastent en noir, et dans l'éloignement, sous la même vue, le Cayla avec une tombe. Tout pour moi maintenant finit là et s'y rattache. Voilà pourquoi je ne voudrais plus m'éloigner d'ici, pour toujours garder et regarder cette chère tombe. Mon regard cependant ne demeure pas tout là; il monte au ciel, où est le meilleur de ce que je pleure, au ciel qu'on voit de partout, où de partout je pourrai voir où est Maurice. Ainsi, si Dieu m'appelait ailleurs, j'irais; cette raison de cimetière ne m'empêcherait pas d'un devoir de charité, ou d'amitié, ou de vocation, où qu'il fût. Le chrétien est-il d'aucun lieu?

Le 11. — O Marie, Marie! quelle femme avec sa tendresse, sa vive et si délicate et si entendue façon d'amitié! Je la retrouve avec ses charmes dans la boîte tant attendue, toute pleine d'objets *choisis par elle pour moi*. Que j'aime surtout la statuette de la Vierge, cette céleste envoyée m'apportant tant de pensées du ciel!

Le 19. — Hier, je vous ai écrit une longue et bien

franche lettre, véritablement comme à lui-même, eu parler de ma façon, comme il vient. Je ne saurais pas me changer, il y paraîtrait, n'ayant jamais dissimulé nulle chose. Et pourquoi, quand on n'a risque ni de déplaire, ni de se compromettre? Je vous envoie mes pensées, ma vie en sûreté : confiance la plus grande qu'une femme puisse donner, qui met bien haut dans son estime celui en qui elle croit.

Six mois, six mois aujourd'hui de cette mort, de cette séparation! Mon Dieu, que le temps est rapide! il me semble que c'est d'hier. D'où vient cela, que tant d'événements, d'autres choses, soit douloureuses ou non, qui touchent à ce cher ami, me semblent dans un lointain infini : tels son dernier départ d'ici, mon arrivée à Paris, son mariage, et que sa mort soit toujours là récente, présente? Je le vois : il y a six mois, et c'est comme s'il n'y avait rien du tout, tant on y touche par l'âme! il n'y a ni temps ni espace pour l'âme, cela fait bien voir que nous sommes esprits. Oh! tant mieux, tant mieux de n'être pas bornés par ce temps si court et si triste! de n'être pas tout en ce corps de si peu de chose!. Convenons-en, la foi nous ouvre de belles perspectives. Mais quelle douleur de penser qu'il y en a qui ne feront que les apercevoir, sans y atteindre par la possession, par la jouissance en l'autre vie, hélas! comme il adviendra à ces pauvres chrétiens de nom, hommes sans œuvres, sans pratique de foi! C'est martyre d'avoir des amis de la sorte.

Le 21 janvier. — Pauvre Louis XVI! J'étais enfant que je vénérais ce martyr, j'aimais cette victime dont j'entendais tant parler dans ma famille aux approches du 21 janvier. On nous menait au service funèbre à l'église, et je regardais fort le haut catafalque, trône lugubre du bon roi. Mon étonnement m'impressionnait de douleur et d'indignation; je sortais pleurant cette mort et haïssant les méchants qui l'avaient faite. Que d'heures j'ai passées cherchant par quels moyens j'aurais pu sauver Louis XVI et la reine, et toute la malheureuse famille, si j'avais vécu de leur temps! Tout calculé, cherché, combiné, rien de bon ne se présentait guère, et je laissais ces prisonniers fort à regret. Le beau petit dauphin surtout me faisait compassion, le pauvre enfant, entre des murs, ne pouvant plus jouer en liberté. Celui-là, je l'emportais, je le cachais ici au Cayla, et Dieu sait le bonheur de courir avec un prince dans nos champs! Que de rêves au sujet de la triste famille!

Il y a deux sortes d'hommes qui m'inspirent répulsion : les régicides et les impies. Pour si débordé que soit un jeune homme, je l'estime toujours quelque peu, s'il est réservé sur la religion. J'ai vu avec une profonde satisfaction que, dans la correspondance de *Malise Allen* avec Georges, il ne se trouvait pas une plaisanterie incrédule. Oh! que cela m'a consolée! que d'espoir j'ai mis en ce bon côté restant! Je ne me suis pas trompée du moins pour Georges; quant à Malise, je ne sais, l'avenir nous l'apprendra. C'est encore un fameux pécheur, une sorte d'Augustin. que Dieu a à conquérir sur le monde.

Le 22. — Il y a des jours où l'âme se retourne plus que de coutume vers le passé, où elle revoit à tout moment ce qu'elle a perdu. Ces visions lui plaisent; quoique tristes, on les conserve, on y demeure, on vit dans l'ombre de ce qu'on a aimé. Tout aujourd'hui je vois passer et repasser cette chère figure pâle; cette belle tête pose en moi dans toutes ses poses, souriante, éloquente, souffrante, mourante; surtout je me suis arrêtée, je ne sais pourquoi, à le voir chez l'abbé Legrand, vicaire de la paroisse, quand nous allâmes lui parler pour les arrangements du mariage. Je me trouve dans ce *salonnet*, décoré de croix, de saintes gravures, de beaux meubles et de beaux livres d'un goût pieusement exquis; là, tout éclatante de paroles et d'air affairé; Maurice dans le plein calme du visage et de la voix, sur un fauteuil, laissant tomber parfois quelques mots; l'abbé causant avec distinction, tout surpris de plaisir quand, par hasard, je lui nomme l'abbé de Rivières, un de nos voisins, qu'il a connu à Saint-Sulpice. Je revois cela, et quand, abordant la question religieuse sur ce qui nous amenait, l'abbé toucha avec un tact parfait les préparations chrétiennes, Maurice répondit en homme qui comprend et qui croit. J'en fus touchée, l'abbé de même, peut-être avec surprise. Je remarquai tout, tout m'est resté. Je ferais tableau du jeune prêtre et du fiancé chrétien en ce moment. Maurice était parfait. Frère bien-aimé!

Le 23. — Pourquoi des larmes montent-elles ce matin? pourquoi ce retombement dans la douleur et l'angoisse? Demandez au malade pourquoi son mal lui revient! il n'y a que suspension aux souffrances : si j'étais près d'une église, je m'en irais les y apaiser, me perdre, m'absorber dans la communion. Dans cet acte de foi et d'amour est tout mon soutien, toute ma vie, même celle du corps peut-être. Dieu me prend en lui ; et que ne peut l'amour tout-puissant sur une âme qu'il possède! La consoler d'abord, de ce qu'elle souffre en aimant.

Le 24. — Ces paroles sont bien mystiques, incompréhensibles peut-être à qui n'a pas le sens pieux d'un sacrement ineffable, d'un mystère d'amour divin, la plus étonnante chose de Dieu pour les hommes. Galimatias spirituel pour le monde, tout ce qu'on en pourrait dire ; mais ceci n'est pas pour le monde, et les solitaires peuvent mettre sur leur papier ce qu'ils veulent. C'est l'imprimerie cachée de mon âme qui se fait sur ce cahier, j'y trace tous ses caractères. Quelquefois je dis : « A quoi sert ? A qui serviront ces pages ? Ce n'était de prix que pour lui, Maurice, qui retrouvait là sa sœur. Que me fait de me retrouver?.» Mais si j'y trouve une distraction innocente, si je m'y fais une pause dans les fatigues du jour, si j'y mets pour les y mettre les bouquets de mon désert, ce que je cueille en solitude, mes rencontres et mes pensées, ce que Dieu me donne pour m'instruire ou pour m'affermir : oh! il n'y a pas de mal sans doute. Et si quelque héritier de ma cellule trouve cela et trouve une bonne pensée, et qu'il la goûte et devienne meilleur, quand ce ne serait qu'un instant, j'aurai fait du bien. Je veux le faire. Sans doute, je crains de perdre le temps, ce *prix de l'éternité;* mais est-ce le perdre de l'employer pour son âme et pour une autre? Qu'ai-je à faire d'ailleurs qu'à coudre ou à filer? Si mes doigts étaient utiles au ménage, je ne les mettrais pas ici, je n'ai jamais donné le devoir au plaisir. Mais puisque ma bonne sœur veut bien prendre sur elle ces soins matériels, qu'elle m'en décharge avec autant d'amitié que d'intelligence, puisqu'elle est Marthe, je puis bien être Marie. Oh! le doux rôle de mon goût! Quand quelquefois tout s'agite et bruit en la maison, et que j'entends cela du calme de ma chambrette, le contraste me fait délices; dans mon haut reclusoir, je sens quelque chose des stylites sur leur colonne. Mais, discoureuse que je suis! me voilà bien loin de mon premier mot, de mon idée sainte. Oh! les courants de l'âme, qui les suivra? On les remonte. Je retrouverai celui-ci quelque autre fois.

[Le 25.] — C'est bien fait pour l'écrire! une lettre

de ma chère Marie, sur mon chevet, à mon réveil ce matin. Aurore d'un beau jour, tant en moi qu'au dehors; soleil au ciel et dans mon âme : Dieu soit béni de ces douces lueurs qui ravivent parmi les angoisses! Je sais bien que c'est à recommencer, mais on s'est reposé un moment et on marche avec plus de force ensuite. La vie est longue, il faut de temps en temps quelques cordiaux pour la course : il m'en vient du ciel, il m'en vient de la terre, je les prends tous, tous me sont bons, c'est Dieu qui les donne, qui donne la vie et la rosée! Les lectures pieuses, la prière, la méditation fortifient; les paroles d'amitié aussi soutiennent. J'en ai besoin : nous avons un côté du cœur qui s'appuie sur ce qu'on aime; l'amitié, c'est quelque chose qui se tient bras à bras. Comme Marie me donne le sien tendrement, et que je me trouve bien là! Ainsi nous irons jusqu'à la mort : *Dieu nous a unies.*

Le 26. — Il y a deux ans, ici, à la même place, dans la même chambre d'où il venait de sortir, je pleurais. Jamais sien départ ne m'avait tant brisé l'âme, c'était comme un pressentiment que ce serait le dernier. Lui aussi s'en fut plus affligé, plus retenu que de coutume. Ces six mois avec nous, étant malade et tant aimé, l'avaient fort rattaché ici. Cinq ans sans nous voir lui avaient fait perdre peut-être un peu de vue notre tendresse; l'ayant retrouvé, il y avait remis toute la sienne; il avait si bien renoué tous les liens de famille, en nous quittant, que la mort seule aurait pu les rompre. Il m'en avait donné l'assurance. Ses erreurs étaient passées, ses illusions de cœur évanouies; par besoin, par goût primitif, il se ralliait à des sentiments de bon ordre. Je savais tout, je suivais ses pas; du cercle de feu des passions (bien court pour lui), je l'ai vu passer dans celui de la vie chrétienne. Belle âme, âme de Maurice! Dieu l'avait retirée du monde pour la retirer au ciel. Hélas! que tout cela me revient, que j'en suis suivie, entourée, aujourd'hui, triste anniversaire de notre séparation! De ce jour nos rapports intimes ont été brisés ou dehors : il s'en allait...

S'il fût resté ici, si ce fatal hiver se fût passé au Cayla, le pauvre jeune homme ne serait pas mort. L'air de Paris lui était mauvais évidemment, il retombait malade en arrivant; puis tant de choses qui ont tourné à malheur! Il s'est fait un enchaînement de circonstances, d'événements, qui l'ont conduit au cimetière, et cela sans qu'on ait su comment l'éviter. O fatalité! si je croyais à la fatalité. Mais non, c'est Dieu qui nous mène, Dieu tout bon, quoique la nature gémisse, quoiqu'on soit tous malheureux, sans qu'on sache pourquoi. Comprenons-nous le mystère de rien? Celui des souffrances me fait croire à quelque chose à expier et à quelque chose à gagner. Je le vois dans Jésus-Christ, *l'homme de douleurs. Il fallait que le Fils de l'homme souffrît.* Nous ne savons que cela dans les peines et calamités de la vie. La raison des choses est en Dieu. C'est le secret du gouvernement que le souverain se réserve. Se soumettre à ce qui advient, c'est unir notre volonté à la sienne, c'est la diviniser, c'est la porter aussi haut que l'homme puisse atteindre. Aussi je trouve dans l'acte de résignation chrétienne, qui peut sembler une acceptation passive, une sorte d'affaissement sous la nécessité; j'y trouve, dis-je, le mouvement le plus sublime de l'âme. Il est tout de foi, il porte tout à coup de la terre au ciel. Si tous les affligés croyaient en Dieu, non d'une croyance du monde, mais d'une croyance de catéchisme, on ne verrait pas tant de suicides. Oh! le suicide, qu'il me fait frémir!

Le 27. — Trois douces heures à écrire à Marie. Note du cœur. Je marque toutes ses lettres et les miennes pour retrouver les jours où nous avons causé, qui font époque. Je n'en ai pas de plus chères que ces épanchements d'amitié. Tout, hormis ce qui me touche à l'intime, passe en ma vie sans sensations. Tout m'est indifférent de ce qui est affaires, cours du monde, nouvelles; quoi qu'il se passe sur la terre, je n'en suis plus. Ici ma présence, mon âme au ciel. Ce petit cahier est la seule chose pour laquelle je me détourne un peu de mes pensées d'habitude. Et encore est-ce pour les y reposer.

Aujourd'hui il se marie à Gaillac une de nos cousines qui nous voulait à sa noce; mais c'est fait de noces! Je ne saurais même dire combien cette invitation, cette vue de fêtes m'a attristée.

Le 28. — Saint François de Sales, celui que Rousseau appelait le plus aimable des saints, m'a fort occupée aujourd'hui. C'est sa fête que j'aime particulièrement, que je fais en mon cœur en lisant cette belle vie, en pensant aux choses qu'elle a faites, conversions, écrits, lutte de vingt ans contre la colère, douceur divine dans cette fougue, au point d'être comparé au Sauveur du monde, ineffables traits de charité, dires charmants tels que ce mot : « *Il vaut mieux taire une vérité que de la dire de mauvaise grâce,* » tendresse de cœur débordante, compassion maternelle pour les pécheurs, enfin, mille choses célestes, mille perles qui couronnent le front de ce bienheureux, m'y attirent l'âme, me le font aimer, vénérer, invoquer d'une façon particulière. Le cœur au ciel a ses élus aussi, et ceux-là du moins ne font pas souffrir pour leur bonheur! Il faut tout dire : à mes prédilections spirituelles pour ce saint il s'en joint une un peu humaine, les de M... sont alliés aux de Sales, Marie est parente de saint François, de sorte que l'amitié et la sainteté me font relique et s'enchâssent ineffablement au cœur l'une dans l'autre.

Le 1er février. — Du monde pendant deux jours; cela passé, je remonte à ma solitude avec trois lettres d'amies et un regret de départ. Parmi ces visites se trouvait le confesseur de Maurice, ce bon M. Fieuzet, qui vient de temps en temps prier sur cette tombe et voir où nous en sommes en tristesse. C'est l'âme de prêtre la plus saintement tendre, qui porte sur le fond le plus doux l'austérité de son ministère, Évangile imprimé sur velours. Je fus bien consolée de le voir au lit de mort de Maurice. De quoi vais-je me souvenir? Oh! qu'un tel prêtre, qu'un saint prêtre m'assiste aussi dans mon agonie! Ainsi mes cahiers s'emplissent de tristesse, de choses lugubres, de vues de mort : ma vie s'en va toute maintenant sur ce fond noir avec un peu de sérénité de ciel par-dessus.

Le 3. — On me presse d'aller à Gaillac. Non, je ne puis m'ôter d'ici; ma vie se plaît toute petite au plus petit endroit possible, là où j'ai mes chers vivants et mes morts.

Le 4. — J'aurais bien une lettre à écrire, mais j'aime mieux tourner ma plume ici; ici par goût, ailleurs par convenance, et la convenance est bien froide. Le cœur ne s'y plaît pas, il s'en détourne, s'en retire tant qu'il peut. Hormis les devoirs, je le laisse. La lettre, je la ferai; c'est peu de chose d'ailleurs, et ce n'est pas grand effort de surmonter un court ennui. Il en est de si longs qu'il faut tenir jusqu'au bout. Les uns accoutument aux autres. Les petits combats mènent aux grands et y forment. Ces contre-goûts sont bons comme une amertume, ils font agir la volonté pour les prendre et fortifient ensuite. Si tout nous venait en douceur et plaisance, que serait-ce de nous à la fin, au choc terrible de la mort? Il est bon de prévoir cela. De là vient que les solitaires, tous les saints, ces hommes qui entendent si bien l'âme, se vouent au sacrifice, se privent volontairement, se font mourir tous les jours rien qu'en cette vue qu'il faut mourir. Ils sortent aussi bien doucement de ce monde. On m'a parlé d'une jeune fille, religieuse à Alby, qui s'est mise à pleurer de joie quand elle a entendu les médecins dire entre eux qu'il n'y avait plus d'espérance.

Je ne sais pourquoi, du temps du choléra, je me faisais aussi comme un bonheur de mourir, j'enviais toutes les agonies. Cela m'impressionnait au point d'en parler à mon confesseur. Était-ce langueur de jeunesse, était-ce désir du ciel? Je ne sais. Ce qui est sûr, c'est que c'est passé ou à peu près. Je me trouve vis-à-vis de la mort dans des sentiments de soumission, quelquefois de crainte, rarement de désir. Le temps nous change. Ce n'est pas en cela seul que je m'aperçois de l'âge. Quand j'aurai des cheveux blancs, je serai tout autre encore. O métamorphoses humaines, s'enlaidir, vieillir! Pour se consoler de cela, on a besoin de croire à la résurrection! Comme la foi sert à tout! Oui, cette pensée de la résurrection pour tant de femmes qui se font un amour de leur corps, un bonheur de leur beauté, leur serait bonne à la fin de leurs charmes, et il peut se faire que plus d'une belle chrétienne s'en serve, de celles à qui vient grand chagrin du visage. Celle-là, par exemple, qui disait : « Ce n'est rien de mourir, mais de mourir défigurée! » C'était l'insupportable pour elle, Pauvre femme! J'en ris beaucoup alors; à présent j'en ai compassion, je souffre de voir qu'on ne porte pas son âme plus haut que son corps. Qui sait? Si j'étais jolie, peut-être ferais-je de même.

Le 5. — Quelle lecture, quelle amitié, quelle mort, quel rapprochement! quelle impression j'en ai dans l'âme! Je veux parler des derniers moments d'Étienne de La Boëtie que j'ai rencontrés au fond d'un livre de Montaigne. Sachant que ces deux hommes s'aimaient beaucoup, j'ai été touchée de savoir comment s'était faite leur séparation, et j'en ai le cœur dans les larmes. C'est si douloureux de voir mourir, surtout quand cette mort vous en rappelle une autre! Que de traits saillants m'ont frappée dans cette vie sitôt faite, dans cette âme s'en allant jeune de ce monde, et si belle, si élevée, si chrétienne, si exquise de douceur et d'amitié! Oh! vraiment, j'ai trouvé Maurice aux beaux endroits, et vous et lui dans l'étroite union et si profonde de ces deux amis. Mais vous manquiez aux derniers moments du vôtre. Que j'ai eu regret à cela, et que la distance vous eût séparés à ces derniers jours! Je veux vous dire comme ils se sont passés, car cela manque aux détails que je vous ai donnés de sa mort, tout comme à l'intérêt que vous portez à cette fin de vie.

Mais d'abord je veux laisser ici mémoire de ce qui ce fait aujourd'hui sur cette tombe. Elle était nue encore, simplement gazonnée; et, pour la couvrir comme il lui convient et nous la conserver à jamais, on y place une blanche pierre de marbre en obélisque surmonté d'une croix. La pauvre veuve a fait cet envoi, ce triste et dernier don d'amour, et mis elle-même l'inscription. Je n'ai rien vu encore. Oh! j'y serai assez à temps! Tous les dimanches n'irons-nous pas prier là tous, autour de notre pauvre Maurice? Et vous, son frère aussi, ne viendrez-vous jamais vous y mettre à genoux? Que je voudrais vous voir prier pour lui! « Ce sont les meilleurs offices que les chrétiens puissent faire les uns pour les autres, » disait cet Étienne de La Boëtie mourant à son ami Montaigne. Je ne doute pas que si Maurice pouvait se faire entendre, il ne vous dît de même. C'était, lui aussi, une âme croyante de son fond, une âme des anciens temps, sur laquelle le temps qui court avait pu passer par malheur, mais rien que passer. Vous le verrez par la suite.

Le 11. — Demeuré plusieurs jours sans écrire. Il m'en coûte de commencer ce douloureux récit, de parler de cette mort, quoique j'y pense sans cesse. Il est des souvenirs qui déchirent l'âme en sortant plus qu'en demeurant, ce me semble. Même la douleur se fait quelque chose de doux et dépose avec le temps au fond du cœur comme un limon sur lequel elle s'endort. Peu après cette mort, j'en parlais sans trop de peine ; à présent, quand on revient sur ce sujet, que nous y tombons par entretien en famille, une souffrance me prend l'âme.

Cette nuit, il a fallu faire garder ce mausolée, à cause de quelques paysans d'Andillac qui ne voulaient pas le laisser mettre. Ils trouvent que cela choque l'égalité de la mort et ont fait opposition violente, ayant l'autorité. Pauvre peuple souverain ! c'est ce qu'il faut en souffrir, c'est ce qu'il sait faire. Au temps passé, tous se seraient signés devant cette croix qu'ils parlent d'abattre aujourd'hui, au temps lumineux où nous sommes. Malheureux temps, où se perd le respect des choses saintes, où les plus petits s'enorgueillissent jusqu'à se révolter contre la triste élévation d'une tombe ! Le paysan dont l'esprit en est là ne vaut plus rien : fruit des lectures, en partie. Aussi, qu'il vaut bien mieux un chapelet qu'un livre dans la poche d'un laboureur !

Ce fut le 8 juillet, vingt jours après le départ de Paris, vers six heures du soir, que nous fûmes en vue du Cayla, terre d'attente, lieu de repos de notre pauvre malade. Sa pensée n'allait que là sur la terre, depuis longtemps. Je ne lui ai jamais vu de plus ardent désir, et toujours plus vif à mesure que nous approchions. On aurait dit qu'il avait hâte d'arriver pour être à temps d'y mourir. Avait-il pressenti sa fin? Dans les premiers transports de sa joie, à la vue du Cayla, il serra la main d'Érembert, qui se trouvait près de lui. Il nous fit signe à tous comme d'une découverte, à moi qui n'eus jamais moins d'émotion, de plaisir! Je voyais tout tristement dans ce triste retour, jusqu'à ma sœur, jusqu'à mon père, qui nous vinrent joindre à quelque peu de distance. Affligeante rencontre! Mon père fut consterné; Marie pleura en voyant Maurice. Il était si changé, si défait, si pâle, si branlant sur ce cheval assis à l'anglaise, qu'il ne semblait pas animé. C'était effrayant. Le voyage l'avait tué. Sans la pensée d'arriver qui le soutenait, je doute qu'il l'eût achevé. Vous en savez quelque chose, et ce qu'il a dû souffrir, pauvre cher martyr! Mais je ne veux parler que d'ici. Lui embrassa son père et sa sœur sans se montrer trop ému. Il semblait dans une sorte d'extase dès la première vue du château; l'ébranlement qu'il en eut fut unique, et dut épuiser toute sa faculté de sensation; je ne lui ai plus vu l'air vivement touché de rien depuis cela. Cependant il salua affectueusement les moissonneurs qui coupaient nos blés, tendit la main à quelques-uns, et à tous les domestiques qui nous vinrent entourer.

Arrivés au salon: « *Ah!* dit-il, *qu'on est bien ici!* » en s'asseyant sur le canapé, et il se mit à embrasser mon père, qu'il n'avait pu atteindre que du bout des lèvres à cheval. Nous étions tous à le regarder content. C'était encore une joie de famille. Sa femme sortit pour quelque déballement; je pris sa place auprès de lui, et le baisant au front, ce que je n'avais fait depuis longtemps : « Dis, mon ami, comme je te trouve bien! Ici tu vas guérir vite. — *Je l'espère... je suis chez moi.* — Que ta femme aussi se regarde comme chez elle; fais-le-lui comprendre, qu'elle est de la famille, et d'agir comme dans sa maison. — *Sans doute, sans doute.* » Je ne me souviens plus des autres choses que nous dîmes dans ces moments de seul à seul. Caroline descendit, on annonça le souper que Maurice trouva exquis. Il mangea de tout avec appétit. « *Ah!* dit-il à Marie, *que ta cuisine est bonne!...* »

— Mon Dieu, que ce passé me tient au cœur! Ma vie n'est que là. Je n'ai d'avenir que par la foi, de liens que ceux qui se rattachent à Maurice, et de lui au ciel.

La première de la famille j'ai vu le mausolée ce matin. Cela s'est ainsi rencontré; mais, lui et moi, ne nous sommes-nous pas toujours rencontrés tout d'abord et mis à part? Cela se continue, et le tête-à-tête, hélas! sur un cimetière! J'étais seule à genoux sur cette tombe, vis-à-vis de la blanche pierre où j'ai lu son nom et sa mort : MAURICE. 19 *juillet*.

Mais revenons à sa vie, à ce qu'il m'en est resté de derniers et précieux souvenirs. Oh! que n'ai-je écrit alors à mesure qu'il nous parlait et s'en allait! Que n'ai-je fait un journal d'agonie, inestimable recueil dont celui-ci n'est que l'ombre! Se rappeler n'est pas voir; les plus vivants détails sont morts, quoique le cœur les conserve. Mais pensais-je à rien de lui qu'à lui? Pensais-je même qu'il dût finir? Et je le craignais cependant. Je ne me comprends plus quand je reviens à ces souvenirs.

Nous espérions beaucoup du climat, de l'air natal, de la chaude température de notre Midi. Le second jour de notre arrivée, il fit froid; le malade s'en ressentit et eut des frissons. Ses bouts de doigts, son nez glacés, me firent craindre; je vis bien qu'il n'y avait pas tout le mieux que nous espérions, qu'il ne guérirait pas si vite, puisque les accès revenaient. Il n'y eut pas de chaleur ensuite, et le médecin nous rassura. Ces médecins sont souvent trompés ou trompeurs. Nous décidâmes le malade à ne pas sortir de sa chambre le lendemain, attribuant le froid qu'il avait eu à quelque fraîcheur du salon. Comme il se laissait toujours faire, il se résigna, quoique contrarié, à ce qu'on voulut; mais il s'ennuyait tant là-haut, et il fit tant de chaleur bientôt, que je l'engageai moi-même à redescendre. « *Oh! oui*, me dit-il, *ici je suis loin de partout. Il y a plus de vie là-bas avec tous, et puis la terrasse, je pourrai m'y promener. Descendons.* » Cette terrasse surtout l'attirait pour y jouir du dehors, de l'air, du soleil, de cette belle nature qu'il aimait tant. Je crois que ce fut ce jour-là qu'il arracha des herbes autour du grenadier et piocha quelques pieds de belles-denuit ; aidé de sa femme, il tendit un fil de fer le long du mur sur un jasmin et des treilles. Cela parut l'amuser. « *Ainsi chaque jour j'essayerai un peu mes forces,* » fit-il en rentrant. Il n'y revint plus. La faiblesse survint, les moindres mouvements le fatiguaient. Il ne quittait son fauteuil que par nécessité ou pour faire quelques pas à la prière de sa femme, qui essayait de tout pour le tirer de son atonie. Elle chantait, faisait de la musique, et le tout souvent sans effet. Du moins je ne me suis pas aperçue qu'il en eût quelque impression. Il demeurait le même à toutes choses, la tête penchée sur le côté du fauteuil, les yeux fermés.

Cependant il avait des mieux passagers, des espèces de soubresauts vers la vie. Ce fut dans un de ces moments qu'il se mit lui-même au piano et joua un air, pauvre air que j'aurai toujours dans le cœur ! Ce piano s'en est allé à Toulouse. Je l'ai vu partir avec le regret qu'y avait gravé Maurice. J'aurais voulu y noter ces mots : « *Ici un jeune malade a chanté son dernier air.* » Peut-être quelque main en passant sur ce clavier se serait arrêtée pour la prière. Chère âme de trépassé, je voudrais de partout lui tirer des secours ! *Ce sont les meilleurs offices que les chrétiens puissent se faire.* Je reviens à ce mot de foi de l'ami de Montaigne, qui revient si bien à mon cœur.

Je veux vous dire aussi comme ce cher frère m'a laissé sujet de consolation dans ses sentiments chrétiens. Ceci ne date pas de ses derniers jours seulement; il avait fait ses pâques à Paris. Au commencement du Carême, il m'écrivait : « *L'abbé Buquet est venu me voir; demain, il revient encore pour causer avec moi comme tu l'entendais.* » Cher ami! oui, j'avais entendu cela pour son bonheur, et lui l'avait fait pour le mien, non en cédant par complaisance, mais en faisant par *conviction :* il était incapable du semblant d'un acte de foi. Je l'ai vu seul à Tours, dans sa chambre, lisant les prières de la messe un dimanche. Depuis quelque temps il se plaisait aux lectures de piété, et je me suis applaudie de lui avoir laissé sainte Thérèse et Fénelon, qui lui ont fait tant de bien. Dieu ne cessait de m'inspirer pour lui. Ainsi j'eus la pensée d'emporter pour la route un bon petit livre, pieux et charmant à lire, traduit de l'italien, le Père Quadrupani, qui lui fit grand plaisir. De en temps temps il m'en demandait quelque page : « *Lis-moi un peu du Quadrupani.* » Il écoutait avec attention, puis faisait signe quand c'était assez, se recueillait là-dessus, fermait les yeux et restait là à se pénétrer de ces douces et confortantes paroles saintes. Ainsi, chaque jour, au Cayla, nous lui avons lu quelques sermons de Bossuet et des passages de l'*Imitation.* A cela il voulut joindre quelques lectures de distraction, et nous commençâmes les *Puritains* de Scott, n'ayant rien de nouveau dans notre bibliothèque. Il en parcourut un volume avec quelque air d'intérêt, et puis laissa cela

Il était bientôt las de tout, nous ne savions que trouver pour lui faire plaisir. Les visites lui apportaient peu de distractions; il ne causait qu'avec son médecin, homme d'esprit, qui par cela plaisait au malade et soutenait son attention. J'ai remarqué ces influences morales, et qu'au plus fort abattement, cette nature intelligente se relevait à tout contact de rapport. — Ainsi, la veille ou l'avant-veille de sa mort, n'en pouvant plus, il se prit à rire vivement à votre feuilleton si plaisamment spirituel : *Il faut que jeunesse se passe*, dont il fut charmé. Il en voulut deux fois la lecture : « *Écris cela à d'Aurevilly*, me dit-il, *et que depuis longtemps je n'avais ri comme je viens de le faire.* » Hélas! et il n'a plus ri ! Vous lui avez donné le dernier plaisir d'intelligence qu'il ait eu. Tout lui était jouissance de ce qui lui venait de vous. L'amitié a été le plus doux et le plus fort de ses sentiments, celui qu'il a senti le plus à fond, dont il aimait le plus à parler, et qu'il a pris, je puis dire, avec lui, dans la tombe. Oh! oui, *il vous a aimé jusqu'à la fin*. Je ne sais à quelle occasion, parlant de vous étant seuls, je lui dis : « Es-tu content, mon ami, que j'écrive à ton ami ? — *Si je suis content!* » me fit-il avec le cœur dans la voix. Ce jour-là même, en le quittant, je vous envoyai son bulletin de santé.

Nous le trouvions bien faible; cependant j'espérais toujours. J'avais écrit au prince de Hohenlohe. J'attendais un miracle. La toux s'était apaisée, l'appétit se soutenait; la veille fatale, il dîna encore avec nous; hélas! dernier dîné de famille! On servit des figues dont il eut envie, et que sur sa consultation j'eus la cruauté de lui interdire; mais d'autres ayant approuvé, il en mangea une qui ne lui fit ni bien ni mal, et je fus sauvée sans préjudice de l'amertume de l'avoir privé de quelque chose. Je veux tout dire, tout conserver de ses derniers moments, bien fâchée de ne pas me souvenir davantage. Un mot qu'il dit à mon père m'est resté. Ce pauvre père revenait de Gaillac avec l'ardente chaleur, lui rapportant des remèdes. Dès que Maurice le vit : « *Il faut convenir*, dit-il en lui tendant la main, *que vous aimez bien vos enfants.* » Oh! en effet, mon père l'aimait bien! Peu après, le pauvre malade se levant avec peine de son fauteuil pour passer dans la chambre à côté : « *Je suis bien bas*, » parlant comme à lui-même. Je l'entendis, cet arrêt de mort, de sa bouche, sans lui rien répondre, sans trop y croire peut-être; mais j'en fus frappée. Le soir, on le porta avec son fauteuil dans sa chambre. Du temps qu'il se mettait au lit, je disais avec Érembert : « Il est bien faible, ce soir; mais la poitrine est plus libre, la toux disparaît. Si nous pouvons aller au mois d'octobre, il sera sauvé. » C'était le 18 juillet, à dix heures du soir!

La nuit fut mauvaise. J'entendis sa femme lui parler, se lever souvent. Tout s'entendait de ma chambre, j'écoutais tout. Dès qu'il fut possible, j'entrai le matin pour le voir, et son regard me frappa. C'était quelque chose de fixe : « Qu'est-ce que cela augure ? dis-je au docteur qui vint bientôt. — C'est que Maurice est plus malade. — Ah! mon Dieu! » Érembert alla avertir mon père, qui accourut. Bientôt il sortit, et s'étant concerté avec le médecin, celui-ci annonça qu'il fallait penser aux derniers sacrements. M. le curé fut mandé, ainsi que ma sœur, qui se trouvait à l'église. Je ne sais si j'aurai tout présent. Mon père pria M. Facieu, le médecin, de préparer Caroline à la terrible nouvelle. Il la prit à part. J'allai la joindre bientôt et la trouvai tout en larmes; j'entendis : « *Je le savais.* » Elle savait qu'il devait mourir! « *Depuis trois mois je me prépare au sacrifice.* » Aussi ce coup de mort ne l'effraya pas, mais je la vis désolée.

« Ma pauvre sœur, lui dis-je en lui passant les bras au cou, voici le terrible moment; mais ne pleurons pas, il faut l'annoncer au malade, il faut le préparer aux sacrements. Vous sentez-vous la force de remplir ce devoir, ou voulez-vous que je e fasse ? — Oui, faites-le, Eugénie, faites! » Elle étouffait de sanglots. Je passai de suite au lit du malade, et, priant Dieu de me soutenir, je me penchai sur lui et le baisai au front, qu'il avait tout mouillé : « Mon ami, lui dis-je, je veux t'annoncer quelque chose. J'ai écrit pour toi au prince de Hohenlohe. — *Oh! que tu as bien fait!* — Tu sais qu'il a fait des miracles de guérison, notamment à Alby, dans une famille qui vient de m'en faire part.

Dieu opère par qui il veut et comme il veut. C'est surtout le souverain médecin des malades. N'as-tu pas bien confiance en lui? — Confiance *suprême* (ou *pleine*, je ne me souviens pas). — Eh bien, mon ami, demandons-lui en toute confiance ses grâces, unissons-nous en prières, nous à l'Église, toi dans ton cœur. On doit dire une messe où nous communierons : toi, tu pourrais communier aussi. Jésus-Christ allait trouver les malades, tu sais? — *Oh! je veux bien! oui, je veux m'unir à vos prières.* — C'est très-bien, mon ami. M. le curé devait venir, tu vas te confesser. N'est-ce pas que tu n'as pas de peine à parler à M. le curé? — *Pas du tout.* — Tu vas donc te préparer à ta confession. » Il demanda un livre d'examen, se fit faire toutes les prières qui précèdent la confession par sa femme. Je sortis; j'allai lui préparer de la fécule au lait d'amande. Dans ce temps, M. le curé arriva. Le malade le pria d'attendre encore un peu, ne se trouvant pas, dit-il, assez préparé. On le voyait tout pénétré et recueilli. Hélas! dernier recueillement de son âme! Au bout de dix minutes à peu près, il fit appeler le prêtre, et demeura avec lui près d'une demi-heure, causant, nous fut-il dit, avec toute la lucidité et facilité d'esprit qu'il aurait eue étant bien portant. « Jamais je n'ai entendu confession mieux faite, » nous dit M. le curé. Ce qui m'assure bien de ses dispositions, c'est ce qu'il fit comme M. le curé s'en allait. Il le rappela pour lui parler de M. de Lamennais et faire une haute et dernière rétractation de ses doctrines. Puis il ajouta : « *M. le curé, je ne sais si je m'abuse, mais me croyez-vous bien malade? Alors je recevrai l'extrême-onction. Pour communier, je voudrais le faire à jeun et attendre à demain.* » Sur la réponse que les malades étaient dispensés du jeûne, il fut prêt à tout et se prépara aux derniers sacrements. Nous allions et venions, ma sœur et moi, pour les arrangements convenables dans cette chambre qui s'allait changer en église. Sa femme, avec la tristesse et la piété d'un ange, lui récitait les prières de la communion, qui sont si belles, et celles des mourants, si touchantes; lui-même demanda celles de l'extrême-onction, calme et naturel comme pour une chose attendue.

Cependant il avait faim, il défaillait, et me demanda sa fécule, que je lui portai. Comme il suait beaucoup, je lui dis : « Mon ami, ne sors pas le bras, je te ferai manger comme un *néné* (enfant au berceau). » Un sourire vint sur ses lèvres, où je posai la cuiller, où je fis couler le dernier aliment qu'il ait pris. Ainsi j'ai pu le servir une fois encore, lui donner mes soins comme autrefois. Il m'a été rendu mourant. Je remarquai cela comme une faveur de Dieu accordée à ma tendresse de sœur, que j'ai rendu à ce cher frère les derniers services à l'âme et au corps, qu'il s'est rencontré que je l'ai disposé aux derniers sacrements, et que je lui ai préparé sa dernière nourriture : aliments des deux vies. Cela ne semble rien, n'est rien, en effet, pour personne; je suis seule à le remarquer et à bénir la Providence de ces rapports repris avec mon cher Maurice avant de nous quitter. Triste et indéfinissable compensation à tant de mois d'amitié passive! Avais-je tort de vouloir le servir? qui sait?... Mais je veux achever ce douloureux mortuaire; laissons le cœur de côté, qui n'en finirait pas de dire.

Quand le saint viatique arriva, le malade se trouvait mieux, ce me semblait; ses yeux, rouverts, n'avaient pas cette fixité effrayante du matin, ni ses sens le même affaissement; il parut moralement ravivé et en pleine jouissance de ses facultés tout le temps des saintes cérémonies. Il suivait tout de cœur, bien pieusement. Quand ce fut à l'extrême-onction, comme il ne sortait qu'une main, le prêtre ayant dit: « L'autre, » il la présenta vivement. Il écouta de bien simples et touchantes paroles, et reçut le saint viatique avec toute l'expression de la foi. Il vivait encore, il nous entendait, il choisit entre de l'eau et de la tisane qu'on lui offrait à boire, serra la main à M. le curé, qui toujours lui parlait du ciel, colla ses lèvres à une croix que lui présentait sa femme, puis il s'affaiblit; nous nous mîmes tous à le baiser, et lui à mourir. Vendredi matin, 19 juillet 1839, à onze heures et demie. Onze jours après notre arrivée au Cayla. Huit mois après son mariage.

La voilà cette fin de vie, si liée à la vôtre, telle que j'ai pu la retrouver pour vous dans mes larmes.

Que n'étiez-vous là! Que n'avez-vous assisté à la mort chrétienne de votre ami !

Le 27. — *Enfin vous voilà!* comme disait Billy, le charmant enfant indien, quand il me voyait revenir. Il paraissait tout réjoui, comme je le suis de votre lettre, si tardive et si désirée. Ce n'était cependant qu'un silence un peu long qui me donnait tant de craintes funèbres. C'est que je crois si vite à la mort, à présent! Me voilà donc bien rassurée. Mais qu'est-ce que nos impressions? Je n'éprouve pas en certitude ce que j'ai senti dans le doute, un sentiment profond. Le plaisir chez moi ne descend pas comme la peine.

Douce journée aujourd'hui : j'attends encore mon père, absent depuis toute une semaine. Sa présence m'est nécessaire plus que jamais depuis que je me trouve plus que jamais seule au Cayla. En regardant du côté par où il doit venir, je pense à tant d'absents qui ne reviendront pas. J'en ai bien vu s'en aller par ce chemin. Il y a au bas de la colline une croix où, deux ans passés, nous nous sommes quittés avec mon cher Maurice. Je l'accompagnai jusque-là. Il s'y est longtemps conservé sur le terrain l'empreinte d'un pied de cheval, à l'endroit où Maurice s'arrêta pour me tendre la main. Je ne passe jamais par là que je ne regarde à cette marque effacée d'adieu près d'une croix.

Comme toute ma vie va à ce frère, comme tout ce

qui a rapport à lui me pénètre! Les sentiments uniques grandissent dans la solitude jusqu'à l'immensité. Comme ce marronnier qui s'étend seul là-bas dans la prairie, ils couvrent toute l'âme. Je ne sais si je ne ferais pas bien de sortir d'ici pour quelques jours. Les idées fixes, oh! les idées fixes que tout nourrit et rappelle! La vie est un devoir. Sous ce rapport religieux on y tient, et on doit vouloir sa conservation. Le dépérissement en serait un mal devant Dieu. Mais sans cela, sans le ciel que je vois, je me laisserais tomber; mais j'aurais tort, bien tort comme chrétienne de m'abattre comme ceux qui vont sans soutien. Dieu n'est-il pas là qui nous dit : Je suis près de ceux qui souffrent? Foi soutenante! Oh! que nous avons d'obligations à la foi! Je la considère comme le seul vrai soutien de l'homme. D'autres choses en ont bien l'air; mais ce sont appuis d'apparence, colonnes de vapeur.

De Montels, vieux château dans les montagnes.

Le 14 mars. — Ce que j'aime me suit partout : ce cahier a pris mon chemin, comme, hélas! naguère un autre était venu ici au même lieu, lorsque j'allais voir Louise, mon amie, quelque peu avant mon départ pour Paris. Ainsi les pareilles choses reparaissent quelquefois dans la vie, sans qu'on pense à les ramener. Bien sûr, je ne comptais pas revenir ici. J'ai remarqué de ces consonnances du passé avec le présent, et celle-ci en contraste. J'étais venue en joie, je reviens en deuil; j'avais un frère vivant, il est mort...

Je me plais à Montels : on y vit comme on veut, sans visites ni ennuis du monde; on entre, on sort, on se promène, sans nul assujettissement; puis la campagne est grande, toute diverse en paysages, en coupes de montagnes, douces, couvertes de châtaigniers; cela plaît à voir et à parcourir. Si je devais quitter le Cayla, c'est ici que je voudrais demeurer. Pour faire de ce château une demeure agréable, il n'y aurait qu'à relever quelques ruines qui, même telles quelles, sont toutes remplies d'intérêt. Quel charme n'a pas ce vieux salon tout tapissé de vieux portraits de militaires, d'hommes de robe et d'église, de belles dames, comme on n'en voit plus, de mise et de beauté? J'en ai remarqué une en toilette de bal à côté d'un capucin méditant sur une tête de mort. De tout temps les contrastes se sont touchés. Montels n'est plus autre chose partout, dans la demeure et ses habitants, dans cette chambre appelée chambre du cardinal pour avoir logé le cardinal de Bernis, toute pleine à présent de pommes de terre.

Je ne suis pas étonnée que ce bel esprit, qui se connaissait en jolies choses, eût choisi ce lieu pour sa maison de campagne, assez près et assez loin de la ville, paysage parfaitement dessiné pour des pastorales et des rêveries poétiques, si le cardinal rêvait encore. Qui sait? Qui sait en quel temps et en quel état on cesse d'être poëte? Celui-ci cependant, dans le cours de sa vie, se souvenant qu'il était prêtre, eut repentir de ses chansons légères et fit faire des recherches pour les détruire ; mais de la plume au vent ! Le mal ne s'arrête pas comme on veut. Les épîtres à Chloé et à la Pompadour sont restées, et nul ne sait, ou bien peu, que leur auteur a voulu les mettre en cendre. Je tiens cela de mon père dont le père avait connu l'Apollon cardinal.

Il y a encore ici dans un vieux tiroir une curieuse correspondance sentimentale du fameux La Peyrouse avec Mlle de Vézian, sa fiancée, devenue ensuite marquise de Sénégas, pendant sans doute que le marin courait les mers. Il faut que je demande, pour les voir, ces lettres à ma cousine. Précieuse découverte, débris du cœur de La Pérouse, aussi curieuse que celle de son vaisseau. Mais qui songe à cela ? Qui songe à chercher un grand homme dans son intime ?

Voilà comme Montels occuperait son petit coin dans l'histoire. Bien des lieux célèbres ont eu moins d'intérêt ; le tout, c'est de savoir le faire ressortir, cet intérêt ; et ce n'est pas, ce me semble, ce qui manque soit dans les hommes ou dans la nature. Que de trésors sous une mousse et, si je veux, dans cette chambre inélégante et glacée ! D'abord le soleil à mes pieds sous la table où je les chauffe dans ce grand carré lumineux qui me vient de la fenêtre à côté...

Description interrompue par le départ annoncé au beau milieu de ma page.

[Sans date.] — Que dire? que répondre? Que m'annoncez-vous qui se prépare pour Maurice! Pauvre rayon de gloire qui va venir sur sa tombe! Que je l'aurais aimé sur son front, de son vivant, quand nous l'aurions vu sans larmes! C'est trop tard maintenant pour que la joie soit complète, et néanmoins j'éprouve je ne sais quel triste bonheur à ce bruit funèbre de renommée, qui va s'attacher au nom que j'ai le plus aimé, à me dire que cette chère mémoire ne mourra pas. Oh! le cœur voudrait tant immortaliser ce qu'il aime! Je l'avais ouï dire, je le sens, et que ceci s'étend du ciel à la terre; soit par amour ou par foi, soit pour ce monde, soit pour l'autre, l'âme repousse le néant. Maurice, mon ami, vit toujours, il s'est éteint, il a disparu d'ici-bas comme un astre meurt en un lieu pour se rallumer dans un autre. Que cette pensée me console, me soutient dans cette séparation! que j'y rattache d'espérances! Ce rayon qui va passer sur Maurice, je le vois descendre du ciel, c'est le reflet de son auréole, de cette couronne qui brille au front des élus, des intelligences sauvées. Celles qui se perdent n'ont rien devant Dieu qui leur reste, qui les marque, quelque signe de distinction que les hommes leur fassent, car toute gloire humaine passe vite. Je ne me réjouirais pas si je ne voyais que celle-là seule pour mon frère; mais il est mort saintement, et j'accepte avec transport la glorification de son intelligence qui peut s'associer à la canonisation de son âme.

Je ne vous dis plus rien sur ce sujet infini, vous ayant écrit et dit mes sentiments et remercîments profonds, à vous, à M. Sainte-Beuve, à Mme Sand, pour la part que vous aurez chacun à cette publication du *Centaure,* cette belle œuvre inconnue de mon frère, à la mise en lumière de sa vie et de son talent.

Oh! que vous me touchez de me dire que mes pensées, mes expressions, mes images tiennent beaucoup de Maurice, que nous étions, lui et moi, frère et sœur jumeaux d'intelligence! Ressemblance la plus belle que vous puissiez me trouver et la plus douce pour moi[1]. . . . .

[Le 2 avril.] — Courant d'impressions et de pensées abandonné à l'endroit effacé, rentré dans l'âme et perdu pour ce papier. Dois-je le regretter? Non, sans doute, mais ces refoulements, ces épanchements arrêtés, j'en voudrais connaître la cause. Il n'en était pas de même autrefois : la pensée, la vie coulait d'abondance, s'en allait à pleins bords, s'épandait en mille endroits, en mille façons, et maintenant cela s'arrête à un grain de sable, je me délaisse à tous moments, les petits riens font quelque chose : indice d'affaiblissement. Que serait-ce sans le soutien d'en haut qui me soulève si puissamment quelquefois? Je serais toute et toujours abattue. Le monde, les conversa-

---

1. Lignes effacées.

tions, la diversion sont de bien peu de secours dans cette langueur de l'âme; je viens de l'essayer. Rien n'y fait radicalement, rien ne change le fond. Toute la puissance des distractions, n'agit qu'à la surface, n'arrive qu'à faire naître quelque sourire au dehors.

Lu *Waverley*. Oh! la déchirante mort d'un frère, l'horrible catastrophe à la fin! J'en suis tout émue. Quoique fictions, ces sortes de choses pénètrent, font souffrir; un conte m'a tiré des larmes, quoique j'en verse peu pour des contes; mais Walter Scott est si intéressant et plein d'effet sur le cœur dans cette lugubre peinture remplie de traits attendrissants! Que n'ai-je quelquefois des livres, ces parlants à l'âme, qui lui font tant d'impression! Rien n'agit si puissamment sur moi que les lectures, rien ne me fait tant sentir, à présent que se perd le goût de toutes choses.

Et écrire, que me fait d'écrire? Interrogation muette parfois, plus souvent pleine de réponses. Cependant je n'écris guère. Ce cahier même, je le néglige; plusieurs jours se passent sans y rien laisser, et je n'y mets plus de date. Je n'ai plus de plaisir à retrouver d'époque ni rien dans ma vie si douloureuse de souvenirs. Ce qui m'avait charmée ou me charmerait me désole, parce que tout s'empreint de deuil. Peut-être un jour, avec le temps, cet état d'âme changera; mais il n'est pas de diversion possible encore. Je viens d'essayer du monde, décidément le monde m'ennuie; l'esprit qu'on y rencontre n'est pas de mon goût, le *sot rire* ne m'égaye pas. Je n'y puis prendre part, et aussi je puis dire comme disait Esther, je crois, qu'au milieu de la foule et des divertissements je ne laisse pas de me trouver seule. Savez-vous où je me plais, dans quel monde? A l'église. Là je suis chez moi. Toute ma vie j'ai préféré une chapelle à un salon, les anges aux hommes, et ce parler intérieur avec Dieu à celui qui bruit au dehors. On n'est pas né en solitude, on n'est pas élevé, on n'a pas vécu entre ciel et terre, en plein air, près de la croix, pour sentir comme les autres, comme ceux qui reçoivent du monde leurs pensées et leurs affections. Rien ne m'est venu de là, rien ne m'en viendra sans doute. Ce n'est pas la peine ni mon vouloir de me tourner de ce côté.

Quel souvenir me prend! A pareil jour j'ai perdu ma mère, à pareil jour j'ai quitté Maurice et Paris. Triste date du 2 avril! La vie est toute coupée de douleurs. Les oiseaux n'ont pas de chagrin sans doute, du moins la grive qui chante tout aujourd'hui sous ma fenêtre. Joyeuse petite bête! Je me suis mise à l'écouter bien des fois, à prendre plaisir à ces sifflements, gazouillements et salutations au printemps. Ces chants doux et réjouissants sous un genévrier, montant avec l'air dans ma chambrette, sont d'un effet que je ne puis dire. Valentino n'en approche pas pour le charme : Valentino où j'entendais pourtant quatre-vingts musiciens et du *Beethoven* Préférer à cela une pauvre petite grive, quelle impertinence aux beaux-arts ! Décidément je suis une sauvage.

Oui, je me demandais, à ces concerts et à bien d'autres choses à Paris : Où donc est le ravissement qu'on t'avait promis ? Cependant je voyais, j'entendais des merveilles, et rien pour m'étonner ! Il n'y aura donc d'étonnement que dans le ciel ? Ce mécompte de sensations, d'où vient-il ? De notre fini et de notre infini, sans doute, de ce que l'âme qui est touchée sous les sens ne reçoit pas autant qu'elle perçoit. D'ailleurs, depuis Ève, toute curiosité satisfaite est désappointée.

[Sans date.] — Parcouru l'*Histoire de Bossuet*, toute pleine de grandeurs, de cette élévation du siècle de Louis XIV, personnifiée religieusement en cet homme de génie et de foi. C'est trop grand pour que j'en parle, mais l'impression de cette lecture sur moi est si belle et bonne que je le marque ; et puis que de souvenirs se rattachent à ces fragments d'éloquence qui nous reportent à la plus belle époque de la France, à la plus brillante cour du monde, et moi à mon enfance et à Maurice ! A treize ou quatorze ans, je dévorais les Oraisons funèbres qu'Érembert avait apportées du collège, sans les comprendre sans doute, sans autre attrait que ces pensées du ciel et de la mort, qui ont eu de bonne heure tant d'influence sur moi ; et puis, plus tard, Maurice m'a si souvent, si admirablement parlé des sermons de Bossuet, que nous avons lus ensemble, dont il m'avait noté des passages, le dernier livre religieux que je lui ai ouvert pendant sa maladie : tout cela m'a touchée en lisant cette histoire où j'ai vu revenir la mienne. Mousse sur un cèdre, un rien qui m'a donné à penser autant que le grand siècle. C'est le mien à moi, mes beaux jours passés de jeunesse, et Maurice, le roi de mon cœur. Peut-être y a-t-il de la faiblesse dans cette pente d'esprit vers le cœur, vers soi et tout ce qui tient à soi; c'est amour-propre, égoïsme. J'en aurais peine si ce n'était le propre de la nature souffrante de lier le monde à sa douleur. D'ailleurs il n'en paraît rien au dehors, cela se fait dans l'âme, nul ne s'aperçoit de ce que je sens ni n'en souffre. Je ne m'épanche que devant Dieu et ici. Oh! qu'aujourd'hui je fais d'efforts pour écarter la tristesse qui ne vaut rien, cette tristesse sans larmes, sèche, heurtant le cœur comme un marteau! C'est la plus pénible à sentir, et cependant il faut porter celle-là comme une autre, et on la porte avec le même secours : la croix, avec Jésus triste à la mort au Jardin des Olives.

Les litanies de la tristesse, que j'ai faites dans un élan d'angoisses, trouveront ici leur place :

O Christ, qui êtes venu pour souffrir, ayez pitié de ma tristesse.
O Christ, qui avez pris sur vous nos douleurs,
O Christ, qui avez été délaissé en naissant,
O Christ, qui avez vécu sur la terre étrangère,
O Christ, qui n'avez pas eu où reposer votre tête,

O Christ, qui avez été méconnu,
O Christ, qui avez souffert les contradictions,
O Christ, qui avez souffert les tentations,
O Christ, qui avez vu mourir Lazare,
O Christ, qui dans vos angoisses avez sué le sang dans le Jardin des Olives,
O Christ, qui avez été triste à la mort,
O Christ, qui avez reçu le baiser de Judas,
O Christ, qui avez été abandonné de vos disciples,
O Christ, qui avez été renié par un ami,
O Christ, qui avez été couronné d'épines,
O Christ, qui avez été flagellé,
O Christ, qui avez porté votre croix,
O Christ, qui vous êtes abattu trois fois dans le chemin du Calvaire,
O Christ, qui avez vu les femmes de Jérusalem qui pleuraient,
O Christ, qui avez rencontré votre mère,
O Christ, qui avez vu au pied de la Croix le disciple que vous aimiez,
O Christ, qui avez vu à vos côtés le larron impénitent,
O Christ, qui avez tant souffert pour les pécheurs,
O Christ, qui avez fini la vie en poussant un grand gémissement, ayez pitié de ma tristesse.

Le jour des Rameaux. — Aujourd'hui que tout verdit, fleurit et s'éjouit sous le soleil des Rameaux, quelque chose qui tient un peu de cela me vient dans l'âme. Je m'y livre, je me repose sur ces doux sentiments comme sur l'herbe d'un pré. Oh! qu'il fait beau là dans ma solitude et mes pensées du jour, jour d'hosanna, d'hymnes, d'élans de foi et d'amour au Sauveur, le roi de gloire, le triomphateur du monde, qui s'avance monté sur un âne, amenant à sa suite

non les peuples vaincus, mais les malades qu'il a
guéris, les morts qu'il a ressuscités ! J'avais devant moi
à l'église, parmi les enfants de chœur, un petit garçon dont la voix, la taille et les vives allures m'ont rappelé Maurice quand il balançait l'encensoir à Andillac.
Cela, se mêlant aux émotions religieuses, me fait en ce
moment un état d'âme où je me plais, que je laisse
ici sur ce mémorandum, devant ce rameau bénit et
garni de tant de pieux et doux souvenirs. Dans mon
enfance, c'était un bouquet de gâteaux et de fruits que
nous portions joyeusement à l'église. Qui avait le plus
beau rameau était le plus heureux, et avait été le plus
sage : charmant objet d'émulation pour les enfants
qu'un arbrisseau couvert de doux manger, banquet
flottant sous la verdure, donné par Jésus aux petits
enfants qu'il aime et pour lui avoir chanté à pareil
jour *Hosanna* dans le temple ! Que la religion a des
côtés gracieux ! Qu'elle est aimable au premier âge !

Marie, Marie des C...., tout abattue, effrayée d'un
redoublement de souffrances qui la tiennent au lit
dans de tristes pressentiments. « Adieu, me dit-elle,
non pas pour la dernière fois, j'espère, mais il n'en
est guère de plus triste et de plus douloureux. »
Faut-il que nous soyons à deux cents lieues ! Faut-il
que je ne puisse aller joindre cette chère amie, que
je vois tant souffrir dans sa solitude ! Mais mon père,
mais mon frère me retiennent aussi fortement qu'elle
me tire. J'ai l'âme écartelée. Mon Dieu, que l'amitié
fait souffrir ! Tout pour moi se tourne de ce côté en

souffrances, soit pour cette vie soit pour l'autre; ou l'état d'âme ou l'état de santé de ceux que j'aime m'afflige. Érembert cependant m'a bien consolée aujourd'hui. J'ai un frère chrétien, qui remplit toutes les obligations de ce nom dans ce saint temps de Pâques.

A pareil temps, l'an dernier, comme Maurice pareillement m'occupait! Ce souvenir se mêle à tout dans ma vie. J'ai passé cette nuit en songe avec lui, moitié vivant, moitié mort. Je le voyais, je lui parlais, mais ce n'était qu'un corps qui me disait que son âme était au ciel. O âme de Maurice, ô Maurice tout entier, quand te verrai-je en effet! Que d'élans vers ce lieu qui réunit le frère et la sœur, tous ceux que la mort avait séparés! et d'autres fois que de craintes et tremblements devant cet autre monde où Dieu nous juge!

Mon âme pourtant n'a rien qui lui pèse, rien qui lui donne un remords. J'ai vécu heureusement loin du monde, dans l'ignorance de presque tout ce qui porte au mal ou le développe en nous. A l'âge où les impressions sont si vives, je n'en ai eu que de pieuses. J'ai vécu comme dans un monastère; aussi ma vie doit être incomplète du côté du monde. Ce que je sais sous ce rapport me vient presque d'instinct, d'inspiration, comme la poésie, et m'a suffi pour paraître convenablement partout. Un certain tact m'avertit, me donne le sens des choses et des airs d'habitude là où je me trouve le plus souvent étrangère, comme dans les cercles. Mais je parle peu. J'ai l'esprit de comprendre bien plus que d'exprimer. Pour ceci il faut l'usage; quand je converse, je sens que j'en manque, que l'à-propos ne vient pas, ni la pensée juste; presque jamais je ne dis d'abord ce que je dirais ensuite. Les compliments me trouvent nulle; la plaisanterie un peu moins, à cause sans doute qu'elle aiguillonne l'esprit. Dernièrement j'ai répondu par une bêtise à des démonstrations de politesse qui m'ont prise à l'improviste. C'était aussi de la part de quelqu'un qui m'intimide, un homme d'esprit qui me gêne; ce qui comprime le jet de la pensée. Chose étrange! j'aborde sans embarras les premières intelligences; je ne me sens pas plus intimidée devant M. Xavier de Maistre que devant son fauteuil, et je demeurerai liée près des gens les plus ordinaires, je perdrai mon assurance pour passer parmi des paysans qui me regardent, pour parler à mon confesseur. Il n'y avait que Maurice au monde avec qui je n'ai jamais été timide.

La veille de Pâques. — Oh! quelle différence l'an dernier, à Paris! Retour de profonds souvenirs. Ce soir-là il y avait eu consultation de docteurs, j'étais bien affectée. Nous étions à Valentino; là fut remis ce paquet cacheté de noir; là se trouvait cette pauvre Marie, singulière rencontre un soir d'adieu! Ce concert finissait mon séjour à Paris, c'était le glas de ma mort au monde, que j'écoutais sonner avec je ne sais quelle douce et triste émotion, semblable un peu à celle que j'éprouve au souvenir de ces choses, de ces personnes qui me reviennent comme des ombres dans ma chambrette, à la même heure et moins harmonieusement qu'à Valentino. Le concert, c'est la pluie qui bat ma vitre, et tant de regrets qui me battent l'âme. J'ai senti, j'ai vu ce que je ne faisais que craindre : la mort, la séparation à jamais ! Que j'ai besoin de penser à la fête de demain ! Que cette résurrection est bonne ! Mon Dieu, puisqu'il faut voir mourir, qu'il est doux de croire qu'on verra revivre ! Puissent ces pensées de foi auxquelles je vais me livrer en écarter d'autres qui font foule et m'oppressent l'âme !

Le soir de Pâques. — O Pâques, Pâques fleuries, jour de renaissance, de reverdissement, de jubilations célestes ! Je ne sais que dire, qu'exprimer de cette fête du passage, si magnifiquement belle dans les temps anciens et nouveaux, qui a fait chanter l'*In exitu*, l'*O Filii*, et à moi tant de cantiques intérieurs quand j'ai vu ce matin Érembert à la table de communion. Encore un frère sauvé ! Il faut être sœur chrétienne pour sentir cela et cette sorte de bonheur qui vient d'espérer le ciel pour une âme qu'on aime, de la voir unie à Dieu, au souverain bien.

Le 20 avril. — Oh ! c'était bien un rossignol que j'ai entendu ce matin. C'était vers l'aurore et sur un réveil, de sorte qu'ensuite j'ai cru que j'avais rêvé ;

mais je viens d'entendre encore, mon musicien est arrivé. Je note cela tous les ans, la venue du rossignol et de la première fleur. Ce sont des époques à la campagne et dans ma vie. L'ouverture du printemps si admirablement belle est ainsi marquée, et le retard ou l'avancement des saisons. Mes charmants calendriers ne s'y trompent pas, ils annoncent au juste les beaux jours, le soleil, la verdure. Quand j'entends le rossignol ou que je vois une hirondelle, je me dis : « L'hiver a pris fin, » avec un plaisir indicible. Il y a pour moi renaissance hors de la froidure, des brouillards, du ciel terne, de toute cette nature morte. Je reverdis comme un brin d'herbe, même moralement. La pensée reparaît et toutes ses fleurs. Jamais poëme épique ne fut fait en hiver.

[Sans date]. — Adieu, grand'tante, que je viens de baiser morte; adieu, dernier reste d'une génération d'aïeux, famille de Verdun, toute dans les tombes à présent, et si dispersée : à l'île de France, à l'île Bourbon, ailleurs, ici. Ma pauvre tante a pleuré sur tous les siens, père, mère, neveux, que la Révolution d'abord et la mort ensuite lui ont pris, et la voilà maintenant qui suit le nombreux convoi. Nous la suivrons de même; hélas! nous ne formons qu'une procession funèbre ici-bas, et quelle rapidité dans la marche! On s'effraye d'y regarder, mais on avance en détournant la tête ou sans y penser. C'est bien triste, mais bien utile cependant. Les saints l'ont compris, ces hommes qui méditent sur une tête de mort pour se préserver de la corruption de la vie.

Mais d'où vient que ces pensées ne me touchent que peu, qu'agonies, morts, cercueils, dont je ne pouvais entendre parler, me sont objets ordinaires pour l'impression? Quel frémissement j'éprouvais, rien qu'en voyant la maison ou la chambre d'un décédé! et maintenant j'entre, je touche, je baise ; mais quel baiser, mon Dieu! C'est le second que j'ai posé sur des joues qui glacent les lèvres, qui donnent le frisson dans tout le corps et des sensations de l'autre monde dans l'âme. J'ai appris cela de Maurice, j'ai appris la mort et tout ce qui suit. Depuis, rien ne m'étonne ni ne m'épouvante. On ne veut pas que j'aille à cet enterrement, mais j'y pourrais aller sans risques, rien ne m'y ferait mal. J'ai en moi l'habitude de pareilles choses. N'y eut-il pas un roi qui s'accoutuma au poison? Eh bien, je prierai Dieu ici pour ma tante, du temps qu'on la met en terre. De partout, Dieu nous entend, et je puis facilement, si je veux, me figurer un cimetière.

[Sans date.] — M. de M... m'écrit que sa femme est trop faible pour m'écrire. Quelque peu bonne que soit cette nouvelle, j'en suis contente, tant je craignais d'apprendre pis, tant cette lettre des Rameaux m'effrayait. Enfin je me rassure, puisque ceci tourne au mieux. Mon Dieu, que je voudrais ne pas perdre cette chère amie! O malheur des séparations! Celle-ci y mettrait le comble. Une religieuse de Nevers qui repart m'offrirait une bonne occasion de voyage, si je pouvais sortir d'ici. Mais Érembert, mon père, tant de fortes raisons me retiennent. J'ai le cœur écartelé, tiré par le Cayla et les Coques, attaché presque également des deux parts. On aime cela et on en souffre. Il nous faudrait un centre d'affections, un quelque part où se trouvât tout ce qu'on aime, petit paradis sur terre, image de celui du ciel qui n'est qu'une société d'amour. Que j'ai souvent rêvé cela, et que le Cayla me plairait si j'y pouvais réunir mes élus, le petit nombre que j'ai dispersé par le monde, et que j'en distingue! Si on me disait : « Qui sont-ils? » Je dirais : « Mes choisis ne ressemblent à personne ; cherchez-les parmi ce qu'on voit le moins, parmi les natures rares. »

[Sans date.] — Si je n'ai rien mis ici depuis huit jours, c'est que je n'ai fait qu'écrire à Marie, écrire un journal intime, feuilles volantes d'amitié qui s'en iront joncher son lit un beau moment à sa surprise, et la pauvre malade aura plaisir à cela. Ce sont des riens, mais les riens du cœur ont leur charme. J'ajoute à cela des livres qu'elle m'avait prêtés et une carte de mon pays, de ces lieux qu'elle habite tant par l'âme. Je veux les lui faire voir, et je jouis d'avance de ce qu'elle va éprouver. Quant aux livres, j'ai peine à les renvoyer; je ne me sépare qu'à regret de ce qui fut emporté au départ, pages empreintes d'adieux, de souvenirs de voyage, lues dans la diligence de Bourges à Tours, quand je me trouvai assez seule pour pouvoir lire. Si jamais je les revois, je les relirai encore en mémoire de ce passé, de cet état d'âme où je me trouvais en regrets, en tristesse, en craintes, en suspens entre la vie et la mort, roulant sur ce pauvre malade, que j'allais voir, les pensées les plus déchirantes, quelquefois les plus opposées; car on ne peut s'empêcher d'espérer, quoiqu'on ne voie pas trop où se tient l'espérance. Marie, Marie, avec quels tristes pressentiments nous nous sommes quittées ! J'ai toujours en souvenir ce dernier regard qu'elle me fit à la fenêtre, enveloppée d'une mante noire. Elle m'apparut comme le deuil en personne...

Le 1ᵉʳ mai. — Quel que soit mon sans-intérêt aujourd'hui pour tout ce qui se fait sous le ciel, je veux néanmoins marquer ce premier mai, comme j'en ai l'habitude. C'était un autre jour pour moi qu'il ne l'est à présent, ce retour du plus beau mois de l'année. Tout est changé.

. . . .

Poésie interrompue par la foudre. Quel bruit, quels éclats, quel accompagnement de pluie, de vent, d'éclairs, d'ébranlements ! rugissement, terribles voix d'orages ! Et cependant le rossignol chantait, abrité sous quelque feuille; on aurait dit qu'il se moquait de l'orage ou qu'il luttait avec la foudre; coup de tonnerre et coup de gosier faisaient charmant contraste que j'ai écouté, appuyée sur ma fenêtre; j'ai joui de ce chant si doux dans ce bruit épouvantable.

Le 6 mai. — C'est pour retrouver la date d'une lettre du Nivernais, chères nouvelles qui font événement dans ma vie toute de cœur. Dans la suite des temps, dans quelques mois même, je serai bien aise de revoir un jour marqué d'émotions douces à fond triste, comme me les donne Marie. Cette fois-ci c'est sa mère, une mère adoptive pour moi, qui m'écrit et ne me touche pas mal en me parlant de sa fille, et de l'espérance, je ne sais comment venue, qu'elle a de me voir avec la sœur de Nevers; mais la sœur est partie... Oh! mon père! il l'emporte encore sur Marie. Je le sens en ce moment qu'il a été question de le quitter. Que tout cela fait souffrir! Et cependant c'est bonheur d'être aimé. Mais qu'est-ce qu'un bonheur qui touche aux larmes?

Je n'ai pas vu l'Orient, mais je doute que ses belles nuits soient plus belles que celle qu'il fait à présent. Une admiration m'a surprise en ouvrant ma fenêtre avant de me coucher, suivant ma coutume de regarder l'état du ciel: qu'il est clair, transparent, étoilé avec ces demi-teintes de demi-lune, et...

[Sans date.] — Plusieurs jours depuis cette nuit, et entre ces deux lignes d'écriture. Comme le temps occupe peu d'espace! Une fois passé, ce n'est rien. Dans ce peu d'espace on pourrait faire entrer un siècle. Je n'y vois rien, quoi qu'il soit venu dans l'histoire de ma vie, parce que tout reste au dedans, que je n'ai plus d'intérêt à rien raconter, ni moi ni autre chose. Tout meurt, je meurs à tout. Je meurs d'une lente agonie morale, état d'indicible souffrance. — Va, pauvre cahier, dans l'oubli avec ces objets qui s'évanouissent ! Je n'écrirai plus ici que je ne reprenne vie, que Dieu ne me ressuscite de ce tombeau où j'ai l'âme ensevelie. Maurice, mon ami ! il n'en était pas ainsi de moi quand je l'avais. Penser à lui me relevait au plus fort d'un abattement; l'avoir en ce monde me suffisait. Avec Maurice, je ne me serais pas ennuyée entre deux montagnes.

Une lettre de mort, une mort de jeune fille, Camille de Boisset, sœur d'une de mes amies, la céleste Antoinette.

Depuis longtemps je n'avais trouvé d'aussi agréable lecture et plus de mon goût que celle que je viens de faire, et dans un livre dont le monde ne se doute guère, un *Catéchisme*, dont la seule introduction gagne l'esprit et le cœur, morceau le plus distingué entre tous les avant-propos, exquis avant-goût d'une œuvre exquise de foi, d'intelligence et d'amour. J'ai pressenti de suaves émotions et entrevu de beaux traits de lumière pour moi dans cette religieuse lecture, et je m'y livre. Je vais voir et connaître ma religion telle que je ne l'ai pas encore vue d'ensemble.

Comme elle est infinie en merveilles et en admirations, à chaque nouvelle attention, à chaque regard on découvre pour l'aimer et l'admirer davantage. Le besoin de mon cœur me porte de ce côté, il n'est satisfait que par les choses divines. Ce fut de tout temps, mais plus encore quand les charmes qui restaient dans la vie et qui nourrissaient l'âme sont perdus. Heureux sommes-nous quand l'esprit de Dieu vient sur ce vide et y fait une création! Il me semble que cela se fait en moi, que quelque chose de nouveau et qui n'est rien d'humain s'opère, transformation d'une autre vie, d'un autre monde où Dieu habite, où j'ai ma mère et Maurice. Oh! que la mort nous ôte d'ici et nous en dégoûte! J'ai vu quelque chose de pareil dans sainte Thérèse. Après la mort de son frère, elle écrivait : « J'ai quatre ans de plus que lui et je ne puis pas parvenir à mourir! »

« ... Quand la tige est parvenue à la hauteur et à
« la force convenables, on voit se former à sa partie
« supérieure un petit bouton. Ce bouton renferme
« tout ce qu'il y a de plus précieux dans la plante.
« Aussi nous allons voir de quels soins tendres et
« multipliés la Providence l'environne. Elle le couvre
« d'abord de trois ou quatre enveloppes bien unies,
« bien serrées, afin de le protéger contre le froid, la
« chaleur, les insectes, les vents et la pluie. La pre-
« mière de ces enveloppes est plus dure et offre plus
« de résistance; la seconde surpasse en finesse et en
« beauté la mousseline et la soie; enfin la troisième,

« qui touche à la graine, n'a rien qui lui soit compa-
« rable pour la délicatesse et la douceur. Elle est
« faite ainsi, afin de ne pas blesser la petite créature
« qu'elle renferme. A mesure que ce germe précieux
« grossit, les enveloppes s'élargissent; enfin elles
« s'ouvrent, mais non pas entièrement ni tout d'un
« coup, afin de ne pas exposer le petit nourrisson au
« danger de périr. Quand il est assez fort, toutes ces
« petites enveloppes de mousseline, tous ces tendres
« duvets sont écartés, ainsi qu'on écarte les langes
« qui emmaillottent un enfant. »

Que c'est joli ! Cette admiration m'échappe, mais je veux prendre le charmant tableau tout entier :

« Ce germe précieux est destiné à donner nais-
« sance à de nouvelles plantes; mais cette nouvelle
« naissance sera accompagnée d'une joie et d'une
« magnificence inexprimables. Lorsque l'enfant d'un
« roi vient au monde, on le reçoit dans un berceau
« doré, on le place dans des appartements richement
« décorés. Voilà ce que fait le bon Dieu pour l'enfant
« ou le fruit de la moindre plante. Des feuilles d'une
« douceur, d'une finesse, d'un moelleux inimitables,
« peintes des couleurs les plus belles, les plus variées
« et les plus agréables, lui servent de langes et de
« berceau. Autour de lui s'exhale le parfum le plus
« suave; c'est au milieu de cette demeure plus riche
« que les Louvres des rois qu'il naît et qu'il gran-
« dit. Examinez tout cela de près, et, si vous pouvez,
« défendez à vos lèvres de dire avec le divin Sau-

« veur : Je vous assure que Salomon dans toute sa
« magnificence ne fut jamais si richement habillé. »

Jamais fleur ne fut non plus si richement dépeinte, jamais si gracieuse description n'en fut faite. On croirait lire un nouveau Bernardin de Saint-Pierre, et ce n'est qu'un passage de catéchisme, de ce Catéchisme de persévérance dont je parlais, de l'abbé Gaume. Bon et bel ouvrage de l'époque, où, sous le plus simple titre, se trouve l'histoire complète de la religion racontée à des enfants de la façon la plus attachante. Rien que quelques aperçus m'ont charmée. Je vais me raviver l'âme à cette lecture.

Le 23 mai. — Enfin, je sais que cette chère publication du *Centaure* a paru. Des jeunes gens venus de Gaillac me l'ont appris. Depuis je ne pense qu'à cela, et au passé, hélas ! où moindre chose me ramène. Me l'enverrez-vous ? Qui sait ? Je suis injuste peut-être, mais votre silence est si durable et le cœur humain si changeant ! Et qu'y aurait-il d'étonnant que quelqu'un du monde vînt à oublier une pauvre amitié d'anachorète qui ne peut pas lui offrir beaucoup d'agrément ? Je n'ai d'autre titre que d'être la sœur de Maurice, et cela se peut effacer : *le temps efface tout.*

Ce matin visite aux champs pour les Rogations, au lever du soleil. Que c'est joli de parcourir à cette heure-là la campagne ! de se trouver au réveil des fleurs, des oiseaux, de toute une matinée de printemps, et qu'alors la prière est facile! qu'elle s'en va doucement dans cet air embaumé, à la vue de si gracieuses et magnifiques œuvres de Dieu! On est trop heureux de revoir un printemps. Dieu l'a voulu sans doute pour nous consoler du paradis terrestre. Rien ne me donne l'idée de l'Éden comme cette nature renaissante, ondoyante, resplendissante dans la belle fraîcheur de mai.

Arrêtée au village. Passé au cou d'un jeune homme malade la petite croix d'or que Maurice portait sur lui. Il l'a baisée avec des larmes, et cela lui fera du bien. La vue d'une croix est bonne quand on souffre. Je ne connais pas de meilleur calmant, et je le donne avec foi et amour.

[Sans date.] — Non, je n'écrirai pas mes émotions d'aujourd'hui, si diverses d'ailleurs. Oh! que cela fait voir les mille facultés de l'âme, tant de sentiments et pensées! l'arc-en-ciel a moins de couleurs, et cela en si peu de temps! En quelques minutes, parfois, par combien de sensations je passe!

Le 28. — Encore une mort, encore un disparu de cette association d'amis qui se rattachait à Maurice : pauvres jeunes gens tous pleins de joie et d'avenir, tous réunis naguère à Paris, et maintenant deçà delà dans des tombes! Oh! que c'est désolant! que de lamentations me viennent sur ces destructions lamentables et si rapides des hommes! Hommes du monde, hélas! plus à pleurer que d'autres, que j'ai vus, connus, appréciés, aimés par quelque endroit! J'avais trouvé M. Bodimont fort dévoué à Maurice; sa jolie petite femme (morte également) m'avait aussi gagnée d'intérêt, et tout cela, se rattachant à mes plus chers souvenirs, m'a frappée de tristesse en trouvant dans *la Gazette*, à l'article nécrologique, le nom de M. Bodimont. Il ne me manque plus que d'y rencontrer le vôtre, que je ne trouve plus nulle part.

Mon Dieu, ayez pitié de ces pauvres âmes d'amis!

[Sans date.] — Que c'est beau, que c'est beau ce *Polyeucte*, et ce Corneille! quel vers :

. . . . Je vous aime
Beaucoup moins que mon Dieu, mais bien plus que moi-même.

Après cela et tant de belles et sublimes choses que les grands auteurs ont de tout temps puisées dans la religion, qu'on vienne nous dire si cette religion n'est point un beau songe, une image flatteuse! « Quoi! notre unique bien est-il une illusion! Quoi? ce christianisme descendu du ciel sur la terre avec le Fils de Dieu, promis par les prophètes, annoncé par les apôtres, vérifié par tant de miracles, confirmé par tant de martyrs, cette religion seule digne de Dieu, cette doctrine visiblement céleste qui a formé tant d'hommes merveilleux sur la terre, n'est-ce qu'un songe? » Paroles de quelqu'un qui me reviennent.

Le 30. — « Chère Eugénie, votre cœur si aimant sera tristement affecté en lisant le récit des souffrances de votre amie. » Commencement d'une lettre toute remplie de douleurs, en effet, écrites et senties. Pauvre Marie ! qui n'a plus la force de me parler de ses souffrances. Je n'ai plus de son écriture, c'est sa mère qui m'écrit le désolant bulletin. Deuil sur deuil, angoisses sur angoisses, la vie n'est plus qu'un cours d'afflictions ; rien que des larmes, et encore n'ai-je pas en cela tout ce que je veux, car je voudrais tant ce *Centaure*. Ce matin, je comptais mes amitiés perdues, mortes de mort ou d'indifférence, et le nombre en est grand, quoique j'aie peu vu de monde.

Entre autres beaux effets du vent à la campagne, il n'en est pas qui soient beaux comme la vue d'un champ de blé tout agité, bouillonnant, ondulant sous ces grands souffles qui passent en abaissant et soulevant si vite les épis par monceaux. Il s'en fait, par le mouvement, comme de grosses boules vertes roulant par milliers l'une sur l'autre avec une grâce infinie. J'ai passé une demi-heure à contempler cela et à me figurer la mer, surface verte et bondissante. Oh ! que je voudrais réellement voir la mer, ce grand miroir de Dieu où se reflètent tant de merveilles !

Le 1er juin. — Visite rare, conversation distinguée. Il passe par intervalle quelque passant aimable au Cayla, le grand désert vide ou peuplé à peu près comme était la terre avant qu'y parût l'homme. On y passe des jours à ne voir que des moutons, à n'entendre que des oiseaux. Solitude qui n'est pas sans charme pour l'âme non liée au monde, désabusée du monde.

Le 5 juin. — Oh ! ceci se date, ce jour, cette Revue arrivée, ce moment où je vais lire enfin le *Centaure !* Je l'ai là, je le tiens, je le regarde, j'hésite à l'ouvrir, ce recueil funéraire, pour lequel j'aurais donné mes yeux il y a un instant. Mon Dieu, que le cœur a des contraires !

Le 9. — Depuis quatre jours je suis sans bouger sous l'impression de ce *Centaure,* de ces lettres, de ces révélations si hautes ou si intimes, de ces mots du cœur si profonds et si tristes, de ces pressentiments si malheureusement réalisés d'une fin prochaine, de ces tant précieuses et douloureuses choses de Maurice que m'a apportées la *Revue des Deux Mondes.* Rien ne m'avait émue comme cette lecture, même de ce que je lis de Maurice. Serait-ce que ces écrits de lui, que je ne connaissais pas, renouvellent et accroissent en se montrant le sentiment de sa perte, ou que, présentés avec un charme qui en fait ressortir le prix, j'en suis plus touchée que de ce que j'avais vu sans cela ? Quoi qu'il en soit, je goûte une jouissance trempée de larmes, un bonheur à deux goûts, une possession plus pleine, mieux estimée et par cela plus triste que jamais de Maurice, dans ce beau *Centaure* et ces fragments intimes. Qu'il est pénétrant dans ses dires du cœur! dans cette douce, délicate et si fine façon de parler douleur que je n'ai connue qu'à lui! Oh! M*me* Sand a raison de dire que ce sont des mots à enchâsser comme de gros diamants au faîte du diadème. Ou plutôt, il était tout diamant, Maurice.

Bénis soient ceux qui l'estiment son prix, bénie soit la voix qui le loue, qui le porte si haut avec tant de respect et d'enthousiasme intelligent! mais cette voix se trompe en un point, elle se trompe quand elle dit que la foi manquait à cette âme. Non, la foi ne lui manquait pas : je le proclame et je l'atteste par ce que j'ai vu et entendu, par la prière, par les saintes lectures, par les sacrements, par tous les actes de chrétien, par la mort qui dévoile la vie, mort sur un crucifix. J'ai bien envie d'écrire à George Sand, de lui envoyer quelque chose que j'ai dans l'idée sur Maurice, comme une couronne pour couvrir cette tache qu'elle lui a mise au front. Je ne puis supporter qu'on ôte ou qu'on ajoute le moindre trait à ce visage, si beau dans son vrai ; et ce jour irréligieux et païen le défigure.

Le 15. — Que me vient-il de Paris pour Maurice! pour lui qui ne se doutait point de gloire, qui n'en voulait pas. Mais je l'accepte en sa mémoire et pour sa mémoire. Voici ce qu'un comte de Beaufort vient de m'offrir : la publication d'une notice dans la *Revue de Paris,* qui fera regard à celle de la *Revue des Deux Mondes,* dans toute la beauté et pureté de ressemblance chrétienne. Mme Sand fait de Maurice un sceptique, un grand poëte à la façon de Byron, et cela m'affligeait de voir présenter sous ce faux jour le nom de mon frère, un nom resté pur de ces déplorables erreurs. Je voulais écrire pour rendre hommage à la vérité, et voilà qu'une voix s'élève. Dieu soit béni! je n'ai qu'à donner notre approbation qu'on demande. Nous la donnerons avec joie.

Vendredi 19 juin. — Onze mois juste (et un vendredi!) de sa mort. Quel jour et comme je l'ai passé! Après la prière, cette élévation de l'âme vers Dieu et vers lui, je n'ai fait que remuer ses papiers, ses lettres, ses poésies, chères et saintes reliques, que je n'osais pas toucher d'abord et dans lesquelles j'ai trouvé ensuite je ne sais quoi à ne pouvoir m'en détacher. D'abord des larmes et puis comme un enivrement de ce passé rouvert, goûté, bu à longs traits de cœur. Oh! quel triste charme à cela! et qu'ai-je rencontré dans ce carton funèbre en l'ouvrant sur un tas de choses? Ces lignes, ces lignes frappantes de rapport et laissées là, il y a deux ans!

« Je ne demande point où tu reposes, je ne cher-
« cherai pas ta tombe. Nous avons connu les plus
« beaux jours de la vie, les plus funestes n'appar-
« tiennent plus qu'à moi.

« Si je pouvais pleurer comme je pleurais autre-
« fois, j'aurais sujet de verser des larmes en pensant
« que je n'ai pu veiller auprès de ton lit...

« Combien je préfère à tous les objets aimables le
« souvenir que je garde de toi!... »

Hélas! d'où donc avais-je tiré ces choses qui renfermaient une si cruelle vérité, il y a bien sept ou huit ans de date? Ne dirait-on pas que notre âme entend de loin venir le malheur, tant ces pensées et d'autres que je trouve dans le passé se rapportent à ma perte, à ce cher Maurice. Mon Dieu!

C'est pour lui que j'ai fait ce triste inventaire, pour rendre à sa mémoire ce soin pieux dans ce qu'il m'a laissé. Jusqu'ici je n'avais mis à part que ses dernières lettres, et j'y veux mettre tout, comme une chose sainte.

Le 1ᵉʳ juillet. — Entendu la première cigale. Quel plaisir c'eût été de l'entendre à pareil jour, l'an dernier, avec Maurice à ma fenêtre! Mais nous étions sur la route de Bordeaux dans la chaleur, la poussière et les angoisses.

L'inattendu et charmant billet de M. Sainte-Beuve! cet auteur exquis dont je reçois l'écriture vivante. C'eût été bonheur autrefois, mais à présent tout porte amertume et tourne aux larmes. Il en est ainsi de ce billet et de tant d'autres choses que je dois à la mort de Maurice. Toutes mes relations, toute ma vie presque se rattachent à un cercueil.

Le 8. — Nous arrivions au Cayla à sept heures du soir, un an passé.

[Sans date.] — Depuis quelque temps, je néglige fort mon Journal; je m'en étais déprise presque, je m'y reprends aujourd'hui, non pour rien d'intéressant à y mettre, mais par simple retour à une chose aimée, car je l'aime, ce pauvre recueil, malgré mes délaissements. Il se rattache à une chaîne de joies, à un passé qui me tient trop au cœur pour ne pas tenir à ce qui en fait suite. Ces pages donc seront continuées. Je les laisse et je les reprends, ces chères écritures, comme les pulsations dans la poitrine, toujours, mais suspendues quelquefois par les oppressements.

Le petit cours de mes jours va donc reprendre au naturel. Pour le moment, j'y note une visite, de celles que je voudrais quelquefois pour diversion agréable. Quoique ce soit un jeune homme bien jeune, on peut causer avec lui, parce qu'il a lu, vu le monde, et qu'il a dans l'esprit une douceur et un aplomb de jugement que j'aime pour discourir diversement de diverses choses. Nous n'avons pas la même façon de voir, et mon âge me permettant d'exprimer et de soutenir la mienne, je me plais à le contredire, par plaisir et par conviction; car ce que je dis, je le pense.

Si quelque chose est doux, suave, inexprimable en calme et en beauté, c'est bien certainement nos belles nuits, celle que je viens de voir de ma fenêtre, qui se fait sous la pleine lune, dans la transparence d'un air embaumé, où tout se dessine comme sous un globe de cristal.

[Sans date.] — Il y a dans la Bretagne, non loin de la Chênaie, une campagne appelée le Val de l'Arguenon, profonde solitude au bord de l'Océan, où Maurice a demeuré. Il s'en fut là, à la chute de M. de Lamennais, et y vécut en ami chez un ami, le bon et aimant Hippolyte de La Morvonnais. J'aurai toujours souvenir et reconnaissance infinie de cet accueil et attachement distingué, et de je ne sais quelle touchante sympathie que m'avaient vouée et exprimée cet ami de Maurice et sa charmante femme. Nous avons eu quelque temps des relations suivies avec cette famille et qui se sont continuées avec M. Hippolyte lorsqu'il eut perdu sa femme. Après un long silence de deux ans, il m'arrive aujourd'hui une lettre comme celles d'autrefois, et de plus, hélas! toute pleine de Maurice mort. Vous dire comme cela m'a touchée, ce témoignage du cœur, cette sorte de résurrection d'un ami sur la tombe de son ami! Aussi je lui répondrai, je lui dirai pourquoi je ne lui ai plus écrit, pourquoi je lui ai laissé annoncer cette mort par un journal, car c'est ainsi qu'il a su la perte que nous avons faite. Je ne me pardonnerais pas cela, si je n'avais de trop bonnes raisons d'excuses, une fatalité qui a fait que mes dernières lettres ou les siennes se sont perdues. C'est la *Revue des Deux Mondes* qui a porté cette mort, ce deuil à l'Arguenon, pauvre douce campagne toute remplie de Maurice...

Nous allons voir cela dans une publication de M. Hippolyte, et qu'il dit qu'il m'envoie avec une autre; mais je n'ai rien reçu que sa lettre, qui est assez pour la pauvre sœur de Maurice. Celui-là aussi m'avait appelée sa sœur : fraternité lointaine, inconnue, mais il devait venir et m'amener Marie, sa petite fille, que Maurice avait baisée, caressée au berceau et sur les genoux de sa mère, charmante enfant, disait-il. Enfant qui m'a préoccupée à côté de sa mère vivante et morte, que je me faisais un charme de tenir ici sur mes genoux, rêves et sentiments que cette lettre réveille. J'avais écrit à cet ami à la prière de Maurice, car de moi-même jamais je n'aurais eu l'idée de continuer avec lui une correspondance brisée par la mort de sa pauvre jeune femme. Reprendrons-nous à présent que moins que jamais je veux des correspondances? Mais c'est un ami de Maurice, qui l'a secouru dans le malheur, qui a su l'estimer son prix, qui lui fut bon de dévouement et de foi, dans des jours mauvais pour l'âme. C'en est assez, sans compter ce qu'il fait encore, un article pour Maurice dans *l'Université catholique*. Oh! c'en est assez pour que je réponde et avec effusion à cette dernière lettre. Il est dans mon cœur et dans ce que Dieu m'enseigne de reconnaître jusqu'aux bonnes intentions des hommes.

Le 18. — Dernier jour qu'il a passé sur la terre.

Le 19, à onze heures du matin. — Douloureux coups de cloche que je viens d'entendre, au même instant, à la même heure où son âme quitta ce monde, au même son lugubre et tout comme si cette cloche eût sonné pour lui à présent. C'était pour une autre mort ce glas, de retour au même jour, au même instant, que j'entends dans mon âme tout ce matin. Mon Dieu, quel anniversaire! quel souvenir vif et présent de cette mort, de cette chambre, chapelle ardente et lugubre, de ce lit entouré de larmes et de prières, de cette figure pâle, de cet *in manus tuas, Domine*, dit et redit si haut! Maurice! Dieu aura entendu et reçu au ciel ton âme qui demandait le ciel. — Oh! adieu encore, et aussi amèrement qu'alors; le temps et la mort t'ont transposé, mais non changé dans mon cœur. Toujours là, frère bien-aimé! autrefois pour mon bonheur, à présent pour mes larmes, qu'autant que possible je transforme en prières. C'est le *meilleur témoignage d'amour que les chrétiens puissent donner*. Ce jour donc ne sera qu'un pieux recueillement dans la mort; dans cette vie au-dessus de celle où nous sommes, bien cachée, bien mystérieuse, impénétrable, mais réelle, mais relevée et établie sur la foi, *sur la foi, la base de ce que nous espérons et la conviction de ce que nous ne voyons pas*. Bienheureux ceux qui croient! que je voudrais que tous pussent croire, que je le voudrais! et que d'adorables mystères fussent adorés de tous les hommes ! Les vérités révélées ont la propriété des abîmes : elles sont sans fond et sans lumière, c'est ce qui fait le mérite de la foi. Mais on y est conduit par des routes sûres et lumineuses, qui sont la parole de Dieu et les témoignages rendus à cette parole. C'est ce qui fait que la soumission aux vérités de la foi est une obéissance solide et raisonnable. Quand on considère ces choses saintes, on les voit ainsi.

XI

Le 26 juillet [1840]. — C'est une bien triste et précieuse relique que l'écriture des morts, reste, ou plutôt image de leur âme qui se trace sur le papier. Depuis plusieurs jours, j'ai regardé ainsi mon cher Maurice dans ses lettres que j'ai mises par ordre, paquet funèbre où tant de choses sont renfermées. O la belle intelligence, et quelle promission de trésors ! Plus je vis et plus je vois ce que nous avons perdu en Maurice. Par combien d'endroits n'était-il pas attachant ! Noble jeune homme, si distingué, d'une nature si élevée, rare et exquise, d'un idéal si beau, qu'il ne hantait rien que par la poésie : n'eût-il pas charmé par tous les charmes du cœur ?

C'est bien vouloir s'enivrer de tristesse de revenir sur ce passé, de feuilleter ces papiers, de rouvrir ces cahiers pleins de lui. O puissance des souvenirs ! Ces choses mortes me font, je crois, plus d'impression que de leur vivant, et le ressentir est plus fort que le sentir. J'ai éprouvé cela maintes fois.

Le 28. — Deux petits oiseaux, deux compagnons de ma chambrette, les bienvenus, qui chanteront quand j'écrirai, me feront musique et accompagnement comme les pianos qui jouaient à côté de Mme de Staël quand elle écrivait. Le son est inspirateur; je le comprends par ceux de la campagne, si légers, si aériens, si vagues, si au hasard, et d'un si grand effet sur l'âme. Que doit-ce être d'une harmonie de science et de génie, sur qui comprend cela, sur qui a reçu une organisation musicale, développée par l'étude et la connaissance de l'art? Rien au monde n'est plus puissant sur l'âme, plus pénétrant. Je le comprends, mais ne le sens pas. Dans ma profonde ignorance, j'écouterais avec autant de plaisir un grillon qu'un violon. Les instruments n'agissent pas sur moi ou bien peu. Il faut que j'y comprenne comme à un air simple; mais les grands concerts, mais les opéras, mais les morceaux tant vantés, langue inconnue! Quand je dis opéras, je n'en ai jamais ouï, seulement entendu des ouvertures sur les pianos. Parmi les fruits défendus de ce paradis de Paris, il est deux choses dont j'ai eu envie de goûter : l'Opéra et Mlle Rachel, surtout Mlle Rachel qui dit si bien Racine, dit-on. Ce doit être si beau !

Une autre personne encore que j'aurais eu plaisir à voir, et que, certes, je ne me suis pas défendue, c'est Mme ***, cette gracieuse et charmante femme, dont on m'a dit tant de bien, et ce mot qui suffirait pour m'attirer : « Elle est d'une *bienveillance universelle.* » Qualité si douce et si rare, surtout dans une femme du monde! La bienveillance, c'est le manteau de la charité jeté sur ce qu'on voit de pauvre et de nu, comme fait une âme bonne et que la bonté arrête sur cette pente à railler que nous suivons communément. Mme *** montre là un trait de distinction remarquable et charmante, car rien ne plaît comme un esprit bienveillant, rien ne me donne l'idée de Dieu sur la terre comme l'intelligence et la bonté. J'aime au suprême de rencontrer ces deux choses ensemble, et d'en jouir en les goûtant de près. Voilà ce qui m'attirait vers une personne que probablement je ne verrai jamais. Je ne sais quel mystérieux destin et enchaînement de choses m'a toujours fait m'occuper d'inconnus sans m'y tourner de moi-même, et que par les rapports indépendants de ma volonté. La vie d'une certaine façon se fait sans nous ; quelqu'un au-dessus de nous la dirige, en produit les événements, et cette pensée m'est douce, me rassure de me voir dans les soins d'une providence d'amour. Quelque malheureux que soient les jours, je dis et je crois qu'ils ont un bon côté que j'ignore : celui qui est tourné vers l'autre vie, l'autre vie qui nous explique celle-ci, si mystérieusement triste. Oh! là-haut, il y a quelque chose de mieux.

Le 30. — Un suicide à Andillac. L'affreux suicide venu jusqu'ici! Pauvres malheureux paysans qui se mettent au courant du siècle, à oublier Dieu et à se détruire!

Deuxième mort depuis celle du 19 juillet; mais nous n'aurons pas la douleur de voir ces deux tombes voisines, un mauvais mort à côté de notre Maurice béni. J'en aurais eu de la peine, quoique ceci ne touche qu'à la mémoire; quant à l'âme, il est incompréhensible ce qu'elle doit souffrir parmi les réprouvés en enfer, qui n'est que le lieu de réunion de tout ce que la terre a porté d'infâme et de méchant. Un des grands supplices, c'est de s'y trouver en mauvaise compagnie pour toujours. Que Dieu nous en préserve!

Oh! la douleur de craindre pour le salut d'une âme, qui la peut comprendre! Ce qui fit le plus souffrir le Sauveur, dans l'agonie de sa passion, ne fut pas tant les supplices qu'il devait endurer, que la pensée que ses souffrances seraient inutiles pour un grand nombre de pécheurs, pour ces hommes qui ne veulent pas de rédemption ou ne s'en soucient pas. La seule prévoyance de ce mépris et de cet abandon était capable de rendre triste à la mort l'homme-Dieu. Disposition à laquelle participent plus ou moins, suivant leur degré de foi et d'amour, les âmes chrétiennes.

Le 4 août. — Anniversaire de sa naissance, si près

de celui de sa mort, deux dates qui se touchent. Que ç'a été fait vite de sa vie, mon pauvre Maurice! Je ne sais tout ce que je voudrais dire, et je ne dirai rien ; la pensée en certains moments ne peut pas venir. Je vais lire *le Dernier jour d'un condamné*, un cauchemar, m'a-t-on dit. Qu'importe! je m'ennuie tant aujourd'hui, qu'il n'est rien de trop lourd pour écraser cela, rien d'effrayant. Allons!

Je n'ai pu soutenir cette lecture, non par émotion, n'en étant pas encore émue, mais par dégoût de l'horrible que j'ai senti dès l'abord aux premières pages. Livre fermé. Ce n'était pas ce qu'il fallait à ma disposition d'âme; je m'étais trompée en cherchant un poids, tandis qu'il faut s'alléger alors. La prière me désaccable, une conversation, le grand air, les promenades dans les bois et champs. Ce soir, je me suis bien trouvée d'un repos sur la paille, au vent frais, à regarder les batteurs de blé, joyeuses gens qui toujours chantent. C'était joli de voir tomber les fléaux en cadence et les épis qui dansent, des femmes, des enfants séparant la paille en monceaux, et le van qui tourne et vanne le grain qui se trie et tombe pur comme le froment de Dieu. Ces paisibles et riantes scènes font plaisir et plus de bien à l'âme que tous les livres de M. Hugo, quoique M. Hugo soit un puissant écrivain, mais il ne me plaît pas toujours. Je n'ai pas lu encore sa *Notre-Dame*, avec l'envie de la lire. Il est de ces désirs qu'on garde en soi.

Le 5. — Que n'est-il venu plus tôt le poëte de la Bretagne, le chantre de *la Thébaïde des Grèves*, le solitaire ami de Maurice! Que n'est-il venu du temps que Maurice vivait, alors que je sentais avec bonheur! Ses poésies me sont néanmoins agréables en ce qu'elles viennent du Val de l'Arguenon, qu'elles sont religieuses, que Dieu et Maurice s'y trouvent. Il y a deux ans seulement, tout cela m'eût bien fait plaisir. *Que les temps sont changés!* ou plutôt, que notre âme change sous les événements! Ainsi, la vie se fait différente de jour en jour, toute tranchée de diverses choses et de divers sentiments, si bien qu'un certain espace ne ressemble plus à l'autre, qu'on ne se reconnaît pas d'ici-là, qu'on a peine à se suivre, variable et transitoire nature que nous sommes. Mais la transition finira, et nous mènera là où nous ne changerons plus. O permanente vie du ciel!

Mon poëte breton, à propos de qui me viennent ces pensées, est cependant bien le même nébuleux rêveur que par le passé, chantant vaguement dans le vague. J'ai une cousine à qui ces poésies feront fête; c'est son charme, la gémissante douleur, et de ne savoir où s'appuyer la tête. Ce que j'aime le mieux dans M. Hippolyte, c'est qu'il est religieux, et que j'ouvrirai ses poésies comme un livre de prières. — Voilà donc renouée une correspondance qui demeurait oubliée. Je n'ai pas encore attaché de ruban à ses lettres, car je mets sous un nœud de soie mes chères correspondances chacune avec sa couleur. Celle-ci sous le noir, comme la mort qui l'a faite, hélas! Nous sommes des amis en deuil.

Le 7. — Une action de grâce ici, pour une grâce vivement et continuellement demandée et obtenue aujourd'hui de Dieu. Si j'adressais un Journal au ciel, il serait certaines fois bien rempli ; mais ces choses-là restent dans l'âme, et j'en marque seulement le passage là où passe ma vie avec ses événements, de quelque ordre qu'ils soient.

Le 8. — A en croire les ingénieuses fables de l'Orient, une larme devient perle en tombant dans la mer. Oh! si toutes allaient là, la mer ne roulerait que des perles. Océan de pleurs aussi plein que l'autre, mais pas plus que l'âme parfois!

Le 9. — « Maurice aimait d'amour à venir, au crépuscule, sur un cap désert et sous un ciel sans lune, écouter la mer refluant vers le lointain des grèves, ou battant les bords opposés de cet Arguenon sauvage, aux rivages duquel a, dans son adolescence, erré le génie enveloppé encore de Châteaubriand. » — Voilà des lignes ou plutôt des larmes venant de Bretagne encore sur cette tombe, et qui me creusent les torrents de tristesse par les souvenirs du passé, les regrets du présent, et cette désolante pensée répétée par tous : qu'en d'autres temps, Maurice ne serait pas mort!...

Le 12. — *Il ne serait pas mort!* Abîme de réflexions et de larmes, où je me plonge tous les jours! douleur sans fin de voir qu'on aurait pu conserver ce qu'on a perdu! Et qu'ai-je perdu! Dieu seul le sait, ce qu'était pour moi Maurice, mon frère, mon ami, celui dont j'avais besoin pour ma vie, celui sur qui je répandais ma tête, mon âme, mon cœur. Je ne m'arrête pas à ce qu'il était, à ce qu'il eût été pour cette société qui l'a laissé mourir, si c'est vrai, comme on dit. Je n'en sais rien, je ne connais pas le monde; je le regardais comme un grand homicide dans le sens religieux; il est donc moralement mortel, de quelque côté qu'on le considère : mortel en ce qu'il nourrit des poisons ou qu'il laisse mourir de faim les plus nobles intelligences.

En quel temps aurait dû naître Maurice? Question que je me suis faite pour sa félicité en regardant les époques. On ne voit pas à quel siècle on pourrait, pour leur bonheur, suspendre le berceau de certains génies. — L'intelligence est comme l'amour, toujours accompagnée de douleur. C'est que ce n'est pas d'ici-bas, et tout ce qui est déplacé doit souffrir. Les âmes religieuses, celles qui rentrent en Dieu, sont les seules qui trouvent quelque apaisement dans la vie. Les hommes n'offrent aux hommes que mauvaiseté ou insuffisance. Je les connais peu, moi, habitante des bois, mais tant le disent que je le crois. Je n'ai non plus trouvé de bonheur dans personne, bonheur complet. Le plus doux, le plus plein, le meilleur a été dans Maurice, et non sans larmes dans sa jouissance. Le bonheur, c'est une chose environnée d'épines, de quelque côté qu'on le touche.

Le 15. — Il est dimanche, je suis seule dans mon désert avec un valet, le tonnerre gronde, et j'écris, sublime accompagnement d'une pensée solitaire. Quelle impulsion ardente et élevée! comme on monterait, brûlerait, volerait, éclaterait en ces moments électriques !

Le 19. — Que de fois je renonce à rien écrire ici, que de fois j'y reviens écrire ! Attrait et délaissement, ô ma vie !

[Sans date.] — Huit jours de visites, de monde, de bruit, quelques conversations aimables, un épisode en ma solitude. C'est la saison où l'on vient nous voir, cette fois-ci c'était en foule, des *allons à la campagne*, et la campagne est envahie, le Cayla peuplé, bruyant, gai de jeunesse, la table entourée de convives inattendus, l'*improvisé* dispense de cérémonie. Mais nous n'en faisons pas, et qui vient nous voir ne doit s'attendre qu'au gracieux accueil, le meilleur qu'il nous soit possible dans la plus simple expression de forme. Ainsi nos salons tout blancs, sans glace ni trace de luxe aucun; la salle à manger avec un buffet et des chaises, deux fenêtres donnant sur le bois du nord; l'autre salon à côté avec un grand et large canapé; au milieu une table ronde, des chaises de paille, un vieux fauteuil en tapisserie où s'asseyait Maurice, meuble sacré! deux portes à vitre sur la terrasse; cette terrasse sur un vallon vert où coule un ruisseau, et dans le salon une belle madone avec son enfant Jésus, don de la reine, voilà notre demeure! assez riante, où ceux qui viennent se plaisent, qui me plaît aussi, mais tendue de noir, dedans, dehors : partout j'y vois un mort ou je le cherche. Le Cayla sans Maurice!

[Sans date.] — Marie, ma sœur, m'a quittée pour quelques jours, Marie, notre Marthe, car elle s'occupe de beaucoup de choses dans la maison, me laissant la part du repos, la bonne sœur. Je ne connais pas d'âme de femme plus dévouée et s'oubliant davantage. Quand je ne l'ai pas, ma vie change au dehors, se fait active, et je m'étonne de cette activité et de ce goût de ménage avec mes goûts tout contraires. Naturellement je ne me plais pas en choses de maison et gouvernement de femmes. Volontiers je le laisse à d'autres; mais si la charge m'en vient, je m'en acquitte de bon cœur, san y trouver de répugnance, sans m'ordonner comme il arrive qu'il le faut faire du *moi qui veut* au *moi qui ne veut pas*, en tant et souventes fois.

Ne pourrais-je mieux écrire que ces riens du tout, que ce pauvre moi-même? L'insignifiant passe-temps! et qu'il tient à peu que je ne le laisse! Mais Maurice l'aimait, le voulait. Ce que je faisais pour lui, je le continuerai en lui dans la pensée qu'il s'y intéresse.

Relation de ce monde à l'autre par l'écriture et la prière, les deux élévations de l'âme.

[Sans date.] — Songe de cette nuit, un enterrement. Je suivais un cercueil ouvert. On ne peut rendre ce cercueil *ouvert*, la douloureuse et effrayante impression de *là-dedans* sur l'âme. On fait bien de voiler les morts. Quelque aimé que soit leur visage, il y a à les voir une épouvantable douleur. Et voilà ce que nous sommes sans âme, car c'est ce qui effraye, l'inanimé des cadavres. Quel nom! quelle transformation! Jeune homme si beau ce matin, et *cela* ce soir : que c'est désenchantant et propre à détourner du monde! Je comprends ce grand d'Espagne, qui, après avoir soulevé le suaire d'une belle reine, se jeta dans un cloître et devint un grand saint. Plût à Dieu que la vue de la mort fût de tel effet sur tel homme du monde. Je voudrais tous mes amis à la Trappe, en vue de leur bonheur éternel. Non qu'on ne puisse se sauver dans le monde, et qu'il n'y ait à remplir dans la société des devoirs aussi saints et aussi beaux qu'en solitude, mais[1]...

Le 25. — Que ferai-je de ma solitude et de moi aujourd'hui? Comme Robinson dans son île, je suis

---

1. Inachevé.

seule avec un chien et un berger, sorte de *Vendredi* presque aussi sauvage que l'autre. Avec qui parler? avec qui penser? avec qui vivre la vie d'un jour? Le chien entend les caresses; mais l'homme qui n'entend rien, qui, si je lui demande un verre d'eau, ne saura ce que je veux dire lui parlant français, ce valet des moutons, je l'envoie à ses bêtes. Maintenant portes fermées, verrous tirés de peur des vagabonds, me voici dans le blanc salon avec la blanche madone, ma céleste compagne, belle et douce à voir. Je la regarde comme si c'était quelqu'un, et prête, je crois, à me jeter à ses pieds si quelque danger survenait. Rien que l'apparence humaine me semble une protection d'autant plus sûre que c'est l'image de celle qui s'appelle le secours des chrétiens, *auxilium christianorum*, la sainte Vierge à qui j'ai cru devoir en plus d'une occasion des grâces spéciales, une fois dans un danger de mort ; les autres, sans m'être personnelles, me touchent presque autant.

On frappe à la porte; qui sait?

Des mendiantes. L'aumône donnée, je reviens sur mon canapé. Le doux repos, s'il n'était un peu triste et beaucoup, entre l'isolement et les souvenirs! Tous les *memento* m'environnent, je les vois des yeux, je les sens du cœur. Que d'ombres dans ce vieux château, sortant de toutes les chambres! de partout me viennent des morts: si je pouvais en embrasser un! Oh! les âmes ne se laissent pas saisir. Mon ami, mon toujours frère Maurice, comme néanmoins te voilà changé pour moi! Je ne prononce plus ton nom que comme celui des reliques, j'éprouve en entrant dans ta chambre quelque chose d'une église; tes livres, tes habits, à peine j'ose les toucher; quelque chose de sacré est répandu sur toi et tout ce qui fut de toi. La vénération suit la mort à cause sans doute de l'immortalité, de cette vie *non détruite, mais changée,* que prend l'homme en Dieu, et qui inspire un culte de religieux amour.

Jamais le dehors ne m'avait paru si grand qu'à présent. Je rentre d'une promenade toute remplie de solitude; rien que quelques oiseaux en l'air, quelques poules sur les herbes.

> Que mon désert est grand, que mon ciel est immense!
> L'aigle, sans se lasser, n'en ferait pas le tour;
> Mille cités et plus tiendraient en ce contour;
> Et mon cœur n'y tient pas, et par delà s'élance.
> —Où va-t-il? où va-t-il? Oh! nommez-moi le lieu!
> Il s'en va sur la route à l'étoile tracée;
> Il s'en va dans l'espace où vole la pensée;
> Il s'en va près de l'ange, il s'en va près de Dieu!...

Mais c'est Saint-Louis aujourd'hui, il faut que je lise sa vie. C'est la fête aussi de mon amie de Rayssac qui me néglige un peu, et à qui je ne laisse pas d'offrir mon bouquet de cœur, le seul qu'on puisse envoyer de loin. Ces fleurs-là sont immortelles.

Une lettre de Saint-Martin, du voisinage des Coques. Je ne suis pas aussi seule que je croyais, et ma pensée a pris bien des cours différents, véritable oiseau,

se reposant néanmoins toujours sur la même branche:
Dieu et Maurice. Elle revient là quand elle a fait le
tour de toutes choses. Il n'y a en rien et nulle part
de quoi me plaire au fond, le désenchantement est
au second coup d'œil. Il s'ensuit des larmes parfois,
mais un regard en haut les arrête, les console. Je
sais ce que je dois à ces élévations célestes, je sais ce
que je vois dans ces clartés surnaturelles, et alors
mon âme s'apaise.

[Sans date.] — *Picciola*, une fleur qui fut la vie,
le bonheur, le malheur, le paradis, l'ange, le parfum, la lumière d'un pauvre prisonnier. Ainsi un souvenir en mon cœur, prisonnier dans la vie. Maurice
est pour moi une influence à puissants effets et de
nature diverse : angoisses et joies. Les joies sont divines, celles qu'il m'a données et celles que je crois,
pensant à l'autre vie, celles que je vois dans mon
cœur, comme disait saint Louis d'un mystère. Les
félicités éternelles de l'âme de Maurice me transportent; j'en oublie sa mort : toute mon affection se
nourrit de cette espérance. Mon Dieu, laissez-la-moi!
Je n'ai rien de meilleur, je n'ai plus autre chose.
L'ami perdu en ce monde, on va le chercher dans
l'autre; on le cherche dans le bonheur et je veux
croire à celui de Maurice, âme d'élite et d'élu; ma
confiance se repose sur ses faits pieux, et à la fin sur
ces paroles : *Celui qui mange ma chair et qui boit
mon sang a la vie éternelle*. Ce fut son dernier ali-

ment. Donc pourquoi des craintes? Ne défaillons pas devant les promesses divines.

O ma pauvre Marie! Je n'ai que ce cri à faire sur les nouvelles arrivées du Nivernais. Mourante et vivante, inexprimable malade! Rien n'est plus douloureux.

« ..... Ma vie est une espèce de crépuscule orageux dont la fin me semble toujours bien proche. Je suis tellement agonisante que, depuis trois semaines que je suis ici, je n'ai pu vous écrire un seul mot. Je souffrais bien de ce silence lorsque j'aurais tant à vous dire. Mon Dieu! que ne pouvez-vous venir! Vous seule pourriez me faire résigner à vivre... »

Je partirai donc, si je puis; j'irai partager le poids de cette vie qu'elle ne peut porter seule. Que Dieu nous aide, car je me sens bien faible aussi sous ce mont d'afflictions.

Le 29. — Il y a aujourd'hui de profonds regrets pour moi dans la perte d'une paysanne, la vieille Rose Durel, qui vient de mourir. Véritable sainte femme chrétienne dans toute la simplicité évangélique. Sa vie était dans la foi, sa foi était l'humble croyance, sans livres, sans rien, cette croyance antique, primitive, et que loue ainsi l'auteur de l'*Imitation :* « Un humble paysan qui sert Dieu est certainement fort au-dessus du philosophe superbe qui, se négligeant lui-même, considère le cours des astres. » En effet, on trouvait dans Rose une singulière distinction de vertus et de sentiments,

quelque chose au-dessus de l'éducation la plus haute;
et quand on considérait la portée d'une telle âme et
le peu d'impulsion reçue, pouvait-on s'empêcher de
dire que Dieu seul élevait ainsi? C'est ainsi qu'en
jugeait Maurice, l'appréciateur des choses rares, le
juge des âmes, l'amant du beau : il aimait Rose, **la
vénérait** comme une femme patriarcale. Jamais il
n'est venu dans le pays et ne s'en est allé sans la voir,
sans s'asseoir à sa table; car ici on ne se visite pas
sans manger, sans goûter le pain et le vin. Mais, dans
cette occasion, Rose ajoutait au service et relevait
par quelque chose de choix l'hospitalité d'habitude.
C'était quelque beau fruit réservé *pour monsieur
Maurice*, des mets de son goût. Il y avait en cela
expression touchante du cœur, expression bien délicate et naïve aussi, et dont je suis plus touchée encore, dans la conservation d'un nid d'hirondelle que
Maurice enfant avait recommandé à son premier départ du pays. « *Que je trouve ce nid au retour.* » Et il
l'y retrouva, et on l'y retrouve encore religieusement
conservé au vieux plancher de la vieille chambre de
Rose. O monument!

ENTRETIENS AVEC UNE AME.

La mort ne sépare que les corps, elle ne peut
désunir les âmes. C'est ce que je disais naguère près
d'un cercueil, c'est ce que je dis encore, car ma douleur n'a pas changé, pas plus que mes espérances,
ces espérances immortelles qui seules soutiennent mon

cœur et me rattachent au sien, trait d'union entre le ciel et la terre, entre lui et moi. Mon ami, mon cher Maurice! par là nous sommes ensemble, et ma vie revient à ta vie comme autrefois, à peu de chose près [1].

... A quelle heure ils sont nés du jour ou de la nuit, dans le calme ou dans la tempête, quelle destinée les a pris, je veux dire (car je ne donne rien au destin, divinité païenne) quel cours a eu leur vie que Dieu nous trace et que nous remplissons? Le malheur est-il de leur faute? Qu'ont-ils fait de leur intelligence? quel emploi dans l'ordre moral? quel rang dans la vérité? les peut-on compter pour le ciel, le lieu des âmes de bien? Mon Dieu, ne les appelez pas encore, ne les appelez pas qu'ils ne soient tous dans la bonne voie. Que ce jour des morts fait des frayeurs de voir mourir! [2]

1. Quatre feuillets enlevés.
2. Au bas de cette page, on lit ces lignes, ajoutées plus tard et portant leur date: « Jour des morts 1842. — Hélas! tout meurt. Où est celui pour qui j'écrivais les lignes précédentes, la précédente année? où est-il? »

XII

Le jour de la Toussaint [1840.] — Il y a deux ans, ce même jour, à la même heure, dans le salon indien à Paris, le frère que j'aime tant causait intimement avec moi de sa vie, de son avenir, de son mariage qui s'allait faire, de tant de choses venant de son cœur et qu'il reversait dans le mien. Quel souvenir, mon Dieu ! et comme il se lie à la triste et religieuse solennité de ce jour, la fête des saints, la mémoire des morts et des amis disparus ! C'est pour tout cela et pour je ne sais quoi encore que j'écris, que je reprends ce Journal délaissé, ce mémorandum qu'il aimait, qu'il m'avait dit de lui faire, que je veux faire en effet pour Maurice au ciel. S'il y a, comme je le crois, des rapports entre ce monde et l'autre, si le lieu des âmes a des affinités avec celui-ci, il s'ensuit que notre vie se lie encore à ceux avec qui nous vivions, qu'ils participent à notre existence à la façon divine, par amour, et qu'ils s'intéressent à ce que nous faisons; il me semble que Maurice me voit faire, et cela me soutient pour faire sans lui ce que je faisais avec lui.

Journée de prières, d'élévations en haut parmi les saints, ces bienheureux sauvés; médité sur leur vie. Que j'aime à voir qu'ils étaient comme nous, et ainsi que nous pouvons être comme eux!

Le jour des morts. — Que ce jour est différent des autres, à l'église, dans l'âme, dehors, partout! Ce qu'on sent, ce qu'on pense, ce qu'on revoit, ce qu'on regrette ne peut se dire. Il n'y a d'expression à tout cela que dans la prière et dans quelque écriture intime. Je n'ai pas écrit ici, mais à quelqu'un à qui j'ai promis, tant que je vivrai, une lettre le jour des morts, hélas!

Le 6 [novembre.] — Aujourd'hui vendredi et jour de courrier j'attendais je ne sais quoi, mais j'attendais quelque chose. Et en effet il m'est venu un journal de Bretagne, touchant envoi d'un ami de Maurice. Ce n'est pas que le cœur se réjouisse de quoi que ce soit de ce monde, mais ce qui touche à sa douleur le réveille et il se plaît en cela. M. de La Morvonnais, en me parlant de Maurice, en m'envoyant ce qu'il en écrit, me touche comme quelqu'un qui porte des offrandes sur un cercueil.

Le 9. — Écrit à Louise, cette amie de jeunesse, gaie, riante et heureuse naguère, et qui me dit : » Consolez-moi. » Personne donc ne se passe de larmes ! Mon Dieu, consolez tous ces affligés, tous ces cœurs douloureux qui aboutissent au mien et viennent s'y reposer ! « Écrivez-moi, me dit-on, vos lettres me font du bien. » Eh ! quel bien ? Je ne m'en trouve aucun pour moi-même.

Le 10. — Qu'ai-je fait aujourd'hui ? Assez, si je trouvais quelque intérêt à le dire.

Le 11. — La lune se lève là à l'horizon où j'ai si souvent regardé : le vent souffle à ma fenêtre comme je l'ai si souvent entendu ; je vois ma chambrette, ma table, mes livres, mes écritures, la tapisserie et les saintes images, tout ce que j'ai vu si souvent et que je ne verrai plus bientôt. Je pars. Oh ! que je regrette tout ce que je laisse ici, et surtout mon père et ma sœur et mon frère. Qui sait quand je les reverrai ? qui sait si je les reverrai jamais ? On court tant de dangers en voyage ! Cette route de Paris est si triste pour moi ! Il me semble que le malheur est au bout. Lequel maintenant ? Je l'ignore, et rien ne peut égaler celui que nous avons vu. Ce cher Maurice ! tout m'amène à lui, et ce voyage même s'y rapporte. Mystérieuse et sainte mission que j'accomplis en sa mémoire avec douleur et amour.

Le 15. — A l'heure qu'il est nous partions pour l'église de l'Abbaye-aux-Bois pour la bénédiction de leur mariage. Il y a deux ans de cela, de ce jour toujours dans mon cœur. Mon Dieu ! Oui, Dieu seul connaît ce qui se passe en moi à ce souvenir; autant j'avais mis de joie à cette époque, autant m'en vient le douleur, et davantage. Tout se change en deuil depuis. C'est ainsi que je pars, que je reprends en ce jour mémorable cette route de Paris. Mon tranquille désert, mon doux Cayla, adieu! Je regrette inexprimablement tout ce que je laisse ici, et ma vie que j'en arrache et qui ne saura plus prendre ailleurs. Mais une âme m'attend, une âme que Dieu m'a donnée, un trésor à lui conserver. Allons, Dieu le veut! partons à ce mot comme les croisés pour la terre sainte. Le ciel est beau, les corbeaux croassent : bon et mauvais, si les corbeaux sont de quelques signes. Je ne le crois pas, et néanmoins, quand on s'en va d'un endroit, on regarde à tout et on sent tout avec les sensations communes.

Pour la dernière fois soigné mon oiseau et vu mon rosier, ce petit rosier voyageur venu du Nivernais sur ma fenêtre. Je l'ai recommandé à ma sœur, ainsi que mon chardonneret : à ma bonne Marie, qui prendra soin du vase et de la cage et de tout le laissé que j'aime. A mon père je confie une boîte de papiers, choses de cœur qui ne sauraient être mieux que sous la garde d'un père. Il en est d'autres qui me suivent comme d'inséparables reliques : chers écrits de Maurice et pour lui. Ce cahier aussi, je le prends; mais pour qui?.

Le 19. — Adieu, Toulouse, où je n'ai fait que passer, voir le musée, la galerie des antiques, et tant de souvenirs de Maurice! C'est à Toulouse qu'il a commencé ses études au petit séminaire. Tous les jeunes enfants que j'ai vus en habit noir me semblaient lui.

Le 18. — A Souillac, avec la pluie, la triste pluie. Un voyage sans soleil, c'est une longue tristesse, c'est la vie comme elle est souvent.

Le 21. — Châteauroux, où je suis seule dans une chambre obscure, murée à deux pieds de la fenêtre, comme la prison du Spielberg; comme Pellico, j'écris sur une table de bois! Qu'est-ce que j'écris? Qu'écrire au bruit d'un vent étranger et dans l'accablement de l'ennui? En arrivant ici, en perdant de vue ces visages connus de la diligence, je me suis jetée dans ma chambre et sur mon lit dans un ennui désespéré. L'expression est forte peut-être, mais quelque chose enfin qui porte à la tête et oppresse le cœur : me trouver *seule*, dans un hôtel, dans une foule, est quelque chose de si nouveau, de si étrangement triste, que je ne puis pas m'y faire. Oh! si c'était pour longtemps! Mais demain je pars, demain je serai près de mon amie, bonheur dont je n'ai pas même envie de parler. Autrefois j'aurais tout dit: Cet autrefois est mort.

Le sommeil et un peu de temps à l'église m'ont calmée. Écrit au Cayla, mon cher et doux endroit où l'on pense à la voyageuse comme je pense là.

Le 22. — Passé par Issoudun et les landes du Berry, où j'ai pensé à George Sand qui les habite, pas loin de notre chemin. Cette femme se rencontre souvent maintenant dans ma vie, comme tout ce qui se lie de quelque façon à Maurice. Ce soir à Bourges, où j'ai écrit à ma famille sur la table d'hôte. J'eusse bien voulu revoir la cathédrale et jeter un coup d'œil à la prison de Charles V; mais nous sommes arrivés trop tard et je suis seule pour sortir.

Le 4 décembre, à Nevers. — Elle repose, ma chère malade, le visage tourné vers le mur. Quand je ne la vois plus, que voir, que regarder dans cette chambre? Mes yeux ne se portent qu'au ciel et sur son lit. Sous ces rideaux je vois tout ce que je puis aimer ici.

Peut-être je m'attendris trop à ce chevet dans cette chambre, tiède atmosphère de larmes. Pour en sortir, je vais me jeter dans mes écritures, mes lectures religieuses qui fortifient. Sœur de charité, il ne me faudrait pas tomber malade.

Le 5. — Toujours plus faible, atonie complète, espoir inutile de distraction. Oh! quand l'âme aussi est atteinte!...

Pas de monde aujourd'hui, et j'ai pu lire. Commencé les *Contes fantastiques* d'Hoffmann, qui m'amusent. Il s'y trouve de piquantes railleries, de malicieux aperçus sur les hommes et les choses.

Le 7. — J'ai reçu de *** un paquet cacheté. Tristes et précieuses reliques déposées en mon cœur avec larmes. C'était le jour des dépôts. De mon côté et sans aucune pensée d'imitation, puisque je ne m'attendais pas à ce qui s'est passé, j'ai remis entre les mains d'un saint prêtre des papiers à moi; j'ai voulu décision sur un doute. O mes pauvres pensées, que je n'ose plus juger! Que Dieu les juge!

Ma pauvre amie! Elle a parlé de recevoir les sacrements et autres choses de mort. La petite croix que je lui ai passée au cou lui a fait plaisir, je la lui ai vu baiser souvent. Hélas! un autre mourant a collé là-dessus ses lèvres!

Le 10. — Journée assez calme, causerie, presque de la gaieté, animation. C'est bon signe quand l'âme reparaît.

Le 11. — Je suis tranquille; le prêtre à qui j'avais donné certains écrits à juger ou plutôt mon cœur et mes pensées, me les a rendus, non pas jugés, mais approuvés, mais goûtés, mais compris mieux que je ne les avais compris moi-même. A-t-on besoin qu'un autre nous révèle? Oui, quand on a des ignorances d'esprit et des timidités de cœur.

A Saint-Martin. — Lire, écrire, que faire dans ma chambre si bien disposée pour toutes choses de mon goût? Un bon feu, des livres, une table avec encre, plume et papier, moyens et attraits. Écrivons. Mais quoi? Eh! ce petit Journal qui continuera ma pensée et ma vie, cette vie maintenant hors de son cours ordinaire, comme si notre ruisseau se trouvait transporté sur les bords de la Loire, cette Loire, ce pays que je ne devais jamais voir, tant j'en étais née loin. Mais Dieu m'a portée ici. Je ne puis m'empêcher de voir la Providence claire comme un plein jour dans certains événements de la vie, non qu'elle ne soit en tous, mais plus ou moins manifestée.

Avec un peu plus de goût pour écrire j'aurais pu laisser ici un long mémorandum de mon séjour à Saint-Martin, si beau, si grand dans son parc et ses belles eaux. J'ai vu peu de lieux aussi distingués, aussi remarquables de nature et d'art. On voit que Lenôtre a passé par là. Je vais partir avec les souvenirs les plus agréables et les plus doux, tant du dedans que du dehors : famille charmante où je suis adoptée, où j'ai reçu les témoignages les plus touchants d'affection, affection si vraie puisqu'elle est désintéressée. Que leur revient-il de m'aimer? Rien que d'être aimés à leur tour et de se faire bénir devant Dieu. Oh ! que cela me serait doux si je ne pensais pas à Maurice, à qui je dois ce bonheur dont je jouis après sa mort. J'ai voulu voir sa chambre ; je ne fais pas un pas, à la chapelle, dans le jardin, au salon, qu'il n'ait fait aussi. Hélas ! nous ne faisons que passer sur le pas des morts.

Dernier décembre. — Mon Dieu, que le temps est quelque chose de triste, soit qu'il s'en aille ou qu'il vienne ! et que le saint a raison qui a dit : « Jetons nos cœurs en l'éternité ! »

FRAGMENTS

FRAGMENTS

I

SOUVENIR [1].

Le dernier soir de l'année 1833, j'étais occupée d'une grande pensée, d'un grand sujet de joie qui m'était venu du ciel. Oui, du ciel, car je l'avais ardemment demandé à Dieu. J'ai passé presque ma journée à écrire, à épancher mon cœur sur le papier et dans des cœurs. Ma dernière lettre est à Maurice. Je vais m'endormir avec sa pensée, bénissant Dieu à son sujet, le remerciant de m'avoir conservé tous ceux que j'aime et de pouvoir me dire : je suis contente de mon année. Je suis contente parce que Dieu m'a fait de grandes grâces, que je l'aime davantage et que ma conscience est tranquille... d'une tranquillité d'amour. Oh! je veux donner à aimer tout mon cœur, toute mon âme, toutes mes forces, tout le temps que je pourrai.

> Oh! que n'ai-je la voix et le cœur des archanges
> Pour aimer et chanter comme au divin séjour!
> Que ne suis-je parmi les soleils ou les anges,
> Pour me nourrir de feu, pour m'enivrer d'amour!

[1]. Page écrite sur une feuille volante.

II[1]

... A propos d'enfants, tu veux savoir où j'en suis de mes *Enfantines*. Pas bien loin, mon ami ; les difficultés m'arrêtent, quoique j'aie toujours en moi l'inspiration pour cette œuvre qui me semble bonne. En effet, il n'existe pas de poésie pour les enfants, de cette poésie pure, fraîche, riante, délicate, céleste comme leur âme, une poésie de leur âge. Celle qu'on met entre leurs mains est presque toujours au-dessus de leur portée et n'est même pas sans danger, comme les fables de La Fontaine. J'en retrancherais plusieurs du recueil pour le premier âge, *à qui est dû tant de révérence*. Les enfants sont les anges de la terre ; on ne doit leur parler que leur langue, ne leur créer que des choses pures, peindre pour eux sur l'azur. La religion, l'histoire, la nature offrent de riches tableaux, mais qui sera le Raphaël ?

En attendant voici un échantillon des *Enfantines*. Petite fille, je me figurais qu'un ange présidait à nos jeux. Je l'appelais l'ange Joujou. Cette idée riante, je l'ai mise en vers.

---

1. Tout ce qui suit a été extrait d'un cahier rédigé par Mlle de Guérin vers 1841, qu'elle avait apporté du Cayla lors de son dernier voyage à Paris, avec l'intention vague de l'insérer peut-être dans le recueil des œuvres posthumes de Maurice ou de le laisser imprimer séparément, mais toujours en souvenir de lui et pour l'honneur de sa mémoire. Sauf les premières et les dernières pages, qui paraissent empruntées à des lettres écrites par la sœur à son frère pendant le séjour de celui-ci en Bretagne, ce n'était qu'une reproduction souvent littérale, par endroits un peu châtiée, du IIe cahier, que nous avons préféré mettre à son rang dans la suite du Journal et sous sa forme primitive. Nous avons seulement tenu à reproduire ici les passages qui ne se trouvent point ailleurs, et, à la date du 27 mai et du 21 août 1835, deux variantes qui nous ont semblé offrir un véritable intérêt littéraire.

L'ANGE JOUJOU.

Il est des esprits puissants
Qui dirigent les planètes,
Qui font voler les tempêtes
Et s'allumer les volcans,
Qui règnent sur l'air et l'onde,
Qui creusent le lit des mers,
Qui règlent le cours du monde
Et prennent soin des déserts,
Qui sèment l'or et le sable,
Lis et roses dans les champs;
Et dans le nombre innombrable
De ces esprits bienfaisants,
Il est un ange adorable
Que Dieu fit pour les enfants,
Un ange à l'aile vermeille,
Une céleste merveille,
Du paradis le bijou,
Le petit ange Joujou,
De l'ange gardien le frère;
Mais l'un guide l'âme aux cieux,
Et l'autre enchante la terre
Et ne préside qu'aux jeux.
Il inventa la Poupée,
Tant d'objets d'amusement
Dont l'enfance est occupée,
Qui portent son nom charmant.
Avant l'aurore il se lève ;
Riant, il s'en vint du ciel
Dans l'Éden jouer près d'Ève
Avec le petit Abel.
Il fait les boutons de rose,
Les colliers de perle et d'or,
Les colibris qu'il dépose
Dans les fleurs du Labrador.
Il n'est merveilleuse chose
Qu'il n'ait faite ou fasse encor;
Soufflant sur l'eau savonneuse,
Grâce à ses enchantements,

Brille un palais de diamants
A rendre une reine heureuse ;
Il fait le baume et le miel,
De son souffle naît la brise
Il a planté le cytise
Et dessiné l'arc-en-ciel.
Passant du Gange en Norvége,
Il se mêle au beau cortége
Des cygnes éblouissants,
Et sème avec ses doigts blancs
Les jolis flocons de neige
Pour amuser les enfants.
Et ces concerts des campagnes,
Cette musique des bois
Qui charment vals et montagnes,
De notre ange c'est la voix.
Ah! que cet ange nous aime
Et que ses pouvoirs sont beaux!
Pouvoirs qu'il tient de Dieu même
Il veille au nid des oiseaux ;
Il leur porte du ciel même
Leur vêtement radieux
Et deux perles pour leurs yeux.
Il est de toutes nos fêtes ;
Il tient pour nous toujours prêtes
Des coupes sans aucun fiel,
Et grâce enfin à ses charmes,
On dit que toutes nos larmes
Ne sont que gouttes de miel.
Puis quand les dernières heur
Sonnent aux pieux enfants,
On le retrouve aux demeures
Où sont les saints Innocents,
Jouant avec leur couronne
Et leur palme de martyrs,
Bénissant Dieu qui leur donne
Tout le ciel pour leurs plaisirs.

L'admirable pays que la Bretagne, par sa foi et ses beaux génies ! Que tes lettres datées de là me font plaisir ! Que j'ai de joie, Maurice, de te savoir sur cette terre forte, de te voir vivre du même air qu'ont respiré Du Guesclin, Chateaubriand, Lamennais ! L'âme doit grandir dans une telle atmosphère. Que ne deviendra pas la tienne si naturellement belle ! Que ne recevra-t-elle pas en intelligence des intelligences qui t'entourent ! Quels torrents de foi et de lumière t'inondent dans ta solitude de La Chênaie ! Tu me représentes un religieux à Clairvaux du temps de saint Bernard. Seulement M. de Lamennais me semble un peu moins doux que cet admirable saint ; mais M. Gerbet a la suavité d'un ange. Je te préférerais sous sa direction toute d'amour et d'humilité. Recueille bien soigneusement les conférences religieuses qu'il vous fait et que tu destines à tes sœurs les anachorètes du Cayla. Je suis au reste fort satisfaite de sa décision. Veuille bien lui en témoigner tous mes remercîments et combien je serais charmée de l'avoir toujours pour mon casuiste, mais ce ne sera jamais que de loin. Oh ! si au lieu d'être ta sœur j'étais ton frère, tu me verrais bientôt où tu es, supposé le talent avec la vocation. La vocation serait certaine. Il y a longtemps que je dis comme saint Bernard : *O beata solitudo, o sola beatitudo !* Mais tu sais ce qui me retient toujours, mon père et toi, toi, mon ami, qui m'as dit de rester encore pour toi dans le monde. Mais tu as déjà pris ton parti, tu as pris le ciel et tu me laisses la terre. O mon bien-aimé frère ! si par incroyable tu la quittais avant moi cette vallée de larmes, qu'y deviendrais-je ? Mais changeons d'idée.

Que j'ai de reconnaissance pour ton ami du Val et sa gracieuse femme, cette Sara de la nouvelle alliance, qui accueille si gracieusement les pèlerins ! Tu as passé d'agréables jours sous cette tente hospitalière. Que dire à tes hôtes pour leur témoigner ma reconnaissance ? que leur envoyer ? Ils aiment la poésie, en voilà. Madame du Val d'ailleurs m'a écrit et veut savoir ce que j'aime.

Enfant, j'aimais les fleurs, les oiseaux, la parure;
Oui, lorsque sur mon front tombaient de blonds anneaux
J'aimais à contempler ma petite figure
    Dans le miroir des eaux.

J'aimais d'errer, pareille à la biche légère,
De la prairie au bois, des coteaux au vallon ;
J'aimais à détacher, pour le rendre à sa mère,
    L'agneau pris au buisson.

J'aimais à recueillir, comme autant d'étincelles,
Les vers luisants sur l'herbe attirant tous les yeux;
J'aimais à voir passer, ainsi que des nacelles,
    Les astres dans les cieux.

J'aimais de l'arc-en-ciel la sphère éblouissante,
Posant ses pieds du pôle aux monts Pyrénéens;
J'aimais les beaux récits, Trilby, la fée Organte,
Et des petits enfants les joyeux entretiens.

J'aimais tout chant, tout bruit, toute voix d'innocence
Oiseau, nuage, encens que je voyais passer;
J'aimais tout, la nature était joujou d'enfance;
Dieu, pensais-je, étoilait le ciel pour m'amuser.

    Joyeuse comme l'hirondelle,
    J'épandais ma joie à l'entour,
    Et, sans l'avoir mieux appris qu'elle,
    Je chantais tout le long du jour.

    Je chantais amour et louange
    A tout objet aimant ou beau,
    A ma mère disant qu'un ange
    Veillait riant sur mon berceau.

    Ah! quand je la voyais sourire,
    Elle était cet ange enchanteur
    D'où me venait grâces et rire,
    Où je puisais chants et bonheur.

    Chants et bonheur avec ma mère
    S'en allèrent en un cercueil.

Et je n'aimai rien sur la terre,
Rien que la prière et le deuil.

Oh! la prière est un dictame,
Un doux baume coulant du ciel,
Aussi salutaire à notre âme
Que l'huile aux lampes de l'autel.

D'où vient tout ce qui l'alimente
Et tant d'ineffables plaisirs,
Quand devant Dieu, comme une amante,
Elle exhale flamme et désirs,

Disant : « Que n'ai-je une aile d'ange
Pour voler sur tes pas, mon Dieu!
Que ne suis-je soleil, archange,
Un être d'amour ou de feu!

« Une créature placée
Loin de ce monde ténébreux,
De cette région glacée
Que recouvrent de pâles cieux,

« Et qui, sur quelque haute cime
Planant avec les aquilons,
Trouve en toi son aire sublime,
Ainsi que l'aigle sur les monts! »

Et puis!... et puis mon cœur succombe
Et rien ne peut me consoler;
Sur mes deux mains ma tête tombe,
Et devant Dieu j'aime à pleurer.

J'aime à lui dire : « O notre Père,
Donne-nous un cœur filial;
Comme aux cieux sois aimé sur terre,
Et délivre-nous de tout mal.

« Délivre nos pieds de l'embûche
Que leur dresse l'esprit malin;
A la pauvre âme qui trébuche,
Viens, ô mon Dieu, tendre la main!

« Accorde une longue vieillesse
A l'homme qui chérit ta loi,
A ses enfants grâce et sagesse,
Au mécréant donnez la foi.

« Au pauvre cherchant son aumône
Faites trouver pain et logis;
Donnez à celui qui lui donne,
Donnez richesse et paradis.

« Faites couler ses sources pleines,
Sous ses pressoirs des flots de vin,
Accordez-lui de blanches laines
Et des champs de blés et de lin. »

Ainsi ma voix reconnaissante
Vous bénit devant le Seigneur,
O vous accueillant sous la tente,
Comme Sara, le voyageur,
Avec une grâce ineffable
Et les soins les plus empressés,
Lui servant le pain sur la table,
Lui versant l'onde sur les pieds;
Qui veillez, douce Providence,
Sur un frère que je chéris,
Dont je pleure la longue absence :
Je vous bénis! je vous bénis!

Le 27 mai 1835[1]. — ... Dieu seul peut donner la force et le vouloir dans cette lutte terrible, et tout faible et petit qu'on soit, avec son aide on tient le géant sous ses pieds; mais pour cela il faut prier, prier beaucoup, comme nous l'a appris Jésus-Christ, et nous écrier: *Notre Père!* Ce cri filial touche le cœur de Dieu et nous obtient toujours quelque chose. Mon ami, je voudrais bien te voir prier. La prière, qu'est-ce autre chose que l'amour, un amour au besoin et qui demande à Dieu, à l'auteur de tout bien?

1. Cf. pages 78 et 79.

Tu comprends cela mieux que moi. M. de Lamennais a dit là-dessus des choses divines qui t'auront pénétré. Mais par malheur, il en dit d'autres maintenant qui ne te seront pas bonnes! Son esprit d'indépendance me fait peur. Je ne comprends pas non plus que l'esprit de révolte et celui du christianisme puissent jamais faire alliance. Vit-on des révoltes chez les premiers chrétiens qui étaient bien autrement opprimés par le pouvoir que ne le sont les chrétiens d'aujourd'hui? La légion thébaine, la légion fulminante ont-elles tiré l'épée? N'en avaient-elles pas le droit autant qu'aujourd'hui la Pologne? Dieu et la liberté n'étaient donc pas compris par les martyrs, comme M. de Lamennais les comprend? Car les martyrs n'ont jamais levé le bras contre les ennemis de Dieu et de la liberté. Enfin je croyais que l'esprit du christianisme consistait dans la soumission à Dieu et aux maîtres, quels qu'ils soient, qu'il nous donne; qu'à leur tyrannie il n'y avait à opposer que la prière, et, s'il le fallait, en témoignage de la vérité, souffrir la mort en paix et en pardonnant à ses bourreaux, à l'exemple de Jésus-Christ.

Le 24 août. — Voici un ornement de plus à ma chambrette, une gravure de la Sainte-Thérèse de Gérard, que notre amie, la baronne de Rivières, m'a donnée avec ta poésie à ce sujet. Il me tardait d'avoir ces deux belles choses. J'ai placé la belle sainte au-dessus de la table où j'écris, où je lis, où je fais mes prières. Ce me sera une inspiration pour bien prier, pour bien écrire, pour bien aimer Dieu. J'élèverai vers elle mon cœur et mes yeux, je lui dirai : « Regardez-moi du ciel, bienheureuse sainte Thérèse, regardez-moi à genoux devant votre image contemplant les traits de l'amante de Jésus, avec un grand désir de les graver en moi. Obtenez-moi la sainte ressemblance, obtenez-moi quelque chose de vous! Faites-moi passer votre regard pour chercher Dieu, votre cœur pour l'aimer, votre bouche pour le prier. Donnez-moi votre force dans l'adversité, votre douceur dans la souffrance, votre constance contre les tentations, votre indifférence pour la terre, votre ardeur pour le ciel. Que mon âme n'aspire qu'aux joies célestes, que je n'aie de vie qu'en l'amour divin; que de cet amour proviennent toutes mes affections; qu'il les consacre et qu'il remplisse de ses grâces le frère que j'aime comme vous aimiez le vôtre! »

Sainte Thérèse souffrit pendant vingt ans des dégoûts dans la prière sans se rebuter jamais. C'est ce qui m'étonne le plus de ses triomphes. Je suis loin de cette constance; mais j'aime à me souvenir que, quand je perdis ma mère, j'allai, comme sainte Thérèse, me jeter aux pieds de la sainte Vierge et la prier de me prendre pour sa fille; ce fut dans la chapelle du Rosaire, dans l'église de Saint-Pierre, à Gaillac. J'avais douze ans [1].

III [2]

MA BIBLIOTHÈQUE.

Les Méditations poétiques de Lamartine.
Les Harmonies.
Élégies de Millevoye.
Ossian.
L'Imagination, par Delille.
L'Énéide, traduction de Delille.
Les Géorgiques.
Racine.

---

1. Cf. pages 88 et 89.
2. Tiré d'un cahier d'Extraits.

Corneille.
Théâtre de Shakspeare
Le Mérite des femmes, poëme par Legouvé.
L'Espérance, par Saint-Victor.
Œuvres du comte Xavier de Maistre.
Le Ministre de Wakefield, par Goldsmith.
Le Voyage sentimental de Sterne ; perdu.
Les Puritains, de Walter Scott.
Redgauntled, du même.
Poésies de Chénier (André).
Morceaux choisis de Buffon ; prêté.
Lettres péruviennes de Mme de Graffigny, ouvrage qu'on ne lit pas deux fois.
Les Fiancés de Milan, par Manzoni.
De l'Allemagne, par Mme de Staël.

LIVRES DE PIÉTÉ.

L'Imitation de Jésus-Christ.
L'Introduction à la vie dévote, de Saint François de Sales.
Le Combat spirituel.
Les Méditations de Bossuet.
Méditations de Médaille.
Lettres spirituelles de Bossuet.
Heures de Fénelon.
Journée du chrétien.
Les Sages entretiens.
L'Ame élevée à Dieu.
L'Ame embrassée de l'amour divin.
Le Mois de Marie.
La Vie des Saints.
Entretiens d'un missionnaire et d'un berger.
Le Dogme générateur de la piété chrétienne, par M. Gerbet.
Le Froment des élus.

Élévations sur les mystères de Bossuet.

Le Guide du jeune âge, de M. Lamennais; livre que je relis souvent.

———

Ne vaudrait-il pas mieux ne s'attacher à rien que d'avoir ensuite la douleur de perdre ce qu'on aime? C'est ma tourterelle qui vient de mourir qui m'inspire cette pensée; mais je ne laisserai pas d'en aimer une autre, au risque de la perdre encore, car le cœur aime mieux souffrir que d'être insensible, a dit Fénelon [1].

———

J'ai renoncé à la poésie, parce que j'ai connu que Dieu ne demandait pas cela de moi; mais le sacrifice m'a d'autant plus coûté qu'en abandonnant la poésie, la poésie ne m'a pas abandonnée, au contraire, je n'eus jamais tant d'inspirations qu'à présent qu'il me faut les étouffer. A présent je chanterais à ma *fantaisie*, ce me semble. J'ai trouvé le ton que je cherchais. J'en aurais des transports de joie qui me tueraient, s'il m'était permis de m'y livrer. Éteignons, éteignons ce feu qui me consumerait pour rien. Ma vie est pour Dieu et pour le prochain; et mieux vaut pour mon salut un mot de catéchisme enseigné aux petits enfants qu'un volume de poésie.

— Ceci est vrai, mais plus haut il y a quelques petits mensonges poétiques [2].

---

[1]. Écrit dans son cahier d'Extraits, après cette pensée :

« Le sentiment, quand un cœur lui est fermé, s'en approche aussi près que possible, de même que, lorsqu'on l'en exile, il prend le plus long chemin pour en sortir.

« Je ne sais qui a dit cela. »

[2]. On voit à l'écriture que la dernière phrase a été ajoutée plus tard.

IV[1]

[1840, au Cayla.] « Les dieux n'ont fait que deux choses parfaites : la femme et la rose. » Mot aimable d'un philosophe, gens qui n'en disent guère, qui pour cela s'est conservé, que pour cela j'ai recueilli d'un journal, parmi l'aride politique, comme une fleur dans des rocailles. Je n'aime pas les affaires d'État, malgré le grand intérêt qui s'y lie, parce que la manière dont elles sont traitées me fait mépriser les hommes, sentiment pénible pour moi ; puis, ces grandes et froides questions me sont inintelligibles, et rien ne me va de ce qui se remue par spéculation et diplomatie. A l'arrivée des journaux, mon père court aux Chambres, moi au feuilleton. C'est là que j'ai lu *La Rose*, et le joli mot de Solon sur cette fleur et nous. C'est une bagatelle, un parfum d'Orient qui m'a fait plaisir : cassolette dans un désert. C'était quelque belle Grecque qui faisait dire cela, ou peut-être est-ce vrai, que sais-je ? Y a-t-il rien de comparable à la rose ? y a-t-il rien de comparable à la femme ? Quand ces deux fleurs du paradis terrestre parurent, il faudrait savoir de Dieu même celle qu'il trouva la plus belle... Ah! la rose resta la même, et la femme déchue s'enlaidit. Le péché dégrade toute la nature humaine ; sans cela nous naîtrions toutes jolies, nous serions sœurs de la rose, et le compliment de Solon serait une vérité générale.

[1841, 2 janvier, à Nevers.][2] — Mon Dieu, mon Dieu! qu'elle souffert cette nuit et aujourd'hui encore!

---

1. Feuilles éparses se rapportant aux années 1840 et 1841.
2. Notes prises au moment où Mlle de Guérin cesse d'écrire un journal suiv.

Une lettre de ***. Autre souffrance. La foi chrétienne n'explique pas tout, mais elle guérit tout.

Quelque force de caractère qu'on mette à repousser la calomnie, on conserve toujours quelques préventions contre une personne qu'on est trop souvent obligée de défendre.

[A Paris?] — Déceptions d'estime, d'amour, de croyance, quelle douleur, mon Dieu, et qu'il en coûte de tant savoir sur les hommes! Oh! que je voudrais ignorer souvent, ne pas connaître le côté traître de l'humanité qu'on me montre à chaque rencontre. Pas de beauté sans sa laideur, pas de vertu sans son vice; pas de dévouement, d'affection, de sentiments élevés qu'avec un lourd contre-poids, pas d'admiration complète qu'on me laisse, même dans l'ordre de la sainteté. Ne vient-on pas de découronner une tête vénérable à mes yeux, un homme éclatant de charité et d'intelligence, un ami de mon âme, comme saint Jérôme de Paula, que bien souvent j'ai béni Dieu d'avoir rencontré? Vénération, confiance crédule. Du monde ou de moi, qui croire? moi encore; il m'en coûte moins de me croire, même au risque d'être imbécile. Tant il m'est douloureux de changer d'estime, de trouver vil, de trouver plomb ce qui était or.

Ce malheur m'est arrivé plus d'une fois déjà et j'en apprends à n'estimer, à n'aimer parfaitement que le parfait Dieu.

Que celui qui est l'occasion de ces pensées est loin de s'en douter dans les catacombes où il vit presque toujours caché!...

.... Voilà la ressemblance [1]; tu es en autre lieu, voilà la différence. Je te dirai ce que je fais ici; ce n'est qu'à toi que je le

---

1. Nous n'avons pas été assez heureux pour retrouver le commencement de ce touchant entretien de l'âme de la sœur avec l'âme de son frère.

puis dire, mon âme ne coule de pente que dans ton âme, âme de mon frère !

Peux-tu m'entendre ? il me semble. Le ciel n'est pas si loin d'ici. Quelquefois je lève le bras comme pour y atteindre, ma main s'étend pour saisir la tienne ; mille fois j'aurais voulu la serrer, invisible ? froide ? n'importe, je l'aurais voulu ; mais chercher une main morte ! Toute forme t'a abandonné ; de ce qui était toi à mes yeux, il ne reste que l'intelligence, cette intelligence enlevée, envolée et dégagée de sa vêture, comme Élie de son manteau. Maurice ! habitant du ciel, mes rapports avec toi seront comme avec un ange ; frère céleste, je te regarde comme mon ange gardien.

Oh ! j'ai besoin que de l'autre vie on m'entende, on me réponde, car dans celle-ci personne ne me répond ; depuis que ta voix est éteinte, le parler de l'âme est fini pour moi. Silence et solitude comme dans une île déserte ; et cela fait souffrir, oh ! souffrir ! J'aimais tant, il m'était si doux de t'entendre, de jouir de cette parole haute et profonde, ou de ce langage fin, délicat et charmant que je n'entendais que de toi ! Tout enfant, j'aimais à t'entendre ; avec ton parler commença notre causerie. Courant les bois, nous discourions sur les oiseaux, les nids, les fleurs, sur les glands. Nous trouvions tout joli, tout incompréhensible, et nous nous questionnions l'un l'autre. Je te trouvais plus savant que moi, surtout lorsqu'un peu plus tard tu me citais Virgile, ces églogues que j'aimais tant et qui semblaient faites pour tout ce qui était sous nos yeux. Que de fois, voyant les cilles et les entendant sur les buis fleuris, j'ai récité :

> Aristée avait vu ce peuple infortuné
> Par la contagion, par la faim moissonné.

De la musique ! C'est la première fois que j'entends de la sique, un piano depuis plus d'un an. L'effet m'en a été icible en émotions et souvenirs, des larmes et le passé. Tu aimais tant la musique! Je t'en ai entendu faire pour la **dernière** fois au Cayla. On chantait le *Fil de la Vierge*, ce doux morceau que chantait Caroline, ton Ève charmante, venue d'Orient pour un paradis de quelques jours.

[A Paris.] — Aujourd'hui 19 juillet, douloureux anniversaire, au retour de l'église, ne sachant que faire en ce monde, je tombe sur ces papiers. O mon Dieu, que me voilà bien dans les larmes! plus je vois ce qui se rapproche de lui, plus il m'en vient. Ces écrits tiennent à sa tombe, s'étendent de là, s'éteignent comme des reflets sans lumière. Ma pensée n'était qu'un rayonnement de la sienne: si vive quand elle était là, comme un crépuscule ensuite, et maintenant disparue. Je suis sur l'horizon de la mort, lui dessous. Tout ce que je fais, c'est de plonger là dedans, c'est de voir sans amour et sans goût toutes choses. Il n'y a rien dans ce Paris si magique qui me fasse effet de plaisir ou de désir, comme je le vois faire sur tout le monde. Les visites m'ennuient généralement à faire et à recevoir. Il n'y a que deux personnes d'un je ne sais quel charme pour moi, bien durable et profond. Elle et vous. Je voudrais vous voir aujourd'hui, je voudrais passer ensemble cette journée de sa mort. Cette réunion de nous trois en sa mémoire renferme une pensée singulièrement touchante, comme un espèce, de deuil qui ne se renouvellera plus apparemment. Où serons-nous l'an prochain à pareille époque? Bien certainement dispersés. Il n'est qu'un point, et de peu de durée, où certaines vies se rencontrent.

V

Le 29 août [1841, à Paris.] [1] — Vous voulez que j'écrive mes impressions, que je revienne à l'habitude de retracer mes journées : pensée tardive, mon ami, et néanmoins écoutée. Le voilà ce mémorandum désiré, ce de moi à vous dans le monde, comme vous l'avez eu au Cayla : charmante ligne d'intimité, sentier des bois, mené jusque dans Paris. Mais je n'irai pas loin dans le peu de jours qui me restent ; rien que huit jours et le départ au bout. Ce point de vue final m'attriste immensément, et je ne sais voir autre chose. Comme le navigateur au terme de la mer Vermeille, je ne puis m'ôter de là. O ma traversée de six mois, si étrange, si diverse, si belle et triste, si dans l'inconnu, qui m'a tant accrue d'idées, de vues, de choses nouvelles qui ont laissé tant à dire et à décrire ! Mais je n'ai pas tenu de journal. Qui devait le lire? Que penser à faire si quelqu'un ne se plaît à ce que l'on fait? Sans cet intérêt ma pensée n'est qu'une glace sans tain. Du temps de Maurice, je réfléchissais toutes choses; c'était par lui, associé à mon intelligence, frère et ami de toutes mes pensées. Un signe de désir, un mot de dilection, suffisaient pour me faire écrire à torrents. Qu'il était influent sur moi et que l'influence était belle! Je ne sais à quoi la comparer : au vin de Xérès, qui vivifie, exalte, sans enivrer.

Ce soir, je me retrouve un peu sous ces impressions que je croyais perdues; mais, je vous l'ai dit, je ne saurais parler que du malade, pauvre jeune homme qui ne se doute pas de l'intérêt qu'il m'inspire et du mal qu'il me fait en toussant. O vision si triste et si chère! D'où vient cela, d'où vient qu'il est des

---

1. Cahier déjà imprimé dans les *Reliquiæ*, 1855.

souffrances qu'on aime? dites, Jules, vous qui expliquez tant de choses à mon gré. Le grand M. de vis-à-vis vous a trouvé bien aimable; vous étiez en verve ce soir, mais, plus ou moins, votre conversation abonde d'esprit, d'éclat, de mouvement. Elle monte, s'étend, se joue dans mille formes, sous une forme inattendue, magnifique feu d'artifice. « Le beau parleur ! » a dit ce grand monsieur, en saluant la Baronne qui a confirmé d'un sourire, ajoutant : « Ne croyez pas qu'il pense tout ce qu'il dit. » C'était sans doute au sujet de saint Paul, et pour écarter le soupçon d'hérésie que vous avez encouru en discourant mondainement sur cet apôtre. Que je voudrais aussi ne pas vous croire! Bonne nuit; je vais dormir, je vais chercher mes songes *gris de perle*. Et à propos, pourquoi a-t-on ri lorsque j'ai comparé les vôtres au son de la trompette? Il y a donc là-dessous quelque signification singulière, de ces sous-entendus de langage que je n'entends pas? Ce qui m'arrive souvent. On donne dans le monde de doubles sens aux choses les plus simples, et qui n'est pas averti s'y trompe. Quand je vois rire, allons, je suis au piége; cela me donne à penser, mais rien qu'un moment par surprise. A quoi bon s'arrêter sur des complications?

La *charmante* m'a dit : Nous causerons demain. Ce qui promet d'intimes confidences. Quand les sources d'émotions ont coulé, quand le cœur est plein, c'est sa façon d'en annoncer l'ouverture. Nous causerons demain. Nous nous embrassons là-dessus. Chacune va à son sommeil et je ne sais si on attend le jour pour causer. Une tête agitée fait bien des révélations à son oreiller.

1er septembre ou dernier août, je ne sais ni ne m'informe du jour. — Ce vague de date me plaît comme tout ce qui n'est pas précisé par le temps. Je n'aime l'arrêté qu'en matière de foi, le positif qu'en fait de sentiments : deux choses rares dans le monde. Mais il n'a rien de ce que je voudrais. Je le quitte aussi sans en avoir reçu d'influence, ne l'ayant pas aimé, et je m'en glorifie. Je crois que j'y perdrais, que ma nature est de meilleur ordre restant ce qu'elle est, sans mélange. Seulement j'acquerrais quelques agréments qui ne viennent peut-être qu'aux dépens du fond. Tant d'habileté, de finesse, de *chatterie*, de souplesse, ne s'obtiennent pas sans préjudice. Sans leur sacrifier, point de grâces. Et néanmoins je les aime, j'aime tout ce qui est élégance, bon goût, belles et nobles manières. Je m'enchante aux conversations distinguées et sérieuses des hommes, comme aux causeries, perles fines des femmes, à ce jeu si joli, si délicat de leurs lèvres dont je n'avais pas idée. C'est charmant, *oui, c'est charmant, en vérité* (chanson), pour qui se prend aux apparences; mais je ne m'en contente pas. Le moyen de s'en contenter quand on tient à la valeur morale des choses? Ceci dit dans le sens de faire vie dans le monde, d'en tirer du bonheur, d'y fonder des espérances sérieuses, d'y croire à quelque chose. Mmes de *** sont venues; je les ai crues longtemps amies, à entendre leurs paroles expansives, leur mutuel témoignage d'intérêt, et ce délicieux *ma chère* de Paris; oui, c'est à les croire amies, et c'est vrai tant qu'elles sont en présence, mais au départ, on dirait que chacune a laissé sa caricature à l'autre. Plaisantes liaisons! mais il en existe d'autres, heureusement pour moi.

... Ce que je ne comprends pas dans cette femme, c'est qu'elle ait pu s'attacher à ce Mirabeau que vous nous avez dépeint. Mais l'a-t-elle cru ce qu'il est ou est-il bien ce qu'on en dit? Le monde est si méchant, on s'y plaît tant à faire des monstruosités! Il y a aussi de véritables monstres d'hommes. Quoi qu'il en soit du docteur irlandais, il ne voit pas un malade en danger qu'il ne lui parle d'un prêtre, et il est lui-même exact observateur des lois de l'Église. Accordez cela avec sa réputation. Pourquoi encore, avec tant d'audace, paraît-il timide et embarrassé devant nous trois, comme M. William? Il rougit autant et son regard rentre encore plus vite. Est-ce là ce for gueux Jupiter[1]? Je n'y connais rien peut-être : *oui, l'énigme du monde est obscure pour moi.* Que d'insolubles choses, que de complications! Quand mon esprit a passé par là, quand j'ai longé ces forêts de conversations sans trouée, sans issue, je me retire avec tristesse, et j'appelle à moi les pensées religieuses, sans lesquelles je ne vois pas où reposer la tête.

Qu'alliez-vous faire dimanche à Saint-Roch? Était-ce aussi pour vous y reposer? On a fait bien des investigations là-dessus. Peine perdue. Que découvrir sur l'incompréhensible? Dieu seul vous connaît. Oui, vous êtes un palais labyrinthe, un dérouteur, et, sans ce côté qui vous liait à Maurice, et où luit pour moi la lumière dans les ténèbres, je ne vous connaîtrais pas non plus; vous me feriez peur. Et cependant vous avez l'âme belle et bonne, honnête, dévouée, fidèle jusqu'à la mort, une vraie trempe de chevalier, et ce n'est pas seulement au dedans.

Le 3. — J'ai commencé *Delphine*, ce roman si intéressant, dit-on. Mais les romans ne m'intéressent guère, jamais ils ne m'ont moins touchée. Est-ce par vue du monde et du fond qui les produit, ou par étrangeté de cœur ou par goût de meilleures choses? Je ne sais, mais je ne puis me plaire au train désordonné des passions. Il y a dans cet emportement quelque chose qui m'épouvante comme les transports du délire. J'ai peur, horriblement peur de la folie, et ce dérangement moral qui fait le roman en détruit le charme pour moi. Je ne puis toucher ces livres que comme à des insensés, même l'*Amour impossible*. De tous les romanciers, je ne goûte que Scott. Il se met, par sa façon, à l'écart des autres et bien au-dessus. C'est un homme de génie et peut-être le plus complet, et toujours pur. On peut l'ouvrir au hasard, *sans qu'un mot corrupteur étonne*

---

1. Un peu plus tard, il m'est venu des idées plus étendues sur cet homme très peu connu, profond et fermé. (Note du Ms.)

le regard (Lamartine). L'amour, chez lui, c'est un fil de soie blanche dont il lie ses drames. *Delphine* ne me paraît pas de ce genre. Le peu que j'ai vu présage mal, et j'y trouve un genre perfide : c'est de parler vertu, c'est de la mener sur le champ de bataille en épaulettes de capitaine pour lui tirer, sous les yeux de Dieu, toutes les flèches de Cupidon. Mme de Staël ne cesse de faire mal et de prêcher bien. Que je déteste ces femmes en chaire et avec des passions béantes! Cela se voit dans les romans, et on dit aussi dans le monde : le grand roman! On m'en ouvre chaque jour quelques pages. Étranges connaissances! Est-ce bon? Peut-être pour l'étendue des idées, pour l'intelligence des choses. J'observe sans attrait, sans me lier à rien, et cette indépendance d'esprit préserve de mauvaise atteinte.

Journée variée comme la température, ciel de salon, gris et bleu, traversé de vapeurs brillantes. Ces teintes de la vie, qui les pourrait peindre? Ce serait un joli tableau et que je donnerais à faire à M. William, l'artiste idéal. Je lui crois beaucoup de rêverie dans l'âme; et l'amour passionné du beau, une nature tendre, ardente, élevée, qui présage l'homme de marque. J'apprécie fort M. William sur ce que je vois et sur ce que vous dites, vous, le jugeur. Mais surtout j'aime cette candeur de cœur que vous dites encore d'un charme si rare dans le monde. Vous l'aviez trouvée aussi à Maurice. Tout me ramène à lui, je lui fais application de toute belle chose. Combien je regrette que M. William ne l'ait pas connu et qu'il n'ait pas fait son portrait! Nous y perdons trop. Quelle ressemblance! comme le beau talent eût saisi cette belle tête!

Je reviens de la rue Cherche-Midi, mon chemin d'angoisses. Hélas! que cette maison indienne m'est triste, et cependant il y a quelque chose qui fait que j'y vais : il y a sa femme, toute couverte à mes yeux de ce nom. Plus rien à dire.

Soirée musicale, artiste italien, grands chants et chansonnettes, le tout d'heureux effet sur ma chère malade, qui est, au demeurant, facilement contente. Aussi je me méfie un peu de ses jugements, qui ne sont que des sensations bienveillantes, le perçoit par le cœur, et cette transposition de facultés..

Le 8. — Il est mort, le jeune malade, hier soir à onze heures. Il est mort! Je savais qu'il allait mourir; j'avais toujours cette pensée devant moi comme un fantôme, et me voilà interdite. Oh! toujours la mort nous étonne, et celle-ci soulève en moi tant de souvenirs accablants! Le genre de maladie, cette belle tête, les détails que j'ai recueillis sur sa bonté, sa douceur, son attrayant, ce je ne sais quoi de certaines natures à magnétiser tout le monde, l'affection de son valet de chambre, sa fin chrétienne et pieuse : tout cela est d'une ressemblance touchante. Je voudrais être la sœur de Charité qui a reçu son dernier soupir. Que de fois j'ai rêvé d'être sœur de Charité, pour me trouver auprès des mourants qui n'ont ni sœur ni famille! Leur tenir lieu de ce qui leur manque d'aimant, soigner leurs souffrances et tourner leur âme à Dieu, oh! la belle vocation de femme! J'ai souvent envié celle-là. Mais ni celle-là ni une autre : toutes seront manquées. Il manque beaucoup de ne se vouer à rien. Il semble que le bonheur soit dans l'indépendance, et c'est le contraire.

Le 10. — On a renvoyé *Delphine*, avant que je l'aie achevé de lire. Je n'en suis pas fâchée. Les livres, c'est cependant ma passion intellectuelle; mais qu'il en est peu de mon goût, ou que j'en connais peu! Ainsi des personnes. On n'en rencontre que bien rarement qui vous plaisent. Vous et Maurice êtes toujours mes préférés. Je vous vois au-dessus de tout ce que je vois. Vous êtes les deux hommes qui me contentez le plus pleinement l'esprit. Oh! s'il ne vous manquait une chose! et qu'en cela je souffre et souvent! Chaque fois qu'il en est question, on fait après votre départ le relevé de vos principes et de vos paroles avec un blâme d'autant plus pénible que je ne puis pas l'écarter. Bien loin de là, je le donne dans ma conscience. La conscience agit souvent à contre-cœur. Non, je ne puis entendre des choses qui *lui* font mal et qui vous font tort. J'ai entendu quelqu'un vous traiter de fou à ce sujet. Vous vous aventurez, dit-on, étrangement dans les questions religieuses. Je ne vous les vois pas aborder que je n'éprouve les transes de cette mère d'un fils aveugle, lancé sur l'Océan. Pardon de la comparaison, mon cher Jules, je la reprends. Certes, vous ne manquez pas de vue, hormis de celle de la foi.

Le 16. — Rien que la date. J'écrirai demain. Cœur triste ce soir et tête lasse.

Le 17. — Ce que j'aurais dit hier, je ne le dis pas aujourd'hui. Je vous ai vu, nous avons causé, cela suff.. au dégagement du cœur, à la délivrance de la tête, ce poids fatigant de sentiments et de pensées que nul autre que vous ne pouvait recevoir. Me voilà soulagée, mais je souffre de ce que j'ai mis au jour.

... O fin de tout! fin de toutes choses et toujours des plus chères, et sans cause connue souvent pour les sentiments du cœur, que par je ne sais quel dissolvant qui s'y mêle. En s'unissant, il entre le grain de séparation. Cruelle déception pour qui croyait aux affections éternelles! Oh! que j'apprends! mais la science est amère.

... Qui me restera? Vous, ami de bronze. J'ai toujours cherché une amitié forte et telle que la mort seule la pût renverser, bonheur et malheur que j'ai eu, hélas! dans Maurice. Nulle femme n'a pu ni ne le pourra remplacer; nulle, même la plus distinguée, n'a pu m'offrir cette liaison d'intelligence et de goûts, cette relation large, unie et de tenue. Rien de fixe, de durée, de vital dans les sentiments des femmes; leurs attachements entre elles ne sont que de jolis nœuds de rubans. Je les remarque, ces légères tendresses, dans toutes les amies. Ne pouvons-nous donc pas nous aimer autrement? Je ne sais ni n'en connais d'exemple au présent, pas même dans l'histoire Oreste et Pylade n'ont pas de sœurs. Cela m'impatiente quand j'y pense, et que vous autres ayez au cœur une chose qui nous y manque. En revanche, nous avons le dévouement.

Une belle voix, la seule agréable que j'aie entendue de ce voix des rues de Paris, si misérables et boueuses. L'abjection de l'âme s'exprime en tout.

... En général, nous sommes bien mal élevées, ce me semble, et tout contrairement à notre destinée. Nous qui devons tant souffrir, on nous laisse sans force ; on ne cultive que nos nerfs et notre sensibilité, et en sus la vanité ; la religion, la morale pour la forme, sans la faire passer comme direction dans l'esprit. Cela fait mal à voir, pauvres petites filles !

Le 22. — Rien ne me choque plus rudement que l'injustice, que j'en sois ou non l'objet. Je souffre d'une manière incroyable rien qu'à voir donner raison à un enfant qui a tort et *vice versâ*. Le moindre renversement de la vérité me déplaît. Cette susceptibilité est-elle un défaut ? Je ne sais. Personne ne m'a jamais avertie de rien. Mon père m'aime trop pour me juger, pour me trouver aucune imperfection. Il faut un œil ni trop loin ni trop près pour bien distinguer une âme et voir ses défauts. Vous, Jules, êtes à parfaite distance pour me voir et ce qui me manque. Il doit me manquer beaucoup. Je veux vous demander cela avant de nous quitter ; je veux avoir vos observations que je tiendrai comme une preuve de votre affection. On se doit de perfectionner ce qu'on aime. On le veut, on en parle même mal ou mal à propos...

Le 27. — Écrire des lettres de deuil, en lire et concerter avec ce pauvre M. de M......, qui n'en peut plus à lui seul sous tant d'affaires et de peines, c'est mon emploi de temps et de cœur depuis quelques jours, aux dépens de mon Mémorandum. La mort de M. de Sainte-M.... accroît tellement le poids des peines de notre affligé, que je demeure tant que je puis auprès de lui comme aide ou diversion. Bien souvent je surprends des larmes dans ses yeux, qu'il détourne de sa femme pour ne pas se trahir. Le terrible secret, qu'une mort dans le cœur vis-à-vis du cœur que cette mort doit frapper! Marie est incapable en ce moment de supporter un tel coup. Je ne sais tout ce qu'on peut craindre pour elle à cette annonce, même en meilleur état de santé. Que deviendra-t-elle en apprenant qu'elle a perdu son père, si bon, si aimable, si digne d'être aimé? Tout ce qu'il y avait en lui d'attachant va la saisir éperdument comme les étreintes d'un fantôme. Elle en aura des épouvantes de tendresse, ne verra que de quoi se désoler et se trouver, par cette mort, la plus malheureuse des filles. Au fond, elle tenait à son père, et ce fond est si excellemment tendre! Elle n'a jamais méconnu les qualités distinguées de son père, son élévation d'âme, de cœur, d'intelligence. L'homme rare par tous ces endroits! Par sa droiture de principes, sa raison forte, son amabilité, sa religion éclairée. J'aimais cette piété franche, gaie, vive, toute militaire, l'homme des camps dans le service de Dieu, et que la foi avait entièrement dompté. Maurice me l'avait dit, et je l'ai vu de près. Il avait dû y avoir là un Othello, un caractère fort et terrible. Certains traits de violence l'attestent et le trahissaient encore quelquefois; mais en général cet homme était si contenu, que, pour qui le connaissait, c'était un bel exemple de la puissance morale. Et puis, qu'il était bon, doux, facile à vivre! C'est là, dans son intérieur, dans ce coin sans draperie, qu'il se faisait bien voir, et de façon à se faire aimer beaucoup. Il m'appelait sa fille, et je lui donnais aussi bien tendrement le nom de père. Hélas! que sert de multiplier ses affections? C'est se préparer des deuils. Je regrette bien profondément M. de Sainte-M..... Sa mémoire me sera toujours en vénération et pieuse tendresse, comme un saint aimé.

Le 2 octobre. — Au retour de notre pose au Palais-Royal, je me repose dans ma chambre et dans le souvenir de notre entretien. Une femme a dit que l'amitié, c'était pour elle un canapé de velours dans un boudoir. C'est bien cela, mais hors du boudoir, pour moi, et haut placé sur un cap, par-dessus le monde. Cette situation à part de tout me plaît ainsi.

Le 3. — Détournée hier sur mon cap. Je ne reprends mon journal que pour le clore, n'ayant plus liberté d'écrire en repos. C'est dimanche aujourd'hui ; heureusement j'ai puisé du calme et de la force à l'église, pour soutenir un assaut accablant.

VI

[1842, à Rivières.] — Je n'écris plus depuis quelque temps, mais il est des jours qu'on ne veut pas perdre, et je veux retrouver celui-ci si rempli d'émotions et de larmes. O puissance des lieux et des souvenirs! C'est ici, c'est à R... qu'il était venu souvent dans les vacances, joyeux étudiant, bondissant dans les prés, franchissant les cascades avec les enfants du château. Nous avons rappelé ce temps et parlé de lui, intimement et sans fin, avec cette bonne, tendre et parfaite Mme de R... qui pleurait. Qu'il m'avait tardé de la voir pour ce que nous venons de faire, parler de Maurice ! Il y a pour moi là dedans une jouissance de douleur, un bonheur dans les larmes inexprimable. Mon Dieu, que j'ai peu vécu parmi les vivants aujourd'hui ! Et ce qui m'a fort touchée encore, c'est de voir une caisse où il y a son nom, une caisse de collège où il mettait des livres de moitié avec le petit G..., précieusement conservée en ce souvenir à R..., on m'en a demandé le don. Il y a de ces simples choses qui pénètrent l'âme.

Ouvert par hasard un album où j'ai trouvé la mort de Maurice, mort répandue partout. J'ai été bien touchée de la trouver là, sur ces pages secrètes, dans un journal de jeune fille, dans un fond de cœur : hommage inconnu et le plus délicat qui soit offert à Maurice. Que cette parole est vraie : *il était leur vie !* Tous ceux qui nous ont compris la diront. Il est de ces existences, de ces natures de cœur qui fournissent tant à d'autres qu'il semble que ces autres en viennent. Maurice était ma source ; de lui me coulait amitié, sympathie, conseil, douceur de vivre par son commerce intellectuel si doux, par ce de lui en moi qui était comme le ferment de mes pensées, enfin l'alimentation de mon âme. Ce grand ami perdu, il ne me faut rien moins que Dieu pour le remplacer.

Espérer ou craindre pour un autre est la seule chose qui donne à l'homme le sentiment complet de sa propre existence.

[31 décembre, au Cayla.] — C'était ma coutume autrefois de finir l'année mentalement avec quelqu'un, avec Maurice. A présent qu'il est mort, ma pensée reste solitaire. Je garde en moi ce qui s'élève par cette chute du temps dans l'éternité. *Un dernier jour,* que c'est solennellement triste !

FIN.

TABLE

	pages
Avertissement	i
Journal d'Eugénie de Guérin	1
I (15 novembre 1834 - 13 avril 1835).	3
II (14 avril - 5 décembre 1835)	59
III (mars - mai 1836).	105
IV (mai - juin 1837)	119
V (26 janvier - 19 février 1838)	143
VI (19 février - 3 mai 1838).	161
VII (3 mai - 29 septembre 1838).	199
VIII (10 avril - 25 mai 1839)	247
IX (21 juillet 1839 - 9 janvier 1840)	275
X (9 janvier - 19 juillet 1840).	327
XI (26 juillet - 29 août 1840)	391
XII (1er novembre - 31 décembre 1840).	409
Fragments	419

www.ingramcontent.com/pod-product-compliance
Lightning Source LLC
Chambersburg PA
CBHW070215240426
43671CB00007B/656